新知
文库

XINZHI

47

Privilege
Harvard and the Education
of the Ruling Class

PRIVILEGE:

Hardvard and the Education of the Ruling Class

by Ross Gregory Douthat

Published by arrangement with The Sagalyn Literary Agency

Copyright licensed by Bardon-Chinese Media Agency（博达著作权代理有限公司）

ALL RIGHTS RESERVED

特权

哈佛与统治阶层的教育

[美] 罗斯·格雷戈里·多塞特 著
珍栎 译

生活·讀書·新知 三联书店

Simplified Chinese Copyright © 2014 by SDX Joint Publishing Company.
All Rights Reserved.
本作品中文简体版权由生活·读书·新知三联书店所有。
未经许可，不得翻印。

图书在版编目（CIP）数据

特权：哈佛与统治阶层的教育／（美）多塞特著；珍栎译.—北京：
生活·读书·新知三联书店，2014.5 （2021.4重印）
（新知文库）
ISBN 978-7-108-04659-8

Ⅰ.①特… Ⅱ.①多… ②珍… Ⅲ.①高等教育-研究-美国 Ⅳ.①G649.712

中国版本图书馆CIP数据核字（2014）第024209号

责任编辑　徐国强
装帧设计　陆智昌　康　健
责任印制　卢　岳
出版发行　生活·讀書·新知 三联书店
　　　　　（北京市东城区美术馆东街22号 100010）
网　　址　www.sdxjpc.com
图　　字　01-2019-4391
经　　销　新华书店
印　　刷　北京市松源印刷有限公司
版　　次　2014年5月北京第1版
　　　　　2021年4月北京第4次印刷
开　　本　635毫米×965毫米　1/16　印张19
字　　数　234千字
印　　数　19,001-21,000册
定　　价　35.00元
（印装查询：01064002715；邮购查询：01084010542）

新知文库

出版说明

在今天三联书店的前身——生活书店、读书出版社和新知书店的出版史上，介绍新知识和新观念的图书曾占有很大比重。熟悉三联的读者也都会记得，20世纪80年代后期，我们曾以"新知文库"的名义，出版过一批译介西方现代人文社会科学知识的图书。今年是生活·读书·新知三联书店恢复独立建制20周年，我们再次推出"新知文库"，正是为了接续这一传统。

近半个世纪以来，无论在自然科学方面，还是在人文社会科学方面，知识都在以前所未有的速度更新。涉及自然环境、社会文化等领域的新发现、新探索和新成果层出不穷，并以同样前所未有的深度和广度影响人类的社会和生活。了解这种知识成果的内容，思考其与我们生活的关系，固然是明了社会变迁趋势的必需，但更为重要的，乃是通过知识演进的背景和过程，领悟和体会隐藏其中的理性精神和科学规律。

"新知文库"拟选编一些介绍人文社会科学和自然科学新知识及其如何被发现和传播的图书，陆续出版。希望读者能在愉悦的阅读中获取新知，开阔视野，启迪思维，激发好奇心和想象力。

生活·讀書·新知 三联书店
2006年3月

献给我的同学们

本书为非虚构类作品。为了尊重书中一些人物的隐私,他们的姓名以及可供辨识的细节已经被改换。

时间的概念引起关于人类的思考：如同《四季》绘画里的景象，人类面向大自然，以错综复杂的方式携手共济，徐步行进，井然有序却又时而略显笨拙地，在进化的过程中演变为迄今的形态。……对古代的联想也令我回忆起在学校的日子，当时感到陌生不解的很多事情已经在适当的时候变得截然清晰了。

——安东尼·鲍威尔（Anthony Powell），
《教养的问题》（*A Question of Upbringing*）

　　精英制度是对民主的愚弄。

——克里斯托弗·拉希（Christopher Lasch），
《精英造反：以及对民主的背叛》
(*The Revolt of the Elites：And the Betrayal of Democracy*)

目　录

前　言		1
第一章	施特劳斯楼 B32 宿舍的瓦解	14
第二章	古老的男孩俱乐部	53
第三章	苏珊娜·帕美的奇异生涯	83
第四章	求知的门径	108
第五章	爱情故事	138
第六章	安全的性生活	164
第七章	自由主义者的内战	189
第八章	最后一个夏天	235
第九章	之后的日子	257
致　谢		292

前　言

据传说，哈佛毕业典礼的日子从未下过雨。可是，我们的那次例外。六月初的那几天或晴朗或小雨，而恰恰是在米德尔萨克斯郡的治安官宣布典礼开始、乐队奏响了《战无不胜的哈佛人》(*Ten Thousand Men of Harvard*)的那一刻，天宫骤然劈裂，大雨倾盆而注。

起初，挤满了哈佛"院子"[1]草坪的约四万名出席者——毕业生、父母、祖父母以及其他宾客们，撑开了雨伞，或用《哈佛绯红报》(*The Harvard Crimson*)[2]的毕业典礼特刊遮挡着，耐心地等待暴雨的消停；壮丽的仪式在纪念教堂的带有遮蔽的台阶上继续进行。然而，当典礼进行到各个学院的行列时，大撤离便开始了：紧抓填充鲨鱼玩具[3]的法学院学生和头顶锡箔光环的神学院毕业生们，争先恐后地离开椅子，蹚着积水向各自的住所冲去，后面紧跟

---

[1] Harvard Yard，哈佛大学的中心校园，面积约 25 英亩。（编者按：本书中的所有注释均为译者所加，以下恕不逐一注明。）
[2] 哈佛大学本科生自办的日报。创立于 1873 年，原名为《品红报》(*The Magenta*)，1875 年全体学生投票选择绯红为哈佛的正式校色，该报即改名为《绯红报》。
[3] 西方有笑话说"鲨鱼不吃律师，是出于职业上的礼貌"，意为律师像鲨鱼一样贪婪残忍。

着浑身湿透的亲朋好友们。

只有我们这一部分——哈佛2002届本科毕业生,坚持到了最后。**你只从大学毕业一次**,每个人都重复说着,虽然我们当中的大多数都将继续更高的学业。让院长和演讲者面对空无一人、大雨冲刷的"院子"发表宏论,似乎是怯懦的行为。于是我们瑟瑟发抖地以报纸蔽身,混合油墨流到了脸上和手上;专为典礼从学校合作社租来的粉红色和紫色的毕业袍,夹着整洁的衬衫和夏裙,冰冷地贴在我们的皮肤上。

终于有某个明智者挤出人群,买来了一大瓶百加得酒(Bacardi),众人传着喝,缓解了不适感,直到欢快喧闹的气氛占了上风。十二位获得名誉学位者在台上行进了至少半小时,我们向他们每个人发出嘘声;哈佛的前任校长尼尔·鲁登斯坦①出现了,他那副模样实在不值得一瞧,我们疯狂地朝他尖叫;在泥泞的草坪上,我们彼此对着大喊;当壮丽的典礼接近尾声时,我们彻底地沸腾了。

哈佛的时任校长拉里·萨默斯②从台上朝我们的方向投来不满意的一瞥。这是他上任后的第一个毕业典礼。大概是因为我们的欢叫和嘘声太过分了,不符合他更喜欢的那种毕业典礼的某些模糊的标准吧。可是萨默斯滴雨未沾,穿戴着黑色和紫色的服饰,宽松舒坦地坐在哈佛校长的席位,我们却像沙丁鱼一样挤坐在一排排的折叠椅上,每一次起立欢呼,低凹的椅面就被雨水淹没。再说,他将来还可能会主持十个、十五个甚至二十个毕业典礼,绝大多数都将

---

① Neil Leon Rudenstine,1935— ,美国教育家、文学学者和管理专家。1991—2001年任哈佛大学校长。
② Lawrence Henry("Larry")Summers,1954— ,美国经济学家。曾任克林顿政府的财政部长和奥巴马政府的国家经济委员会主席。2001—2006年任哈佛大学校长,后因一系列有争议的事件而辞职。

举行在晴空万里的六月天,被大雨糟蹋的只是我们的这一个,我们鲁莽的四年挣来唯一的一个。假如我们想对丹尼尔·帕特里克·莫伊尼汉[①]起哄(同学们大叫着"丹·帕!丹·帕!"),上帝也会允许的。

我们就那样站着、喊着,直到典礼艰难地进入尾声,大学牧师彼得·高姆斯[②]阁下登上了讲坛,准备发表祝福。高姆斯身材圆胖,自视甚高,是一位备受尊崇的圣经学者和著名的公众演说家。当他靠近麦克风时,我们全都安静下来,回到座位上,打起精神来聆听最后一篇滔滔不绝的高谈阔论。高姆斯向全场环视了片刻,然后顽皮地苦笑了一下,大声宣布:"愿上帝赐福于你们,并让你们保持干燥!"旋即将我们遣散到雨里去了。

回到高年级宿舍昆西楼(Quincy House)——我从二年级起一直住在那里,所有的事情都更糟。昆西楼建于 20 世纪 50 年代,是一座砖和混凝土结构的长方形大怪物,不大协调地与一栋佐治亚式建筑为邻。在它那巨大的阴影下,一大群父母、兄弟姐妹、教父母和远房叔伯们像没头苍蝇似的乱转,摞起盛冷餐的碟子,寻找从"院子"回来的路上走散了的孩子们。在昆西楼的庭院里举办餐会的计划也被大雨给毁了,一排排铺着格子布的长桌,可怜巴巴地立在瓢泼大雨之中,有些被风刮倒了,红白相间的桌布被吹到院子远处的角落里,皱巴巴地弄脏了草地,它们被遗忘了。

楼里面乱成一团,使精心安排的迁出计划——提前好几周就贴

[①] Daniel Patrick Moynihan,1927—2003,美国政治家、社会学家,曾任四届参议员,并在从肯尼迪到福特的连续四届联邦政府任职。
[②] Peter John Gomes,1942—2011,美国牧师、神学家,曾担任哈佛大学神学院教授、哈佛纪念教堂牧师。用哈佛一位校长的话说,高姆斯是"当代最伟大的传道士之一,勇气和信念的象征"。

在了广告亭和布告板上——沦为笑柄。宿舍的门大敞，成山成堆的家具喷吐出来，父母们急不可耐地把它们运到车上，逃离这个疯狂的所在。大学生活的碎屑倾泻到走廊里——书柜、微波炉、咖啡壶、食物搅拌器，还有黏糊糊的未喝净的朗姆酒瓶。空气中弥漫着浓烈的刺鼻气味——啤酒、汗液、纤维柔软剂、洗涤剂以及少许大麻的奇异混合体。小妹们吃力地拖着手提电脑；不知是谁家的堂兄弟们在衣服大包中翻找；父母们喊哑了喉咙。我们这些被遴选出来的极少数，在一生中的这一貌似美好的时刻，交换着惊骇的对视眼神；或者由于几个星期以来庆祝毕业而睡眠不足，颓倒在破旧的简易沙发和散发着腐朽味道的扶手椅上。

透过雨水冲刷着的昆西楼的窗户，可以看见无尽头的车龙——捷达、奥迪、凌志越野和沃尔沃旅行车，在剑桥狭窄的街道上夺路而去。校园外，查尔斯河怒啸着，掀起灰色的波浪，划船的人和水手全都安全地待在户内。风景如画的剑桥隐没在雨水和泥浆覆盖的新英格兰大地上。我们打着寒战，苦不堪言地对着照相机，没完没了地转动镜头，按下快门，永远地保存下我们哈佛学业的惨淡终场。

然而，被淋成落汤鸡也许对于我们来说是一件好事——六月的倾盆大雨让我们受洗；泥浆和脏污使我们谦卑；昆西楼为我们的父母准备的冰冷的廉价餐会令我们窘迫。悲惨的毕业典礼摧毁了欢欣和乐观，它提醒我们，不管演讲人和宣传材料如何坚称，这一天并不是美好的欢庆和崭新的开始，而是悲哀、忧郁和结束；这一天，全校聚在一起告别疯狂的四年。**我们不会再进大学**，人们呜咽着互相拥抱。哈佛，不知怎么的，就渐渐地消失在雨中，成为过去。

我那时想，现在依然这样认为，哈佛是个一团糟的地方，一个造就美国统治阶层的温床。这个阶层等级分明，自命不凡，自我欣赏，但在知识的追求上却是随波逐流。

然而，她也是我热爱的地方。在雨中，我跟所有的人一起，流下了眼泪。

＊　＊　＊

四年前，我怀着最高的期望来到哈佛，对大学生活抱着理想主义的憧憬。这是大学新生入校时的普遍心理。同绝大多数的哈佛新生一样，我想象大学是一个神奇的地方，一个伊甸园，它可以让我甩掉并迅速地忘却坎坷的青春期经历。

我的少年时代是在纽黑文度过的，它笼罩于耶鲁的影子下，我的母亲是该校第一个女生班的学生。我的父亲毕业于斯坦福大学。也就是说，他们都具有英才教育①的血统，然而，他们发扬20世纪70年代末的优良作风，抛离了常春藤的快道，到伯克利待了好几年，之后带着新生的儿子东迁，有点偶然地在康涅狄格州的南部落了脚。结婚初期，他们两人都希望成为作家。可是，在我出生时，母亲患上了一种古怪的、莫名其妙的慢性过敏症；父亲在与她相识之前就上了法学院，通过了康涅狄格州的律师执照考试，开始行业。他成功地、不快乐地继续干着这一行，直到现在。

于是，在表面上，我们成了中上层阶级，跟许多类似家庭的模式一样：父亲是律师，母亲是家庭主妇，两个孩子（妹妹珍妮在我九岁时出生），家门口的车道上停着两辆坚固的沃尔沃。实际的情

---

① meritocracy 是一种政治哲学，它主张权力应当由具有聪明才智的人来掌握，在这种制度中选拔和擢升的依据是智力才能——通过考试成绩以及在相应领域里做出的成就来衡量。这个词可以有多种意译：任人唯贤、英才教育、精英管理、贤能统治等。这个词在本书中出现了十多次，由于本书的主题是精英大学的教育，故一律译为"英才教育"。

形却不尽然。由于常规的医药对母亲的疾病无计可施,我们被迫去寻找非正统的途径,采用另类医药,如顺势疗法和针灸等。我们变换了各种不同的饮食方案,先是素食主义,然后是超级素食哲学,叫做"饮食延年益寿法";我妹妹出生在家里,由两名同性恋助产士接生,吃母乳直到两岁。我和妹妹都没有接受过常规的疫苗注射,因为母亲确信——我试图相信她是对的——它们的副作用比百日咳的危害性更大。夏天,我们去佛蒙特州参加健康饮食营,在那里我的主食是没完没了的棕米和海带。在宗教信仰方面,我们也是彷徨者,沉浸于美国五旬节教派①的怪异迷狂的世界,直到我少年时代的后期,全家才终于安歇在罗马天主教的怀抱。

不过,正如我所说,在表面上我们是如常的,我上的是一所中上阶层的高中,在绿树成荫的纽黑文郊外,名叫海姆登·霍尔乡村日校 (Hamden Hall Country Day School)。顾名思义,它是个抱负不凡的大学预科高中,处在乔特·罗斯玛丽·霍尔 (Choate Rosemary Hall) 高中的阴影之下。乔特坐落在两个镇子开外,是最聪明或最有钱的孩子们的去处,但是我的父母认为那里过于势利,所以我就上了海姆登。我的学习成绩拔尖,对那些受众人喜欢的同学抱着忿怨和不屑。我瘦骨嶙峋,胸脯凹陷,具有学究气和浪漫倾向,在社会交往中怀着一种强烈的自卑感。似乎其他所有人都比我(或者比我可能达到的)更健壮、更有吸引力,在性的方面更活跃。

回想起来,海姆登是一所挺不错的学校,我在学校里远不能说是不快乐,至少依照美国高中的不幸标准来看。可是在当时,我只想逃避那些虚伪的暴发户、轻率的偏见以及同学的父母给他们买的

---

① pentecostalism,基督教福音派的一种,它强调通过圣灵洗礼,建立个人与上帝之间的直接关系。全世界大约有 2.79 亿名五旬节派教徒。

闪亮的越野车。我希望能有更多像我的好朋友迈克尔·巴博罗那样的人,他是个大嗓门,跟我一样瘦。在充斥着无聊谈话的中学氛围中,我和他每天在图书馆一起读《纽约时报》(New York Times),讨论政治;我们是辩论队的伙伴,一起办校报,还搞了个地下报纸,匿名攻击海姆登偏爱运动员的录取政策。它也没能做到完全匿名:有一年的万圣节,足球队对迈克尔的家组织了全方位的砸鸡蛋攻击。不过,这种偶尔遭受的恶作剧是我们为自视清高而付出的一点代价,自负使我们相信自己是通向更高、更好的所在,那里只属于跟我们是同类的人。

迈克尔喜欢纽黑文,钟情耶鲁;我则一直就想上哈佛,甚至在我还不理解想上哈佛是什么概念时,在考 ERB,PSAT,SAT,SAT Ⅱ之前,在我认识到《美国新闻和世界报道》(U. S. News & World Report)大学排名的震撼全球的重要性之前。从童年开始,我心目中的哈佛不是跟杰出和成就有关,而是跟波士顿,从而跟红袜子队[①]持续的悲剧有关。那是一个令人伤感的传奇,整个青少年时代的每个暑假里,我主要都在为红袜子队的跌宕起伏的故事情节而着迷。

当我的高中时代无精打采地步入尾声时,哈佛,这所历史悠久的大学,提供了去芬威棒球场(Fenway Park)的方便,即成为我这个半离群的少年心中的灯塔。我对自己说:一旦到了哈佛,我便永远不用再忍受高中里运动明星的讥诮和在人群里受到的蔑视。在哈佛,相比于那些真正重要的事情——天生的才华、求知欲和学术造诣来说,运动天赋、英俊外表和讨人喜欢将远不那么重要;在哈佛,我将快乐;在哈佛,我会"酷"。

[①] 波士顿的棒球队"红袜子"(Red Sox)1901年成立以后四次获得全国冠军,然而自1918年起,有八十六年与冠军无缘。下文提到的"芬威棒球场"是红袜子队的球场。

*　*　*

关于我会快乐这一点，最终证明我是对的。但是，哈佛并不像我所预期的那样。它不是天才的避难所和知识分子的圣殿，而是一个更黑暗、更复杂、更疏离，同时也更有意思的地方。我在哈佛受到了教育，甚至可能是良好的教育，但是，哈佛教给我的，并不是我当初以为要到那里去学的东西。

正如世人皆知，这所常春藤里最常春藤的大学将录取的门槛抬得极高，张开双臂拥抱美国高中里无数的书呆子、科技迷和苦读生。在这个才智者的巨大浪潮中，很容易找到献身于"通识教育"①理想的学生和教授，他们培育智慧的生命，视哈佛为学术之岛，又好比庙宇（大学在很久之前就窃夺了它们的权力和尊严），是世界上的一个所在却又不属于这个世界。

但是，在大范围的哈佛大学文化里，这种学术理想主义至多被视为古怪有趣的好奇心。人们的一般态度是：对于书呆子、混日子的和想当教授的人来说，学术理想主义是很好的，可是对于我们其余的人来说，没有理由让这种高尚的追求给哈佛**真正的**交易挡路。真正的交易被理解为是追求成功和总能带来成功的人脉关系。最直白地说，哈佛的教育是争获欢心的四年：博取教授的垂青——他们

---

① "通识教育"（liberal education）是一种适于培养自由人的教育制度。美国科学进步协会对"通识教育"的描述如下："在理想的情况下，通识教育造就思想开放的，不受地方主义、教条、先入之见和意识形态束缚的人；他们的观点和判断是清醒的；他们的行动是经过深思的；他们知晓自身在社会和大自然中的位置。"受到这种开放教育的人怀疑自己的传统；他们被训练成为独立思考而不是服从权威的人。"通识教育"一般结合经典、语言、文学、人文和伦理美德的教育来实现。现代意义上的"通识教育"不应与"文科教育"相混淆；后者是指具体科目的研究，而前者本身是一种学习方式，可以通过任何科目来实施。

可以给我们写推荐信；觅求雇主的青睐——他们可以提供暑期实习和毕业后的高薪工作；引起学者、诗人和政治家的注意——他们蜂拥到哈佛发表演讲、辩论和跟我们恳谈。

从长远来说，最好的关系是跟自己的同窗建立的，他们本身就是未来的美国精英——如果他们现在还不是的话。大多数已经就是。尽管有很多关于英才教育的堂皇说法，号称"毫无遗漏地从美国的每一所高中和每一个小镇里挖掘最杰出和最聪明的"，哈佛的学生实际上是颇有特权的一个群体，是从全国上升阶层的飞地里挑选出来的、拥有父母提供的大钱囊的幸运儿。从官方上说，我的母校接收所有符合条件的人，所以，校园里有少数贫困学生、新移民的子女和蓝领阶层里绝顶聪明的家伙。但是，绝大多数学生是来自城市公寓和绿树成荫的郊区的幸运儿，他们的父母经常激励并积极参与，支付 SAT 考试辅导和私立学校的费用，带着子女们去参加足球比赛、辩论选拔赛，飞遍全国乃至世界，去挑选最完美的学校。英才教育是意识形态的表象，社会和经济的层次划分才是实质。

从某种意义上说，这种情况并不新鲜。20 世纪初，当主宰西方的盎格鲁—撒克逊的排他制度尚未遭到世界大战和革命的致命打击时，在新兴的美国，这所大学是拉迪亚德·吉卜林笔下的乐意"担当重任的白人"①的知识陪衬。在某种程度上，哈佛**过去就是**权势集团，其完整的家谱可以追溯到 17 世纪的清教徒时期，它的校友

---

① Rudyard Kipling，1865—1936，英国作家、诗人，1907 年获诺贝尔文学奖。此处提到的"担当重任的白人"源于吉卜林在 1899 年发表的一首诗《白人的重任》（"The White Man's Burden"），该诗的副标题是"美利坚合众国和菲律宾群岛"。虽然吉卜林在诗中就帝国主义行为需要付出的代价提出了警告和劝勉，但美国的帝国主义者们仍将"白人的重任"理解为帝国主义的表征，以证明帝国主义政策是一项高尚的事业。对这首诗的批评一直不断，"白人的重任"成为"帝国主义"的委婉代名词。1899 年即有两位作家针对吉卜林的这首诗分别写了《黄人的重任》和《黑人的重任》。

名册上罗列着合众国的新教徒显贵。

在哈佛校园里,对那个消逝了的年代的提醒比比皆是:以艾略特(Eliot)、洛厄尔(Lowell)、邓斯特(Dunster)和柯克兰(Kirkland)命名的宿舍楼,带烟囱的屋顶和钟塔,似乎跟凡尔登①和帕斯尚尔②之前甜美梦幻的英国校园相仿;令人生畏的肖像——穿戴着19世纪末服饰的白发绅士,挂满了公共休息室和客厅;桥和门上的镌刻提供劝勉,令人联想起维多利亚晚期的荣耀、骑士精神、爱国主义和宗教虔敬的主题。德克斯特大门(Dexter Gate)告诫经过者:"进去增长智慧;出去更好地服务于国家和人类。"现在没有人说这样的话了,在哈佛没有,世界上亦鲜有了。剩下的只是雄浑遒劲的铭文,随着岁月的流逝渐渐地消退。

然而,当旧的统治阶级及其对世界的浪漫构想和心安理得的偏见(哈佛墙上挂的众多肖像中只有凤毛麟角的黑人、犹太人和天主教徒)被摧毁了,或至少被摈弃在尘封的、鬼魅出没的过时权力走廊之后,哈佛蜕掉了19世纪的旧皮,从某种程度上说,成功地演变成了一所21世纪的大学,甚至在这个世纪到来之前。

有一个流行的错觉,认为哈佛及所有的精英大学总起来说缺乏它们在WASP③全盛期所具有的影响力。这个错觉跟一种尤其在保守主义圈子里普遍存在的观点紧密相关,即认为哈佛脱离了美国大众——如一本书的书名所说的:《哈佛恨美国》(*Harvard Hates America*),而美国反过来也恨哈佛。

---

① Verdun,法国东北部的一个城市,第一次世界大战中著名的凡尔登战役所在地。
② Passchendael,比利时西北部的一个村庄,第一次世界大战中著名的帕斯尚尔战役所在地。
③ 这是"White-Anglo-Saxon-Protestant"的缩写,意为"白种—盎格鲁—撒克逊—新教徒",它是对英国新教徒在北美的后裔的一种非正式的称呼。但WASP并不是指所有具有英国新教徒背景的人,而是指比大多数人更为成功的一个小群体。这个称呼时常带有不敬和贬义,暗示这些人不成比例地控制了社会的大部分权力和财富。

这两种看法都有一定的道理，但它们终归还是偏离要旨。哈佛的"硬力量"可能是略微减弱了：比起艾奇逊①和杜勒斯②时期来，政府机构的厅廊里少了一些前常春藤盟员的声音。但是，它的"软力量"却前所未有地增强了，扩展为由医生、外交家、银行家、电影制片人、记者和律师结成的一张巨网，它构成了现代的上层阶级。新的美国帝国的财富和力量远远大于老的美利坚合众国，因此，我们精英的权力在全球规模上以指数方式猛增了。

美国人或许不喜欢他们的最优良、最著名的大学（事实上，他们可能斜瞟哈佛毕业生，把我们当作外星人），但是他们仍然想**进去**，为了他们自己，或者更像是为了他们的孩子。与宣传资料上所说的相反，父母们追求哈佛的价值，并不是因为希望自己的孩子受到良好的教育或获得知识上的满足，而是因为哈佛在英才教育的想象中占据了最具优势的地位，荣升为一个神话和奇观，唯一可以超越它的是拥有无与伦比的社会贮藏的牛津。人们将孩子送进哈佛，最主要的原因是他们想让自己的孩子**成功**，想让他们进入统治阶层的圈子。哈佛，提供了一张最直接、最广为人知的门票。

从这个意义上说，大多数美国人比哈佛自己更了解哈佛的本质。

* * *

就这样，在丰富多彩的本科四年生活中，这所名牌大学教给了我美国统治阶层的本质，教给了我如何轻松地，甚至不费吹灰之力

---

① Dean Gooderham Acheson，1893—1971，美国政治家、律师。曾在杜鲁门总统任期内担任国务卿（1949—1953）。
② John Foster Dulles，1888—1959，美国政治家、律师、外交家。曾在艾森豪威尔总统任期内担任国务卿（1953—1959）。

地在财富和野心的范围内运作。我睁大眼睛、满怀天真地来到学校，期望被求知的躁动所包围，沉浸于马修·阿诺德①称之为的"被思考过和阐述过的精粹"之中。相反，我被特权所包围，沉迷于向上攀爬和追求成功，为了成功而成功。

换句话说，我受到了可能是很重要的一种文化的教育，因为在普林斯顿、耶鲁和斯坦福以及其他常春藤的小模仿者，如威廉姆斯（Williams）、斯瓦第莫（Swarthmore）、艾姆赫斯特（Amherst）和哈维尔佛德（Haverford）等院校，在一大批渴望追求哈佛地位的大学和文理学院里，在所有选拔和栽培美国下一代领导人的地方，哈佛的这种文化及其灌输的价值观也都占据支配地位。它是这样一种文化：将各种真诚的理想，诸如多样化、为公众服务和宽容精神，仅仅挂在口头；实际上则向学生们灌输成功的教义，诱引他们——哦，非常微妙地，向他们许诺：他们所拥有的一切皆为他们天资的权利所赋予。

统治阶级历来就相信他们自身具有统治的权利，但是，这曾经被，至少被那些认真思考这一问题的人，理解为：他们在社会等级中的地位是专横的，是来自于出身和血统，而不是举世的公正。贵族担责的理念源于这样一种认识：上帝（或者是偶然的机会）赋予了统治者很多不一定是他们所应当拥有的东西。

在今日的哈佛，这种认识已经基本上不存在了。现代精英的统治被认为不是专横的，而是正义的、正确的和名副其实的，至少如果遵循英才教育的逻辑，即可得出不言而喻的结论。对于今天的哈佛学生来说，通过了无数的考试和面试，他们在社会上的地位绝对不是偶然的和随机的，他们完全是适才适所。标准考试和大学录取

---

① Matthew Arnold, 1822—1888, 英国诗人、文化批评家。

官员们已经给出了答案，他们的话就是定论。

于是乎，在哈佛，以及在全国其他类似的学校里，天资聪慧的学生们组成的一个特权阶层坐在世界的云端，得意于自己的成就，心安理得地明了：由他们来统治世界是**理所当然的**，因为他们是**最优秀的**。

这本书所讲的就是他们的和我的故事。

第一章
施特劳斯楼 B32 宿舍的瓦解

在哈佛,一切都从那个"院子"开始。1636 年,学校创建于此,一英亩地被木栅栏围起来,种上了苹果树,起名为"学院院子"以区别于周围的乳牛场。将近四个世纪之后,校园仍然以最初的"院子"为中心枢纽向四周扩展:北面是法学院;西面是拉德克利夫①;东面是各类博物馆;高年级宿舍向南接抵到查尔斯河,河的对面是商学院。"院子"里面是新生宿舍楼,它们背对嘈杂的剑桥市,面向寂静的草坪和林荫红砖甬道,每一个哈佛生涯皆始于此。

约翰逊门(Johnson Gate)是"院子"的主门,每年只有两次为学生搬迁进出而对车辆开放。开学的第一天,父母、妹妹和我开车通过主门,我们的沃尔沃旅行车超载,我的胃里发紧,妈妈几乎落泪。周围有很多其他家庭的车,其他学生大概也跟我一样,为这期待许久的时刻终于到来而感到惶恐不安。

当我们进入大门时,"院子"西面的一半——"老院子"(Old

---

① Radcliffe College,一所女子文理学院,创立于 1879 年。1963 年开始与哈佛学院(男校)合并,1999 年跟哈佛完全合并。现在是哈佛大学拉德克利夫高级研究所所在地。

Yard）展现在眼前，草坪的四周是一些以古老的新英格兰姓氏命名的宿舍楼——霍利斯（Hollis）、斯托顿（Stoughton）、莫厄尔（Mower）和韦尔德（Weld），以及学校管理部门办公所在的灰石大楼（University Hall）。办公大楼的背后，隐藏着"院子"东面的一半：三百年剧院（Tercentenary Theater）的草坪和小径、尖顶的纪念教堂（Memorial Church）、巨柱耸立的怀德纳图书馆（Widener Library）——以1911届毕业生哈里·埃尔金斯·怀德纳①命名。怀德纳随着"泰坦尼克号"（Titanic）沉没于大西洋了。据说，他的母亲捐赠该图书馆时有一个条件：哈佛应要求所有的毕业生通过游泳考试，为不可预料的冰山做准备。在这些建筑物之间，矗立着约翰·哈佛②的褐色石像，在那个九月的第一天，他向西盲目地盯着我。约翰·哈佛是剑桥大学伊曼纽尔学院（Emmanuel College）的年轻学者，1637年来到美国，不久后即去世。临终之前，他将一半财产和全部藏书捐赠给新成立的学院。学院欣然接受了礼物，并以"哈佛"命名。

塑像旁搭着一个纵长的白色帐篷，喜欢管事的高年级学生们在那里发放钥匙和重要表格，并送我和家人去找分配给我的宿舍——施特劳斯楼（Straus Hall）。我们拿着"院子"的地图，从人群中穿过，看见很多衣衫不整、胡子拉碴的年轻人，他们成群结队，携带着巨大的行囊，相互之间快乐地叫嚷着。这些人是"新生户外活动"的毕业生，刚从缅因州的森林探险回来。每年有数十名新生在学年开始前参加这项活动。虽然已经多年没有登山，此刻我忽然想，如果我当初也

---

① Harry Elkins Widener，1885—1912，美国商人、藏书家。据哈佛绯红钥匙协会（Crimson Key Society）编撰的《哈佛内部指南》（Inside Harvard）记载，怀德纳是哈佛大学1907届毕业生。
② John Harvard，1607—1638。1764年，约翰·哈佛捐给新学院的约400册书籍在图书馆的一场大火中全部被烧毁，只有一本书因为被借出并过期未还而幸存下来。另外，约翰·哈佛的塑像是青铜制作的，不是褐石。

第一章 施特劳斯楼B32宿舍的瓦解

申请参加这个项目就好了,因为他们看起来是如此地愉快和舒适,一点也没有我所感到的那种惶恐不安。对新的和陌生东西的恐惧破坏了我初到学校的快乐心情。

施特劳斯楼其实很近,就在约翰逊门附近的"院子"的一隅,从它的卧室窗户可以俯瞰繁闹的哈佛广场。进了楼,先是在楼梯上和一些陌生人擦肩而过,然后又看到每个宿舍的门上钉着的名字(雷切尔、尼克、丹佛斯、西达思、雷巴斯和纳茨等),我的恐惧更加严重了。这些陌生人将与我分享陌生的新生活,我的快乐将主要取决于他们。

幸好很快大家就不再陌生了。最初的几个小时里,我们站在草坪上,没完没了地跟分配到施特劳斯楼的新生和他们的父母握手,相互自我介绍。人们川流不息地经过,携带着计算机、手提箱和无数食品:大桶的盐饼干和推斯拉糖果(Twizzler),十二包一箱的快餐面,谷物盒子和格兰诺拉麦片条,足够一支部队吃一年,或一个大学生吃一周。在这一片混乱中,我的三个室友出现了。一个是来自巴尔的摩的朱利安·法瑞尔,他是利比亚显贵的后裔,家道中落后由单身母亲抚养成人;另外两个是肯塔基州人——戴维斯·亨德雷克斯来自欧文斯伯勒;内特·豪来自列克星敦,高中四年级时迁到了堪萨斯市。我们有不少正经活儿要干,三楼B31宿舍里很快就堆满了东西,纸箱到处都是,尘埃在阳光下飞旋。地板上唯一的空地被戴维斯大腹便便的爸爸占据了,他从肯塔基连夜开车十五个小时,这会儿累垮在地板上,躺在立体声扬声器、半开包装的计算机和衣服堆里鼾声大作。

应付着头绪繁多的事,夜幕降临后,恐惧重新攫住了我。在波士顿跟家人一起吃过晚饭,天色既晚,他们跟我拥抱之后便驱车离去。我回到了施特劳斯,发现朱利安、戴维斯和内特全无踪影,想必是跟他们的父母去吃晚饭或去旅馆了。我独自一人,沮丧地度过了好几个小时,一边试图设置我的计算机,一边羡慕地听着窗外人们的叫喊和嬉笑声。这一夜我被人们排除在外了，我带着可怕的自怜想，**也许整整四年都会是这样。**

然而，自怜只持续到十点钟。我鼓足勇气，跨过走廊去结识施特劳斯楼 B32 宿舍的邻居，他们相当友好，邀请我一起去校园里溜达。我们探查了不同的小宿舍楼，嘲笑那些仿佛出自《艾丽斯漫游奇境》的名字：彭尼帕克（Pennypacker）！威格尔斯沃思（Wigglesworth）！我们随意地敲开一些宿舍的门，做自我介绍，想找到派对或至少是找点儿酒喝，却一无所获。这是大学新生普遍的经验，不过我当时不懂。那天晚上，我们结识了数十位临时朋友，接着又逛到了哈佛广场，看见有个基督怪物①在向一大群文身的、打扮粗野的流亡者布道。最后我们回到了自己的宿舍，躺在豪华的公共休息室里的沙发上聊天；沙发上方的墙上悬挂着艾西多尔·施特劳斯②的肖像，他是维多利亚时代的金融高手，同可怜的怀德纳一样，也随着"泰坦尼克号"葬身大西洋了。

过了午夜很久，我又独自走到了"院子"里，站在约翰·哈佛塑像的旁边。喷水器旋转着洒水，宿舍楼静悄悄地蜷缩在四周。无意之中，我触摸到了塑像左脚的带有装饰的鞋子，它已经被无数的旅游者（有些是美国人，但多数是日本人）抚摸得十分光滑。我想起一年前有个导游告诉我，抚摸那只脚，向前辈尊师祈助，即可以给学子们带来好运。

有一个编造的说法：多年来，并没有学生抚摸那只脚，反而是有很多人遵循录取官员和导游不曾提到的一个传统，在冬夜里对着它撒尿。不过我当时没有听说，只知道塑像的体貌属于 19 世纪 80 年代的

---

① 原文为"Jesus freak"，是对"基督运动"（Jesus Movement）的热衷者的一个蔑称。它是产生于 20 世纪 60 年代末 70 年代初的反社会文化。
② Isidor Straus，1845－1912，美籍德裔犹太人，梅西（Macy's）百货公司的所有人，曾短期担任美国众议员。本书中的施特劳斯楼是他的三个儿子捐赠给哈佛的。

一位不知名的本科生①,因为在建造塑像时,没有貌似约翰·哈佛的人仍旧在世。也许这个事实根本无关紧要,塑像的锃亮鞋尖的确给我带来了运气,当我第一次,也是唯一一次触摸它时,至少我心中持续的恐惧被解除了。那一刻,在夜深人静、水雾喷洒的"院子"里,面对即将开始的新生活,我感觉到了一阵兴奋。

我在哈佛了,我对自己说;试图找到一个合乎此情此景的深邃思想,结果却是一片空白。

＊ ＊ ＊

施特劳斯是我大学一年级的家,虽然楼内的空间局促,有时令人感到幽闭恐怖,但它是一幢漂亮的宿舍楼,有着白色的百叶窗、绿色的饰边和四个混凝土小楼梯间。出了门,是一片幽静的草坪,草坪的另一边是马修楼(Matthew Hall),它比较高,有尖屋顶和油地毡走廊。人们一年到头在草坪上玩飞碟和橄榄球,直到将它践踏成泥地。每年六月的毕业典礼到来之前,校方便匆匆地围上绳栏,洒上鲜亮的湖蓝色草坪养护剂,让它迅速地生出新绿。

我们的房间设在一直通向四楼的楼梯两边。每个单元有八套宿舍,正如楼梯间的号码所示。它们最初是两人的宿舍,我们则四个人挤在上下床里,游走于他人的衣物、化妆品和病态情绪之中。房间很不错,有密封的壁炉、白色饰边和深色护墙板,还有可爱的大窗户让阳光尽情泻入。但是,房间很小,由于岁月的消磨,陈腐气味、噪音和墙壁紧裹着我们,不少人因此情绪失控、精神崩溃或闷闷不乐,对

---

① 据哈佛绯红钥匙协会编撰的《哈佛内部指南》记载,哈佛大学1882届的毕业生谢尔曼·霍尔(Sherman Hoar)是约翰·哈佛塑像的原型人物。

室友和单元里的人生出郁积的敌意。

这种状况在大学里普遍存在，不同性别的年轻人挤在狭小的空间里，解除了父母的监管，被告知这是什么学术的体验。但是，不同于州立大学或小规模的文理学院，哈佛给新生增加了额外的困难，因为它自诩学生的构成极其多样化，几乎达到了荒谬的地步。多样化是学校的管理者深感骄傲的主要资本，他们喜欢夸耀说，哈佛的多样化程度在逐年提高，它的新生不仅完美地代表了美国，而且代表了更广大的世界。于是，他们就有充分的理由沾沾自喜了，或者乍看上去是这样。

施特劳斯楼 B 单元是住房办公室心血来潮分配给我的单元，细想一下它的成员，确实是各色人等。它的一层住着清一色的彪悍运动员，他们抽大麻，将啤酒罐堆在窗沿上直到无人看得见室内。他们绝少爬上楼来，跟我们这些肌肉较不发达的人一起呼吸清新的空气。二层呢，则住着一个来自得克萨斯州的斯里兰卡女孩；一个来自风打岩石的爱德华王子岛、就读于家庭学校的加拿大女孩；一个来自旧金山的犹太女孩；一个来自温彻斯特的半犹太半天主教家庭女孩；一个来自加利福尼亚的白人女孩和一个来自罗得岛的半中国血统女孩；此外，还有一个来自佛罗里达的包着头巾的穆斯林女孩，名叫拉比耶，她坚称古埃及人是黑人，他们用悬浮法建造了金字塔。她还告诉我："Muslim 一词的发音不是'麻兹林'，而是'穆斯林'。"

可见，单元里有一群悦人的女性，尤其是再加上住在四楼的来自缅因州的漂亮白人姑娘，来自田纳西州的素净印度女子和来自台湾的小巧玲珑的女孩，算起来，总共是两个东亚人、两个南亚人、一个加拿大人、两个犹太人、一个美国黑人和两个美国白人。

不过，若论施特劳斯楼 B 单元里成员的多样化，B32 宿舍毫无疑问是它的陈列橱窗。它在我们房间的对面，第一天晚上我在那儿结识了朋友。在低矮的天花板下面，挤住着金发碧眼的丹佛斯（佛斯）·

谢尔比,他是前内阁部长的孙子;喜好沉思的希腊裔美国人尼克·帕特里克,长得像年轻时的且稍壮实的阿尔·帕西诺①,他用前苏联的宣传海报和包着班达纳大手帕的萨帕塔叛乱者②的照片装饰自己的卧室;聪明英俊、有点神经质的印度人西达思·卡普,他的父母早先移民到康涅狄格州,后来迁至俄亥俄州的哥伦布市;还有来自阿拉巴马州蒙哥马利市的达米安·福斯特,他是一个相对贫穷的南方黑人。他宽阔下塌的肩膀负载着这些特征,给人一种愤愤不平的感觉。

佛斯、尼克、西达思和达米安:一个毕业于格罗顿学校③的富家子、两个新移民的孩子、一个黑奴的玄孙。我们戏谑地说,哈佛新生教务处的社会工程师们肯定十分享受拼装这片独特板块的乐趣吧。而过了一段时间之后,我们的笑声里又加进了一丝苦涩的味道。

* * *

施特劳斯楼 B32 宿舍所展示的引人注目的多样化,是数十年来美国高等教育理念冲突的结果。一方面是 20 世纪 50 年代 GI 法案④之后的纯英才教育的观念,它以标准考试作为录取的衡量标尺;另一

---

① Alfredo James ("Al") Pacino,1940— ,美国电影和戏剧演员、导演,因在《教父Ⅱ》等影片中的表演八次获得奥斯卡最佳男主角提名,1992 年因在《闻香识女人》中扮演陆军中校而摘取奥斯卡影帝的桂冠。
② Zapatista rebels,指"萨帕塔民族解放军",是墨西哥南部恰帕斯州 (Chiapas) 的一个左翼革命组织,1994 年对墨西哥政府宣战。这一战争基本上是非暴力、自卫性的,其目的是反对军队、准军队和大公司的势力侵入恰帕斯。
③ Groton School,马萨诸塞州的一所私立的圣公会寄宿学校,创立于 1884 年,是新英格兰地区顶尖的预科学校之一。
④ G. I. Bill,正式名称为 Servicemen's Readjustment Act,是罗斯福总统在 1944 年签署的一项法案,内容主要是为第二次世界大战的退役军人提供大学和专科教育资助,提供优惠购房和企业贷款等,以帮助他们较快地适应退役后的生活。历史学家和经济学家认为 G. I. Bill 是一项成功的政策,对美国人力资源的开发和经济的长期发展发挥了重要作用。

方面是60年代后"伟大社会"①的愿望——在长期以来由白种—盎格鲁—撒克逊—新教派统治的飞地校园里取消种族隔离。在这两个高尚的理念之间有一个阴影，即在60年代（如今较少）出现的白种申请人的考试成绩高于少数族裔的成绩的倾向，它使得大范围内的种族融合无法仅靠"色盲"的录取政策来实现。

解决这一难题的一个办法可以是依照《平权法案》②的逻辑，由学校同意废除以SAT为基础的录取政策。正如约翰逊总统③的名言所指出的：你不能"解放一个被镣铐束缚多年的人，让他站在比赛的起跑线上，然后说，**你可以自由地跟所有其他人赛跑了**，并且有充分根据地相信你是完全公平的"。但是，对《平权法案》的强烈抵制几乎立即就出现了。起初是来自以乔治·华莱士④为代表的激愤民众，后来是里根民主党人⑤，再后来是金格里奇革命派⑥。管理高等教育的是象牙塔里的一些富有的自由主义者，《平权法案》的反对者对他们只产生了很小的威胁；而感到不舒服的最高法院却采取行动了。

---

① "伟大社会"（Great Society）指约翰逊总统在20世纪60年代提出并实施的一系列国内社会改革措施，其中两个主要目标是消除贫困和非正义的种族政策。
② Affirmative Action,《平权法案》的主要内容是要求在教育、雇用和健康福利等方面，考虑"种族、肤色、宗教、性别和血缘"的因素，对在历史上受到歧视和代表性不足的群体给予较多的优惠。最早见于肯尼迪总统在1961年签署的一项行政命令。约翰逊总统在1965年签署的一项行政命令中要求政府在雇用时遵照《平权法案》。
③ Lyndon Baines Johnson, 1908—1973，美国第三十六届总统（1963—1969）。
④ George Wallace, 1919—1998，美国政治家，曾担任四届阿拉巴马州州长，四次竞选总统失败。他是20世纪60年代坚持种族隔离的代表人物。他的竞选名言是："今天种族隔离！明天种族隔离！永远种族隔离！" 1972年他被刺客枪击导致终身瘫痪。在晚年，他宣布摈弃种族隔离主义，声称"不希望带罪去见造物主"。
⑤ Reagan Democrat，美国的一个政治名词，特指一部分传统的民主党选民（主要是北方的白人蓝领阶层）转移阵营，在1980年和1984年总统竞选时投票给共和党候选人罗纳德·里根（Ronald Reagan），后来也用于指1988年投票给共和党候选人乔治·布什（George Bush）的一些传统的民主党选民。
⑥ Gingrich Revolution，指美国共和党在1994年中期选举取得的巨大胜利——在众议院赢得54个席位，在参议院赢得8个席位。这场"革命"的领导人是众议院少数党领袖纽特·金格里奇（Newt Gingrich），在此之后他当上了众议院议长。

在历史性的 1977 年"加利福尼亚大学董事会诉贝克（Bakke）"一案的裁决中，大法官路易斯·鲍威尔①写道："虽然追求学生构成多样化是一个令人信服的目标，它足以支持在做录取决定的某些情况下考虑种族的因素"，但种族配额政策"对实现这一吸引人的目标却是不必要的，因而在'平等保护条款'②之下是不能成立的"。依据这一裁决，一种新的正统接管了大学校园，即在做录取决定时，在创造"学生多样化"的诸多必要因素中，种族仅是被**考虑**的一个因素。

从法律上说，私立学校如哈佛并不受最高法院这一裁决的影响，它们本可以为矫正过去的种族歧视而永远地捍卫《平权法案》。但是它们并没有这样做，也许是因为跟安娜堡（Ann Arbor）、麦迪逊（Madison）和伯克利（Berkeley）③绑在一起很重要，免得被各个击破④；也许是因为大法官鲍威尔对"贝克案"的解析，以及二十年后他的智力继承人桑德拉·戴·奥康娜⑤的论点，比起约翰逊时代的公正雄辩来更具说服力。毕竟，《平权法案》**曾是**反向的种族歧视，无论你怎么编排说辞，没有人愿意跟种族歧视产生任何瓜葛。鲍威尔的下述论点颇能更好地磨平棱角：

> 思考、实验和创造的氛围对高等教育的质量来说极为重要，这种氛围被广泛地认为是由学生构成的多样化激发的……这样表

---

① Lewis Franklin Powell, Jr., 1907—1998，于 1972—1987 年任美国联邦最高法院法官。
② The Equal Protection Clause，美国宪法第十四条修正案的一部分，自 1868 年生效，主要内容是要求各州不能拒绝任何人在州的管辖范围内受到平等的法律保护。
③ 这是三个大学城的名字，代指密歇根大学、威斯康星大学和加州大学伯克利分校这三所公立大学。
④ 此句典出本杰明·富兰克林在即将签署《独立宣言》时的名言："我们必须团结一致，不然就肯定会被单个绞死。"
⑤ Sandra Day O'Connor, 1930— ，于 1981—2006 年任美国联邦最高法院法官，是该法院历史上的第一位女性大法官。

述并不过分:"国家"的前途,取决于它的领导者在(等同于民族多样化的)学生多样化的环境中广泛地接受各种思想和习俗的教育和熏陶。

于是,"多样化"的时代诞生了。在这一过程中,虽然几乎没有任何学校采取极具争议的种族配额政策,但是谁都知道,如果你是拉美裔或非裔,或者北美原住民和太平洋岛民,就比较容易被一流学校录取;如果你是白人就难一点;如果是超常成功的亚裔或犹太人(他们对付 SAT 考试真是出色),就更难一点。多样化的目的是达到种族的平衡,或用比尔·克林顿总统①更喜欢的话说,一个"看上去恰像美国"的校园。

然而过了一段时间,对哈佛(或耶鲁、宾大、杜克等)来说,仅仅做到表面上的多样化是不够的了。"贝克案"裁决的推理是显而易见的:将种族作为录取的"诸多考虑因素"之一的目的是给校园创造更好的教育环境。而这种环境的形成,取决于除了一年级时一起上"说明文课"②之外,盎格鲁—撒克逊的孩子们还能跟其他人结交。不幸的是,其他人毫不掩饰地表现出不情愿为伟大的白人兄弟姐妹的教育做帮手的想法,他们宁愿成立特定种族的组织、宗教团体和舞蹈队,诸如此类,在那里他们只跟自己人结交。种族隔离复辟了,但它是一种自发的隔离,因而,连根铲除它要远为复杂和困难。

由于"群体认同"(group identity)是 20 世纪 60 年代的圭臬之一,它很快就变成了学术界里坚持的教条,因此在校园里取缔特定种族和文化的课外活动是不可能的。替代的方法将是社会工程——用丝

---

① William Jefferson ("Bill") Clinton, 1946— ,美国第四十二届总统(1993—2001)。
② Harvard Expository Writing,哈佛大学的一门传统的写作课,始于 1872 年,是所有学生的必修课。

绒拳头来迫使种族融合。

在哈佛，这意味着结束旧的宿舍制度。早在20世纪初，校长艾略特①以牛津大学和剑桥大学的学院系统为模式，建立了高年级的宿舍制度。哈佛的学生在"院子"里度过第一个学年之后，便被分配到十三个高年级宿舍楼之一，在那里度过剩下的学年。这些宿舍楼均以著名的哈佛人物命名，如亚当（Adam）、昆西、洛厄尔和马瑟（Mather）。在缺乏人情味的大校园里，宿舍楼应当是一个避风港、一个社区，也是一个包括餐厅、公共休息室和校内体育活动的场所，志趣相投的学生们可以在一起孜孜不倦地追求精神生活。

正是抱着这种目的，校方允许学生们选择宿舍楼或至少排列出几个选择，或者加入由愿意住在同一宿舍楼的朋友组成的"保护基团"（blocking group）。随着时间的推移，宿舍楼便形成了各自的特征：马瑟楼和柯克兰楼是运动员楼，号称有校园里最棒的健身房；亚当楼是艺术楼，因诸多的戏剧创作和化装舞会而闻名；昆西楼是亚裔楼，艾略特楼是名门望族楼，邓斯特楼是政治楼，等等。因此，新生们很容易对哪幢楼最适合于自己做出决定；同时，这些宿舍楼也可以根据楼内居民的爱好和习惯来调整资源和改造自己的传统。

在推崇多样化的使徒们看来，这种狭隘的本位主义已经足够恶劣了，但是痛苦还要变本加厉。20世纪70年代，哈佛吸收了它的姊妹学院拉德克利夫，在合并过程中得到了三个新的高年级宿舍楼：卡博特（Cabot）、柯里尔（Currier）和诺斯（North）。"诺斯"后来被命名为"普福尔兹海默"（Pforzheimer）——那个自负的捐赠人显然相当喜欢他那可怕的姓氏。这三个宿舍楼距离其余的校园至少有十五分钟

---

① Charles William Eliot，1834—1926，哈佛历史上任期最长的一位校长（1869—1909）。在他的领导下，哈佛从一所地方性的小学院发展成为一所杰出的研究型大学。

的路程，因此拉德克利夫的四方楼院子很快就落了个高年级贫民窟的名声，新生们害怕被分配到那里去。没人愿意住在那里，除了哈佛的黑人学生，他们渴望在仍有盎格鲁—撒克逊气氛的校园范围内拥有一个自己的房间。于是乎，四方楼院，特别是柯里尔和卡博特，有了自己的身份，它们是黑人楼。

  黑人在高年级贫民窟里自我隔离的可耻历史持续了将近二十年，哈佛终于决定取缔旧制度。在 1995 年，我入校的三年前，当权者宣布宿舍分配随机化。一年级结束后，学生们将被允许跟自己合得来的人结成保护基团，住在一起。开始是最多十六人一个基团，后来减少到八人，以便较好地完成多样化的任务。但是，他们对在**哪座楼**度过今后的三年不再有发言权。取而代之的是，每个保护基团都被随机地分配到某一幢宿舍楼。校方向我们保证，这全部是通过公正的计算机程序来决定的。运动员楼和预科生楼没有了，也肯定没有黑人楼了。每个楼都将是完美的、随机拼组的马赛克。学生们就在那里完成紧迫的任务——在（等同于民族多样化的）学生多样化的环境中广泛地接受各种思想和习俗的教育和熏陶。

  几乎每个人都反对这一计划。学生们不愿意被剥夺选择权，持传统观念的校友和教授们不喜欢看到他们熟悉和热爱的宿舍楼的个性被摧毁，而对这个开明政策的最响的批评声音来自少数民族。他们认为，随机化是公然打破他们的飞地，将他们分散于校园各处，在那里他们将更好地为多样化教育服务——或者有人会合理地推断，这正是他们被哈佛接收进来的目的。

  然而所有的反对都无济于事，宿舍楼身份的旧制度被彻底地扫荡了。不过，尽管有社会工程师们的多样化设计，哈佛的高年级生仍被允许挑选保护基团和室友，选择他们的朋友和课外活动，不受学校当局的任何干涉。这就给自发的种族隔离留下了足够的空间，哈佛人充分地利用了这一点。只要到任何一个学生食堂去粗略地扫上一眼，里面尽是全白人、全黑人和全亚裔的饭桌，即是证明。

只有在一年级的时候，室友和邻居是根据分散的问卷和宿舍管理办公室审慎的异想天开而分配的，校方能够自由地向不情愿的、顽固的外省学生们推行多样化。只是在那段时间里，鲍威尔的民主实验室全时工作，忙着营造表面上由"学生构成多样化"而激发的"思考、实验和创造"的氛围；只是在那段时间里，社会工程师们自由地掌控着缰绳。

他们的成果就是像施特劳斯楼 B32 这样的宿舍——毫无心理准备的十八岁青年，脱离了成年人的监管，跟他们以前所熟识的非常不同的人挤在狭小的空间里，被要求学习相互之间的差异。法官鲍威尔大概会说：国家的前途取决于这种实验。

* * *

就这样，在一段时间里，佛斯、西达思、尼克和达米安全都住在一起。尽管困难重重，B32 看起来团结和睦。大学初始，社交生活取决于从前的朋友关系，所以，佛斯在预科寄宿学校的朋友、达米安在哈佛暑期班认识的人，还有西达思参加的新生户外项目的朋友们全都暂时合群。在最初的几个星期里，每个人都表现最佳，决心将新室友即刻变成大学生活本应提供的亲密朋友。

尤其达米安和佛斯，他们俩总是在一起，一道去吃比萨，长时间在一起讨论政治。在交谈中，达米安滔滔不绝地讲述他在阿拉巴马州的贫困地区所看到的荒凉和悲惨的美国，佛斯则惊叹自己从新朋友那里学到了很多东西。他们甚至一起去参加派对：佛斯穿着卡其布裤和布鲁克兄弟牌衬衫，金色的头发被九月的风吹拂向后；达米安在佛斯的身旁，通常是一袭黑衣黑裤，带着疑惑的神情扫视着哈佛的风景。

但不光是佛斯和达米安，他们看上去**全都**关系紧密。第一晚之后，我经常感到被排除在外，艳羡施特劳斯 B32 里轻松的友谊，以及那种令人惊讶的友情营造出的酷的气氛。B32 的这四个室友，加上他们众多的朋友和关系网，仿佛总是知道哪里有派对、受欢迎的人们在哪里聚会。在最初的日子里，这些都是高价信息。我的室友和我则相反，完全没有任何信息来源，就只好一夜夜地待在房间里，懒散地上网或摆置家具，郁闷地想着那些错过了的刺激场面。

不过最终，当大家的友情更近了，B32 的人脉关系和社交能量就让整个单元都受益了。我更频繁地跟他们一起出去，我的室友和楼下的女孩们也是同样，B32 很快就成为施特劳斯 B 单元的社交生活中心。那是尼克的得意时期，他成了 B 单元的家政神，热心地组织安置家具和卧室，不放过任何机会展示他的精湛的地中海烹饪手艺。也正是尼克领头，在他们的狭小的公共休息室里组织了早期的非法派对。在派对上，达米安演奏着音乐，参加者们醉醺醺地跳舞，同时高度警惕着扫兴的权威人物。

那个派对，摩肩接踵，汗流浃背，靠着廉价的哥萨克伏特加提神助兴，是少有的、不会再重复的哈佛人混合派对。参加派对的有 B 单元里的孩子们——我的室友和我、楼上楼下的女生，还有穿牛津纺格子衬衫的预科生——佛斯在格罗顿高中的朋友们。格罗顿自罗斯福时代以来就大批生产哈佛人，一些假金发、苍白瘦瘦的女子似乎永远围着他们转。派对里也有达米安和西达思的朋友，甚至还有波士顿学院的一帮人，跟尼克来自同一所天主教男校的面色红润的爱尔兰小伙子们，他们从河对岸带来所有能够勾搭上的女生，寻求尼克愉快地许诺给他们的哈佛之乐。

我后来明白，在最好的情形下，大学派对也就是个又臭又湿的事儿，充斥着汗臭、低廉古龙水和最次的啤酒，不断重复的六支即时乐曲从天花板上冲泻下来，浓妆艳抹、十分做作的绝望气氛紧裹着每个参加者。不到一年，我就厌倦了它，厌倦了在人堆里翻找热啤酒和低劣的斯古拽威尔①，厌倦了旋转扭臀、辣身舞和基本上是假装的尽兴，厌倦了星期六晚上找乐子毫无斩获，摇晃着回到宿舍。

但是，秋天到来之前，在施特劳斯B32开第一个派对时，厌倦还是未来的事。我们跳啊，喝啊，大汗淋漓，白人和黑人、盎格鲁—撒克逊和少数族裔挤作一团，直到墙壁撼动，地板发黏。甚至还有喜剧表演——波士顿学院的女生里较丑的一个将尼克拽进后面的房间，试图跟他干一下，幸好西达思闯入，醉醺醺地将室友从时机不成熟的破坏童贞下解救出来。这个壮举转眼之间成了B单元人们的谈资。

午夜过后很久，派对结束了，我们草草地收拾了房间，便围坐在豆袋椅和蒲团上，观看《奥斯汀·鲍尔斯》(Austin Powers)，感觉非常之酷。紧接着的下一个星期里，隔壁施特劳斯C单元的孩子们试图复制我们的派对，却被抓获，因未满法定年龄酗酒②，被拉到了一年级教务长的面前。我们感觉更酷了。

正是这样，在第一个月里，所有的课都开始了，秋天到来了，施特劳斯B单元是个美妙的、亲密融洽的多彩马赛克——哈佛管理部门的一个梦想。

就在这个时候，温斯顿出现了。

温斯顿的全名，他在自我介绍时告诉我们，是温斯顿·贝尔·霍恩三世（好长时间里我都误以为他姓贝尔霍恩）。他是个庞然大物，又高又胖，硕大无比的满月脸顶在一米九几的身架上，笑的时候（他

---

① 原文为"screwdriver"，指一种鲜橙汁和伏特加酒的混合饮料。
② 美国的合法饮酒年龄是二十一岁。

经常笑），他的脸如同一盏善面的南瓜灯，两个门牙之间的巨大缝隙更加剧了这个效果。

我第一次见到他是在一个周末的晚上。学年开始不久，我如常地寻找饮料、女孩和乐趣而毫无斩获地回到宿舍，大约是在内特和我上楼接近平台时，发现那里矗立着一个高大的黑人，头戴缀着我们学校"H"①字母的绯红色棒球帽，身穿绯红色运动夹克，背后横印着大写的"HARVARD LAW SCHOOL"（哈佛法学院）字样。

"哈罗，"他用浑厚的歌喉宣布，"我叫温斯顿·贝尔·霍恩三世，**非常**高兴认识你们。"

我们警惕地跟他握了握手。这时西达思和佛斯出现了，他们解释说温斯顿在法学院读书，还跟达米安一起上过哈佛的暑期班，他现年二十七岁，非常乐意帮助每个十八岁的青年得到他们想要的东西——不能合法获得的酒精饮料。

"其实，"温斯顿声音轰鸣着，"今天晚上我就带来了一些。"他把手伸进口袋，掏出一些小塑料瓶（如果我记的不错，是富莱斯曼伏特加），宛如一堆金币，他倒在了我们饥渴的手上。

我们听说，温斯顿曾经是一名橄榄球运动员（对这点我可以相信），从阿拉巴马大学毕业，在那儿他是练习队的，从未能够进入正式赛队。他来自佐治亚州的穷乡僻壤，以佃农的出身背景，一路奋斗考上了哈佛法学院。他坚称，由于这种背景和经历，他极度蔑视那些向白人乞求施舍的穷黑人。他如此强烈地憎恶社会福利和《平权法案》，以至于他事实上是一个自相矛盾的显著标志：一个黑人共和党人。

至少在第一天晚上他是这么对佛斯说的。佛斯那时自称是民主党

---

① "H"是哈佛（Harvard）的第一个字母。

人，但已经在向右翼移动，他对温斯顿的话欣然采信。温斯顿坐在蒲团塌陷下去的一角，他们俩促膝交谈了很久。我们的这个法学院的朋友直截了当地贩卖反动观点，他对困惑的佛斯解释说，你知道，我是个黑人，但我喜欢三K党①，他们是一群很善良的男孩，就像是一个社会俱乐部，他们全然不再是什么种族主义者。不管怎么说，在佐治亚，白人和黑人相处得比在北方好得多。

然后，他给我们看他的呼机，只要一来电话，它就唱起《德克西》②。

"他是个绝妙有趣的家伙，"佛斯那天晚上对我说，"真令人惊愕……宛若福克纳（Faulkner）笔下的人物。我希望他再来。关于南方的生活，他的确知道很多有趣的故事。真是意想不到，有些人会把事情弄得那么糟，你说呢？"他停顿了一下，"不过，天哪，他讲的关于三K党的话有点太过分了，是吧？还有那个呼机——唷。"

温斯顿确实又来了。一个星期之后，我看见他站在我们B单元的门口，等着什么人让他进去（只有学生刷卡才能进入楼梯间），他的手里拎着奥邦佩恩③的塑料袋。

"我给你们都带了礼物。"他神采奕奕地说，跟我上了楼，接着又进了我的房间，好像他来这儿已经多年——好像这是他的房间。我向过道对面飞快地瞥了一眼：施特劳斯B32的门可疑地关着。

"我想达米安这会儿不在。"我对他说。

---

① Ku Klux Klan (KKK)，美国的一个极右组织，出现于19世纪60年代，20世纪20年代鼎盛时其成员达到近六百万人。它的政治主张包括白人至上主义、白人民族主义、新法西斯主义，以及反移民、反共、反犹太、反天主教等，在历史上它经常采取恐怖行动。2012年它的成员据估计有五千至八千人。
② Dixie，全名是"I Wish I Was in Dixie"，19世纪美国的一首流行歌曲，南北战争时期成为南方邦联政府的国歌，是蓄奴制度下南方的象征。
③ Au Bon Pain，一家快餐式咖啡点心连锁店，总部在波士顿。

温斯顿从一只塑料袋里掏出了几个硕大发亮的法式羊角面包，上面全都抹着又黏又甜的凝固枫露。"这些都给你，罗斯。"他对我说，眉毛快乐地跳动着——我后来发现他总是处于这种心情。"给你们大伙儿……我过去在奥邦佩恩工作，认识那里的一个伙计。他们每天做新的，旧的没卖掉就留下来送给流浪者。我刚巧路过，我的朋友就让我拿了一些。"他停顿了片刻，似乎在琢磨这件事，然后换上了新的笑容，"就是这么着，我带来给你们大伙儿吃。"

"你真好，温斯顿。"我说。

"不，别这么说，在哈佛，我们将是伟大的朋友。朋友之间互赠礼物是理所应当的。"

之后好几个星期里，他继续时不时地送东西来。他一次次地出现在门口，先是提着包子、蛋糕，接着是廉价塑料瓶酒，再后来就是不知从哪个百货商店的减价货架上搜罗来的录像带。他还不顾佛斯的反对，送来一大堆低档杂志：《哈斯特勒》（*Hustler*）、《斯旺克》（*Swank*）以及其他更下流的色情品，还有影碟，里面尽是气喘吁吁的女同性恋骑在大腹便便的男人身上的模糊画面。他拿来的这些东西堆满了 B32 的房间，漫出了抽屉（女孩子们来访时它们被塞在里面）。温斯顿的慷慨似乎是无限的。

温斯顿每次来访，都以他四仰八叉地躺在 B32 的豆袋椅上鼾声大作而结束，理由是走到他住处的路太远。在他第三或第四次来访之后，我们开始注意到他一成不变的衣着。他穿的是清一色的哈佛校服，无论早晚，日复一日：哈佛运动衣、哈佛运动裤，外加哈佛夹克和哈佛帽，暖和时就换成哈佛的运动短裤和 T 恤衫，假如学校生产了袜子和鞋，他大概也会穿的。

他第一天的着装把我们都搞糊涂了，以为他是法学院的学生。佛斯和西达思后来说是温斯顿或达米安告诉他们的，但是不，不会的，一定是源于温斯顿穿的哈佛夹克。因为过了几个星期之后,又听说温斯顿是个本科生,从阿拉巴马州转学过来,这个学期休学,或者根本还没有开始上哈佛呢,他不过是悠闲自在地享受着剑桥的生活,在春季学期开始前在波士顿酒吧里做保镖之类的事。

于是在那时我散布了一个关于温斯顿的理论。我暗示他可能是个骗子,他用法式长棍面包和色情玩意儿收买我们,渗入我们的生活。某天早上醒来,我们会发现所有的计算机和值钱的电子设备都消失得无影无踪。我很得意我的理论——它给我们的生活添加了作料,让我感觉自己老于世故,玩世不恭。同时也给了我一个理由来抱怨温斯顿的存在,而不必坦承我很怕他。

没人接受我的理论。

"呃,这个嘛,他是有点**奇怪**,"一天深夜闲谈时,朱利安附和我的说法,"不过,他只是太单纯,有着阿甘①的品性。当一个骗子他不够聪明。"

很难跟他争辩。温斯顿也许是被哈佛录取了,他穿着绯红色的校服,可是,他看起来更像一个快乐的天真汉,而不是刻苦用功的优秀生;他比我们一年级生更着迷于大学初期的自由生活和过激行为。他狂饮,用甜点和垃圾食品填满肚子,通宵达旦地观看低级电影,兴高采烈地盯着裸体女人的画面,对这些玩意儿他时刻抱着令人眩晕的热情。

"看看这个,看看这个。"他会眼珠凸出地大叫着,闯进我们的公共休息室,把我们拽到走廊的另一头,去赶着看又一个剩余的杂烩美味或最新的怪异色情玩意儿。比方说《阁楼》(*Penthouse*)杂志的一

---

① Forrest Gump,浪漫喜剧电影《阿甘正传》(*Forrest Gump*)里的主人公,他头脑简单,但做事执著,总是心怀善意。

幅招贴画，看上去是比尔·克林顿的脸，可是靠近细瞧，克林顿的双颊、鼻子和头发竟变成了上百个嬉闹女同性恋的微型照片。温斯顿还搞来了一个桃色夹杂橘色的巨大沙发床，从郊外的一个什么神秘的地方搬到施特劳斯的三楼，放在 B32 宿舍的地板上。

"这是**白来的**。"他轰隆隆地说，好像它是世界上最非凡的东西。

也许它是的。

没想到，从十一月份开始，发生了一些不利于施特劳斯 B 单元的快乐生活的事件。

事情的起因是这样的，佛斯和预科学校的朋友们开始每天晚上逛酒吧，达米安、尼克和西达思则留在屋里喝劣质伏特加。尼克和西达思声称他们俩很快就会搞到必要的假身份证（尽管他们两年之后才搞到），而达米安的想法不同，他一直极度鄙视喝酒，抱怨这是典型的白人特别是**北方**白人的行为。不管什么时候我们在派对上，他不觉得好玩（最初几个星期里经常如此），就大声抱怨这简直是**白人的派对**，黑人不需要靠喝酒来放松和行乐。一群衬衣紧扣的家伙，用酒来壮胆，跟同样紧张不安的女人们调情，没有什么比这种事更荒唐的了。

然而，一旦佛斯开始出入酒吧，达米安愤怒的靶子就缩小了范围。忽然间，他不再对**白人**表示不满，而是瞄准了**格罗顿**。

"它不像其他预科学校，"他在大教堂式的安妮伯格厅（哈佛一年级学生的食堂）吃饭时对我们说，"我有一次参加了安多弗①的暑期班，那里的人全然不像这些孩子，佛斯的这些朋友……他们不这么傲慢无礼，自命不凡。格罗顿给人感觉是个男生学校，尽管它不是。你能想象出一个格罗顿**女孩**吗？"

---

① Philips Academy Andover，马萨诸塞州的一所很有名望的私立寄宿学校，包括大学预科高中部。

他说的有那么一点道理。我喜欢佛斯，但当你把他跟高中朋友们放在一块儿，疏远和尴尬就同时产生了，你意识到他们是一体，享有他们的世界，你是个局外人。确切地说，并不是他们不友好。其他人埋怨他们傲慢冷漠，其实不是那么回事儿，主要是由于他们之间比跟其他人有更多的共同之处。你只是他们社交圈子的客人，只有他们属于那里。

因而，很容易把格罗顿当做取笑的对象，天知道我们全都那么做。每当看见佛斯的一帮人跟泰勒·谢里登（他的继父创建了斯塔堡①）或是利尔顿·利里（他那盎格鲁—撒克逊式的头发似乎从未碰过梳子）一起出去逛酒吧，单元里的人就开玩笑说："我们终于发现了格罗顿的人脉关系。"

我们嘲笑他们，但同时也羡慕他们。当他们每天晚上从宿舍消失，畅饮玩乐之后醉醺醺地从哈佛广场的酒吧回来的时候，我们可以感到初秋时短暂的和谐气氛在渐渐地消失，或至少**我**能感觉到。尽管佛斯总是坚持说我应当搞一个假身份证跟他们一起去，我想我是可以（实际上我们任何人都可以，虽然我如何能够负担得起酒吧的开销是另一回事儿），但我从未鼓起勇气去搞一个。过了一段时间，佛斯便不再邀请我。B32 的层次区分强化、加深了。

在我们大多数人当中，这一变化是无声无息的。而且我觉得，施特劳斯 B 单元的很多人不那么肤浅，不至于那么在乎佛斯在哈佛的社会阶梯上攀升而我们其余的人被卡在下面。但是达米安却无法摆脱困扰，他对北方生活、白人生活和哈佛生活的所有鄙视，似乎都汇集成了对新英格兰一所预科学校的愤恨。在这个敌意的作用之下，他和佛斯迅速结成的友谊产生了裂痕。

接着，情况进一步恶化。达米安开始迷恋上萨维娜——楼上的那

---

① Staples，美国的一家大型办公用品连锁店。

个稳重、安静、聪明的南亚姑娘。他声称,他爱上了她,几乎是一见钟情——这或许是必要条件,因为他们俩简直没有讲过话,肯定从未在任何意义上成为朋友。不管怎么说,他确信在她身上找到了可以使他幸福的**那一个**。

这类没有回报的一年级的爱情是我们很多人都犯过的错误。萨维娜尽了她最大的努力来让达米安轻松地放弃。可是,到了十一月下旬,她开始跟我的室友朱利安约会。

在达米安看来,这是最大的背叛。他唯一的真爱不仅摈弃他,还选择跟单元里仅有的另一个黑人约会。在此之前,朱利安一直是达米安的朋友,在疏离的北方白人中他的"兄弟"——尽管一直是不完美的兄弟关系,因为朱利安来自私立学校,总体来说对精英文化的各方面感觉比较自在,而达米安发现那是非常格格不入的。可是现在,朱利安成了他不共戴天的仇敌。达米安对佛斯和格罗顿的憎恶在施特劳斯 B 单元有一些听众,可他对朱利安的仇恨和对萨维娜的纠缠令我们其余的人都疏远了他。在秋天的那几个星期里,他成了邪恶的化身,在单元里神出鬼没,在飞流云彩下的校园里暗地跟踪。一天晚上我和他一起散步,得知他有时候在夜里沿着查尔斯河疾走好几英里,弓背耸肩,健身服和夜色融为一体。

"背后挨了一刀,就像那样,"他怒不可遏地说,"他怎么能那么干呢?怎么能呢?这种事在南方不会发生。那里的人不同,罗斯。天气不同,人也不同。"

他接着说道:"我再也不会找到其他的女孩了。我在高中就从来没有找到过。那儿有很多女孩想跟我约会,因为我的爸爸是牧师。她们总是说,达米安,让我做你的女朋友吧!无论什么时候我去舞会,她们总是为我播放《牧师的儿子》(*Son of a Preacher Man*)的音乐——简直令我发疯。 然后我到了这儿,有什么两样呢? 让我找到了完美的女孩,就在我的楼上,但是她不要我?这就像是上帝在嘲弄我。"

他谈及自杀,说他想从河上的一座桥跳下去。他还提到上帝,他问自己:"我相信上帝吗?"答案是他相信。但是,为什么一个好上帝要让人受苦呢?那从来就是个疑难问题,不过他直到现在才明白。无神论者说人们受苦表明上帝不会是真的,以前他不理解,现在他懂了。

"他在嘲弄我。"他反复地说。

与此同时,B32 的构架继续紧绷。由于个性和思想体系的竞争,单元里的政治辩论从一开始就存在。秋尽冬至时,这些辩论渐渐地从友好的自由讨论变成了口头对骂赛。关于英帝国主义引起的后果,或是福利国家的命运,或是斯大林和希特勒的邪恶性对比,人们声嘶力竭地争执不休。辩论倾向于分成左右两派。通常是我和佛斯一起陷入舌战,对阵尼克和达米安,西达思和我的较不好斗的室友无助地寻求某个中间立场。我和尼克做到了在厮杀的同时仍然是朋友,而佛斯和达米安残存的友谊到圣诞节就瓦解了。

他们两个人就所有能够想象出来的题目进行一轮又一轮的辩论,似乎每次都回到这些关系问题上:白人和黑人的;非洲和欧洲的;西方和其余的;白人欠黑人的(达米安的例子)和其他所有人欠欧洲的(佛斯的立场)。而在这个表象之下存在着更根本的分歧,致使这些争论缠绕成梦魇般的乱麻。佛斯是个知识型的天主教徒,精研哲学,酷爱严谨的、逻辑的冷峻推理。预科学校的教育装备了他的武器库,他能够随意列举出恰当的事实来支持他的任何论点。他辩论时冷静而自信,论证精确、有条不紊。达米安则相反,他的论证较少逻辑的检测,更多的是意志的考验。或许必须如此他才能有赢的机会,因为达米安一方面机智、具说服力,另一方面由于所受教育的局限,对佛斯的丰富知识应对不足。于是,他就用高声咆哮、夸大其词和个人经历的雄辩来迎击室友的精确性。他总是坚持个人的经历，这是他压倒室友的任何论点的最后王牌。

"那是事实！"佛斯会抗辩，"难道你看不到吗？"

"不，"达米安反驳道，"那对于**你**来说是事实。"

就这样，佛斯论证，达米安宣讲，他们的思想立场渐行渐远，日益强硬。秋天时，佛斯曾将自己描述成莫伊尼汉民主党人①；达米安则说过，如果不是因为支持《平权法案》，他可能更愿意投票给共和党。冬天过了一半时，经过二十多场关于对黑奴的补偿、关于帝国主义、关于警察的残忍行为和类似的令人血脉贲张的问题的辩论，佛斯从一个萌芽出土的保守主义者，变成了一个声高气壮的右翼分子；达米安呢，则对于他认为的佛斯的政治理论所支持的精英主义和种族主义，产生了深恶痛绝的蔑视。

尽管如此，他们可以像其他许多室友那样休战。知识库支持的辩论火焰燃烧五个月左右之后，他们可以分道扬镳。然而，达米安是个孤独者，他的怨恨和忧郁常常使西达思和尼克（他很清楚地愿意站在达米安一边反对佛斯）都感到难以接近。达米安肯定意识到了这一点，他正在失去同情者，他很快就将在施特劳斯 B 单元没有任何朋友了。正是在这个时候，他开始跟暑期班的朋友们频繁交往，并加入了一些学生组织，比如"黑人论坛"(Black Men's Forum)和哈佛著名的福音合唱队"昆马"(Kummba)。

也正是在这个时候，温斯顿，好比是达米安的热情福音，成了施特劳斯 B 单元的半永久居民。

秋天时他差不多一个星期左右来一次，圣诞节期间他的访问次数

---

① Moynihan Democratic Club，纽约市的一个相对比较保守的民主党组织，其名称由美国民主党政治家丹尼尔·帕特里克·莫伊尼汉而来。

增多，到了深冬，他就几乎天天出现了，通常延滞到凌晨，直至在此过夜。温斯顿从不怀疑我们的热情好客，即使是那些不住在 B32 的人。不知何时，他知道了我房间的电话号码，于是，达米安不在时，他就不必长久地在门外等着什么人让他进来。我开始害怕他来电话。我的房间电话铃响，我拿起话筒，听见他喜气洋洋的浑厚声音："喂，达米安的房间没人接电话……你们谁能下来让我进去吗？"我能怎么办？谁又能怎么办呢？如果我们不让他进来，总归有人会的。我挺怕他，总是盼着他立即离开，可是不知怎么的，我却习惯了下楼去开门——看见温斯顿在外面，转着跳着。

礼物继续送来；温斯顿的慷慨大方从 B32 扩展到了宿舍里的女孩子。他给她们买张贴画和填充动物玩具；一个女孩庆祝生日时，他还送给她一双巨大蓬松的兔头拖鞋。女孩们经常将他嘘出房间，声称他打搅她们做功课。从此，上楼后他就喜欢敲她们的门，她们刚一打开门，他就大吼："做你们的功课！"接着爆发出一阵响雷般的笑声。有时候，他竟然请女孩们上楼来跟他一起看色情片，虽然只有盖比接受过一次邀请。具艺术气质的盖比是家庭学校教育的加拿大人，她和异性装癖者交往，还跟一个粗野的小市民约会。

是的，听起来令人毛骨悚然。不过，温斯顿身上还是有些纯真的东西，甚至他观看色情片也是天真多于邪恶。他喜欢看裸体人假装性交，他无法想象任何其他人会不喜欢，即便是女人。我记得，惊骇的西达思拼命地试图向他解释，为什么**不可以**邀请女孩子看下流的性交录像，温斯顿天使般地微笑着点头，却一言不发。

他也总是有很多宏伟的计划、梦想、花招和古怪念头。他浏览商业杂志，虔诚地收存它们，老是谈论他的投资计划（或一旦他从哈佛毕业，凑够一些钞票之后要做的投资）。一天晚上，他宣布要自学阿拉伯文，我现在想不起是出于什么理由。于是他买了书，在 B32 用好几个下午的时间,往白纸上抄写那些稀奇古怪的弯曲字母。那个奇想持续了大约一个星期,大量的废纸加入了不断增高的垃圾堆。不过,大概是在年底时写给西达思的一封长信中,温斯顿最充分地表达了他的雄心壮志。他提议创建一个俱乐部或秘密社团,通过它来获得巨大的财富和无限的权力——由此可见,最起码,温斯顿理解人们为什么上哈佛。

渐渐地,温斯顿的存在糟蹋了整个房间,B32变成了废物场。垃圾不可阻挡地堆成了山,装满一只又一只袋子,没人拿出去扔掉,脏东西漏出来占据了半个地板;一只豆袋椅破了,一半埋在垃圾下面;墙上的海报半脱落着;过剩的食物(温斯顿从奥邦佩恩抄来的残余)堆在角落里散发腐气。浴室里的空气极污浊,冰箱附近还冒出一股强烈的恶臭(直到年底他们才挪出冰箱,在下面发现了一只早已腐烂的鸡)。房间的中央,摆着那个丑陋骇人的大沙发,通常是温斯顿横躺在里面。

春天迈着碎步来到了这里,西达思决定争取加入哈佛的一个地下兄弟会,所以他很少待在屋子里。必须在屋里时,他就坐在远处角落里的桌子前,戴着耳机埋头做功课。尼克把他的书桌搬进他跟达米安合用的小卧室,安全地关上门在里面工作;其余的时间他就待在我的房间,躲开那个乱七八糟的地方。

佛斯选择了流亡来逃避受难。他仍然在B32睡觉,我偶尔见他在房间里,坐在面对哈佛广场的窗前,疯狂地击打着手提电脑的键盘。但他生活在别处,在图书馆、演讲厅和格罗顿朋友的房间里。他的宿舍一天天地变成了温斯顿的家。

冬末,达米安的(理论上也是我们的)这个朋友就几乎每天晚上都待在单元里了。他在B32吃东西、睡觉,在肮脏狭小的盥洗室里洗澡。有时早上我穿过走廊,发现B32空无一人,只见温斯顿刚从浴室出来，浴巾如同一片纸巾挂在他那粗壮无比的腰间。他眉开眼笑地摇摇头：**这儿没别人，只有我，罗斯。**

终于，真相大白了。一个星期六的夜里，我正在观看《教父Ⅲ》，尼克进来坐在我的旁边。

"他是无家可归者。"尼克说。

"谁是无家可归者？"我问，其实心里已经明白了。

"温斯顿，"他说，"他**无家可归**，他根本没有什么公寓。"

"你是说他离开了他的公寓，搬出来了？"

"不，"尼克说，"我是说他从来就没有过。"

"可他说过！"

"是呀，**他说过**，他说过，他说过……很显然他是在撒谎。"

"他一直在哪儿睡觉？他在这儿只是……"

"哦，我明白你的意思。他一直是在白天睡觉。显然是在校园里的一些公共场所，比如洛克公地、图书馆，你就想吧。他在基督教青年会里洗澡，也睡在那儿。那里有他的熟人，跟他一起的人，我估计。但我想他有时候也睡在露天。"

"这么说他不是学生，他不会在这儿上大学？"

"你在开玩笑？"尼克摇摇头，"现在他自称在推广学院（Extension School）上说明文课。"

"他怎么付学费呢？"

"啊，不，他有工作。"尼克说，"那倒是真的。秋天的时候他在奥邦佩恩工作，后来当了保镖，眼下在一家旅馆。我是说，他**必定得去**工作。他不知怎么的总有点钱。达米安说他有工作，曾经去过他工作的旅馆。"

"哦。"

"对，他是有份工作，却把所有的钱都花在酒、色情和食物上。

然后他就睡在这儿,"尼克痛心地望着我,"真是见鬼了,罗斯?我干了什么应该承受这个?"

没有什么好答案,我只得笑了笑:"是你自己决定上哈佛的,不是吗?"

结果,尼克将这件事处理得非常好。他并没有发火,而是决定有责任来帮助温斯顿自立,帮他找一个公寓,开始存钱,等等。尼克宣布,如果我们不帮助他,没有其他人能够帮助他。于是他开始给温斯顿上关于成年人生活的小型课程。

晚上我到他们的房间,会看见别人都在刻苦地解题或写论文,尼克却伏在计算机上给他的永久客人打印开支预算表。或者,他们两个人一起坐在垃圾堆里的沙发上,尼克猛点一下报纸上的广告栏,向温斯顿解释,如果他仅仅储蓄两个月,就能付得起**这个**房间的租金。他只是需要停止在垃圾食品、电影和色情片上乱花钱。

"这个星期你去找房子了吗?"尼克问。温斯顿掩饰说找了,但说不出何时何处。最后,他不高兴地承认自己撒了谎,事实上根本没有去找。

我认为这是荒唐无用的努力,就对尼克说他在浪费时间,这不是他的职责。我告诉尼克,他应当报告 B 单元的研究生学监萨姆·芬奇或其他的管理人员,我们需要让温斯顿搬出去。 允许一个无家可归的人住在他的房间里是愚蠢的,且不要说极其危险。我坚持说,我们完全不了解温斯顿,任何我们以为了解的可能都是谎言。

尼克反驳道,我们所知道的关于温斯顿的大部分情况都是真实的。他**的确**来自佐治亚州,他**的确**出身贫穷,他**的确**到东北部来想上哈佛。他不是个骗子,确切地说,他头脑太简单,无法理解他上不了我们的哈佛;他太天真,不明白在推广学院选修一门课和正式上大学之间的不同。在他看来,到哈佛来不过就是学习阿拉伯文或建立一个股票投资组合，或组织一个秘密社团。

"他只是说我们想听的。"尼克坚持道。而且，他补充说，我难道不是一个天主教徒吗？我的博爱之心在哪儿呢？温斯顿没有伤害性。他需要帮助，而不是被赶到街角去。

我不认为他是那样的，虽然我有时尝试去这样想。我不再当真地说他可能是个骗子——他太简单、太率真。如果温斯顿想利用我们，他的方式太厚道，最坏也不过是个痴傻低能的小骗子。可是，他仍然令我感到恐惧和发自内心深处的不舒服。跟他分享空间让我时刻感觉紧张，我想从这里搬出去——或最好是他搬出去。我讨厌强迫、焦虑和不安，感觉施特劳斯 B 单元不完全是我的家；温斯顿随时会从他的哈佛外套的皱褶里焦躁不安地冒出，猛地用肩膀将人推开。我永远也不会对他的最终命运有一丝一毫的关心。

因此，温斯顿的存在使我有了一定的自知之明。在此之前我认为自己是慈善的，对需要帮助的朋友总是愿意援手，乐意往奉献杯里捐款，厌恶赤裸裸的贪婪和野心。或许我是慈善的，如果慈善意味着一种不费力的、自我满足的平庸精神，即一个人爱朋友，对敌人微笑，满足于由真正的不幸引起的一阵内疚。但是，如果它意味着竭力去帮助那些最需要帮助的人——那些被遗弃的和天真的，是的，还有那些愚昧的人，即使很辛苦却可能毫无收获，即使对你的努力的回报是零，除了一摞色情录像带……那么，慈善可能是一种我还得要学习的东西。

他不是我们的职责，我不断重复说，这是事实。然而，这不是问题的关键。

毫不奇怪，施特劳斯的人们更愿意支持我的内疚现实主义而不是尼克的慈善事业。知道温斯顿是无家可归者之后，西达思表现得出奇的平静，好像在一起住了六个月，这完全不出他所料。其他人则都感到惊骇。总的来说，B单元里的人一致同意应当将这位永久客人清理出去。女孩子们这时已经生活在对温斯顿的隐约不安的恐惧之中，对此呼声尤为强烈。

然而，没人愿意采取任何行动。除非首先跟达米安谈（谁也不想挑这个头），没人愿意去见学监或更高的管理层。这时，女孩子们已经跟达米安很疏远；我和室友由于跟招忌恨的朱利安的关系，也受了牵连。尤其是我，因为我跟佛斯持续的友谊和我本身的保守主义立场——春天我开始为哈佛的保守报纸《哈佛卓越报》(*Harvard Salient*) ①撰稿，不久达米安就将这份报纸加进了他不断增大的泄怒的靶子。没人愿意挑头的另一个原因，则是温斯顿本身给人造成的一种恐惧感。他很友好，渴望讨好，但同时又很喧噪、怪异和粗鲁，体积巨大，极其强壮，还有（我提到过吗？）**无家可归**。每个人都希望他走，但是，当那个推他出去的人似乎充满了危险。

具有讽刺意味的是，那个时候达米安可能愿意听取我们的意见。在一段时间里，当他提到温斯顿，特别是关于尼克为温斯顿做的社会工作时，他的话音里流露出一种厌倦和放弃的意味——这令我心生希望：达米安可能会做我们因胆怯而不敢建议的事。

可他并没有。终于，佛斯受够了。

这完全可以理解。佛斯跟一个室友住在一起，这个室友时常毁谤他、他的朋友和他的高中，越来越不理会佛斯是否在场。这同一个室友还在他们的房间里接待一个慷慨、友好却非常怪诞的朋友。这个朋友基本上将他们的公共休息室变成了私人套房，将佛斯逼到了自我放逐的境地。而且，温斯顿和达米安都不是小块头，既不能忽略或不理

---

① 哈佛学生自办的一个保守主义报纸，每两周出版一次，创刊于里根总统执政后的1981年，宗旨是针对大学领域里占绝对统治地位的自由主义发出的不同声音。它是常春藤大学中最老的保守主义报纸之一。

不眠，也找不出其他无须逃离房间的好办法。

春季期中考试期间，佛斯需要在房间里做研究并使用网络，矛盾就爆发了。佛斯跟室友们讨论有无可能让温斯顿减少待在 B32 的时间。西达思和尼克让他去跟达米安谈。尽管达米安对温斯顿可能也已经感到厌烦了，但是他拒绝了佛斯的要求。没有折中，没有协议。于是，佛斯将此事提交给了楼上的萨姆·芬奇——我们的学监。

萨姆是个非常厚道的人，他身材圆胖，戴着眼镜，有一个跟他同样圆胖的未婚妻和两只橘色猫。他出色地组织了学习休息期间的活动，搞来苏打水、糖果和棉花糖米酥等。但是，面对施特劳斯 B 单元的纠纷，即使一个外交大师也会败下阵来。萨姆，客气地说，不是基辛格。

最简单或可能是正确的处理方法是：坚持施特劳斯 B 单元不是流浪汉的驿站，要求达米安限制他的这个特殊朋友的来访。但是，达米安很好斗，情绪不稳定，他和温斯顿一起形成了一股不可抵御的力量，萨姆不是对手，他的对抗将是徒劳的。而且，萨姆的任务，在他理解，是安抚而不是激怒他们，是尽他的最大努力让众人皆大欢喜。于是他决定召开一个讨论会，让该宿舍里的每个人就温斯顿·贝尔·霍恩的问题发表意见。

考虑到萨姆去医学院上课的时间，施特劳斯 B32 的峰会定在早晨八点半举行。这对大学生来说不是个好时辰。当我们其余的人都还沉浸在梦乡里时，这四个男孩迫使自己从床上爬起来，摇摇晃晃地走到楼上萨姆的房间。他们一到齐，就跟萨姆围着桌子坐下来（这是根据我们后来从佛斯、尼克和西达思口中听到的部分重叠的版本；不是听达米安说的，他不说），萨姆说早上好，然后宣布：由于是佛斯的抱怨引出这个会议，他应当先发表意见。

佛斯准备就绪。他站起来，简要地说，达米安有权利邀请任何人来访，甚至偶尔过夜。同时，施特劳斯 B32 的房间实在太小，不足以总是容纳第五个人，特别是一个身材占据如此巨大空间的人。佛斯补充道，他最为担心的是温斯顿无家可归，以及温斯顿似乎以为可以将 B32（它的沙发、浴室等）变成自己的免费公寓。佛斯以希望达成妥协来结束他的发言：他不想禁止温斯顿到房间来，他只希望他少来，这就是全部。佛斯坐下了。

萨姆询问西达思和尼克对此事的看法。他们俩却都模棱两可——是的，温斯顿是有很多时候待在那里；不，也没有什么大不了的；是的，有时候带来不方便；不，他们不是一定想让他走；是的，如果他少来一点会好一些。西达思更接近佛斯的立场；尼克，仍然抱着改造无家可归的房客的愿望，则偏向达米安。但是，他们谁也不愿意单独明确表态。

最后轮到达米安。他站起来，踌躇了片刻，然后拿出事先准备好的一篇看起来很长的稿子。"我得写下来，"他说，"因为假如我到这儿来即兴发言，恐怕会说出令自己后悔的话。所以我就来读这个。"

于是他就读了稿子。他的发言不连贯，重复，绕回原点。即使刚听完，也没人能记得住他在萨姆的桌子前面倾吐的所有辛酸怨恨。（显然还有一个更长的版本，里面充满了种族的或其他的冤情悲述，尼克说服他做了删减。）

不过，达米安总的意思还是很清楚的。他想要每个人了解，他在哈佛感到多么地孤独，尤其是在施特劳斯。其他人都感觉这里是家，都能适应，且容易交上朋友。而他是个陌生者，部分因为他是黑人，更多的是因为他来自南方。他说，这个北方，跟他以前所接触过的任何事物都不一样。他感到彻头彻尾地漂无定所。

"这就是为什么我愿意跟温斯顿在一起，"达米安说，"他像我，有同样的背景——他是个南方黑人。我和他有跟其他任何人都没有的共同经历。"他补充道,事实上,温斯顿是他这一年来遇到的唯一能够真正相通的人。

同时,达米安坚称佛斯是在夸大事实,温斯顿并不是**总**在那儿,不过就是一个星期里有那么几天吧。达米安晦暗地点破,佛斯显然不喜欢温斯顿,因此他以学习为由将达米安在单元里唯一的朋友赶走。不过,即使佛斯是真诚的,也无所谓,达米安需要温斯顿,所以佛斯必须得接受这个现实。

"是的,佛斯,你是得跟温斯顿打交道,"达米安读道,"但是,我也容忍了很多事情。我容忍你的格罗顿朋友和他们的生活方式。我容忍你们总是穿格子衬衫和牛仔裤,我容忍你们的音乐。你们总是听教堂音乐、合唱和老歌。我讨厌这些东西,但是我不抱怨,我忍耐。所以对你来说,容忍温斯顿也不应当太困难。我容忍我不喜欢的你们的东西,我要你以同样的礼貌对待我,对待温斯顿。这就是我要说的全部。"

经过这次会议之后,不知怎么的,达成了一个交易。温斯顿待在施特劳斯的时间减少了。他仍然时而在这里过夜,我偶然听见尼克在耐心地给他讲解关于一美元的价值。但是温斯顿的规律被打破了。他退避到了其他的栖息处,比如哈佛的公共场所和电视间的沙发上,当地基督教青年会的浴室里,还有传言说,他到尚且蒙在鼓里的新朋友的宿舍去了。

佛斯并没有争回他的房间,在一年级的最后几个月里,它依然属于达米安。至此,达米安对他的特权室友的仇恨显而易见,弥漫在B32的空气里如同腐鸡的臭味一样强烈。同时,垃圾继续堆积,更加恶臭不堪。

这一年缓慢地结束了,比多样化还要多样化的施特劳斯B单元的居民们组成了自己的保护基团,根据宿舍抽彩被分配到校园各处去了。那个加拿大女孩盖比，她对墓地里的柱头装饰着迷，曾参加《落基恐怖画》(*The Rocky Horror Picture Show*) 音乐剧的演出，加入了一个由异性装癖人、双性恋者和主修妇女研究的男人组成的乐队；不到一年她就搬出了校园，去跟她的剃光头的姐姐住在一起，抽烟成瘾。佛斯恢复了他正式的格罗顿圈子，加入了由他的高中室友和他不大认识的各类血统纯正的女孩组成的保护基团。他被分配到邓斯特楼，一座引人注目的佐治亚式砖楼，面对查尔斯河，烟囱像草叶似的从它陡峭的石板瓦屋顶上长出来。拉比耶，那个热诚的穆斯林女孩，拒绝参加保护基团，声称阿拉会引导她，结果她去了远处拉德克利夫的四方楼院，住进了普福尔兹海默楼，从此我们再也没有见过她。达米安加入了大部分是少数族裔的人群，去了洛厄尔楼，一座覆盖着常春藤的宏伟的长方形砖楼，学校的大钟在它的顶上鸣响。

相当令人惊讶的是，其余的人都继续待在一起——我、朱利安、内特、西达思和尼克，还有楼上楼下的女孩们。我们被分配到了昆西楼，它是新老哈佛的混合体，有个美丽的庭院，天气暖和时，人们常在院里举办烧烤聚餐和音乐会。高年级期间，虽则我们跟那些女孩们渐渐疏远了，原施特劳斯 B 单元的男生们都住在昆西楼，直到三年后结束哈佛生涯之时。一个印度人、一个希腊人、一个康涅狄格州的天主教徒、一个堪萨斯/肯塔基人，还有一个利比里亚裔美国人，全都来自私立学校，但那没关系……**瞧瞧**我们！我们是多么**多样化**啊！哈佛是多么**自豪**啊！

只不过一路走来，人们得要有些付出和牺牲。

一年级后，我仍然不时地见到达米安；第二年秋天里，他明显地瘦了，变得比较快乐，情绪也稳定了。我猜他是学会了在哈佛的水里游泳。他的职业生涯也蓬勃发展，三年级暑期他被纽约的摩根银行聘用，在那里度过的每一分钟都很开心。然后我们毕了业，他上了哥伦比亚大学法学院。据我所知，他现在还在那儿。我可不愿意在法庭上碰见他。

四年级的春天，《绯红报》的周末杂志刊登了一篇关于校园里自我种族隔离现象的长文。记者采访了达米安，他刚刚结束了"黑人论坛"兄弟会主席的任期。

"当他谈到哈佛的社区时，"记者写道，"达米安说，他指的是黑人学生们。他说：'我们黑人学生只生活在黑人自己的社区。'"

至于佛斯，我和他一直保持着亲密的朋友关系，他学会了对一年级的那场官司置之一笑。在后来的年头里，它成为酒吧里或是茶余饭后的谈资，当人人都喝得半醉时，就开始讲起关于施特劳斯B单元和那个流浪汉的故事。

"我说，那简直是发神经，是吧？"在故事的结尾，讲完了早晨的峰会和达米安的戏剧性演说后，佛斯会反问，"格子衬衫？合唱乐？拜托了，还有**老歌**？"

* * *

具有讽刺意味的是，一方面达米安可能是发神经，另一方面他并不真错。他的确指出了在哈佛或任何一流学校都没人承认的一个事实：今天理应是多样化的校园，完全不是真正的多样化。

啊，他们在种族上是多样的，在宽容和多元文化的华丽辞藻之间，非裔、犹太裔、亚裔和拉美裔争夺着空间，**众人里的一个**，或更恰当地说，**众人里的多个**。但是，除了最为表面的多样化——肤色的多样化之外，哈佛是一个惊人统一的、**并不多样化**的地方。当达米安谈到他在北方孩子的海洋里感到多么孤独、漂无定所时，人们很容易会不以为意地付诸一笑，可是我们学校里确实很少有人来自曼森·狄克逊线①以南。哈佛是一所全球性的大学，但是，它的美国学生的来源仍然是非常区域性的。

就我们2002届来看，只有五名学生自豪地来自达米安的家乡阿拉巴马州。一个孩子来自密西西比州，三个来自路易斯安那州，九个来自肯塔基州。阿肯色州贡献了五个，南、北卡罗来纳州共送来了十六个。而且，不仅是南方州的代表性很低，我们年级里只有七个来自印第安纳州，五个来自南、北达科他州，七个来自密苏里州，两个来自内布拉斯加州。来自中西部和落基山脉的其他州的人数也同样很少。

相比之下，1998年纽约州和马萨诸塞州一共送了差不多五百名学生到哈佛，是我们这届一千六百个人的近三分之一。新泽西州有八十九人，康涅狄格州四十九人，马里兰州和哥伦比亚特区四十五人，加利福尼亚州一百八十一人。2002届学生中的三分之二来自八个州。

也许"区域性"是对这种划分的错误理解，从2000年大选的角度来理解可能比较准确。众所周知，那时全国分成了"红"州和"蓝"州。前者是西部山区、农村平原和老的邦联州——喜欢乔治·沃克·布什②；后者是沿海以及有大都市中心的州——大部分拥护阿尔·戈尔③。哈佛，坐落于全国最蓝的州之一的最蓝的城市，是钴④的核心。它的学生即使是来自红色的美国，比如印第安纳州、卡罗来纳州、科罗拉多州和得克萨斯州，也倾向于是来自蓝色的飞地，诸如奥斯汀（Austin）、查珀尔希尔（Chapel Hill）、博尔德（Boulder）和布卢明顿（Bloomington）之类，即那些少有枪支、咖啡馆多于教堂、

---

① Mason-Dixon Line，这是因边界纠纷而在1763—1776年间测量出的一条地理分界线，以此确定英国在北美的殖民地范围。后常用于比喻美国东北部和南方在文化上的分野。
② George Walker Bush, 1946— ，美国第四十二届总统（2001—2009），属共和党。
③ Albert Arnold ("Al") Gore, Jr., 1948— ，美国第四十五届副总统（1993—2001），属民主党。现在是作家、环境保护主义者，2007年获诺贝尔和平奖。
④ cobalt，一种化学元素，其矿物常呈深蓝色。

《纽约时报》是每日圣经的地方。哈佛生来自郊区和城市的高雅社区,极少来自蓝色国土的不幸的、被遮掩的心脏地带——农村和市中心贫民区。

当你从一个个学校来看时,这种地理现象就更为突出了。2002年9月,《价值》(*Worth*)杂志做了一项研究:"进入常春藤之门",排列出了在四年间最成功地将毕业生送进耶鲁、哈佛和普林斯顿的美国私立和公立高中。其结论是:在过去的五十年内,"虽然大学进一步强调了学生多样化,大学输送制在美国依然很有生命力"。一流高中"培育跟顶尖大学的关系"(《价值》称之为"精心设计的舞蹈"),"指导老师们使劲地拉拢大学,上门去访问录取官员并邀请他们来访",而"关系网高中被大学邀请去参加会议,经常是由大学支付开销"。

此项研究的结果并不令人惊讶。全国范围内共有 31700 所公立和私立高中,在 1998—2001 年的毕业班里,只有 930 所,约 3%,号称有四名以上的学生被耶鲁、哈佛和普林斯顿录取。《价值》排名的前一百所高中总共送了 3452 人到这三所大学,这意味着大约 22%的"耶—哈—普"学生来自少于 0.3% 的高中。

这些高中的压倒多数分布于蓝州。前一百名里,二十八所在纽约州和新泽西州,康涅狄格州有七所,大哥伦比亚特区有十一所,宾夕法尼亚州有六所,加利福尼亚州有十一所,马萨诸塞州有十一所。(耐人寻味的是,所有前十名都在马萨诸塞州和纽约州,包括第四名——佛斯的格罗顿高中,它每年输送 20% 的毕业生进入"耶—哈—普"。)《价值》排名表上有三所在得克萨斯州,四所在佛罗里达州,南方的其他州总共仅有三所,中西部仅七所,其中四所在俄亥俄州。其余地区,从内华达州的塞拉利昂到密苏里州的潘布洛克希尔学校(Pembroke Hill School)(我的室友内特四年级时在那儿),绵延数千英里,没有一所高中列入排名。

这不仅是地理位置的问题,而且是社会阶层的问题。潘布洛克希尔地处堪萨斯州的约翰逊郡附近,那是一个全国排名第五富裕的郡。前一百名里的其他学校也都类似,地处费尔菲尔德郡、蒙哥马利郡和曼哈顿,以及财富和人脉雄厚的其他社区。它们在已经很排他的社区里还要更加与众不同:前一百名里有九十四所是私立,其中很多每年的学费要两万美元以上。那些极少数被《价值》列入的公立学校,毫无例外地处于超级富裕的城市,比如格林威治(Greenwich)和帕洛阿尔托(Palo Alto),那里的纳税人确保他们公立学校的教学水准更接近于私立学校,而不是较穷地区的公立学校。

其结果便是高等教育领域里不可避免的经济分层,远远超出哈佛大学的范围之外。"教育考试服务组织"(ETS)最近调查了一百四十六所排名前列的大学,发现在美国最穷的25%人口中,只有3%进入这些大学。在一流大学里,事实上只有10%的学生代表全国的经济收入下面一半的人口,而最上面的四分之一则有74%的代表。这有力地确证,在常春藤或效仿常春藤的大学里,相比遇到一名穷学生的可能性,你有二十五倍多的机会遇到一名富学生。

我最终明白了,施特劳斯B单元在这一点上是哈佛的一个典型单元。表面上多样化,但是除了肤色不同,我们都来自同样的地方(郊区),同样的高中(私立)。佛斯来自东海岸,内特来自大平原,但佛斯的家在马里兰州的雪维彻斯镇(Town of Chevy Chase),内特的家在堪萨斯州的约翰逊郡(Johnson County),这两个地方都以同样的高尚生活水准自诩。西达思、朱利安和尼克看起来仿佛是奇怪的"三剑客"——印度人、黑人和南欧人,可是在各自的城市里,他们全都受到了一流的天主教高中教育。学校里的女孩们也是同样的模式:她们来自旧金山的上流社区或温彻斯特郡,来自波士顿郊区或南加州的延伸远郊,而不是来自美国农村或城市中心贫民区,也不是来自最南方、大平原或中西部。

我们施特劳斯人并不是一个模子里造出来的，远远不是。但我们远不是像乍看上去那么多样化，或如哈佛的推销手册所坚称的那样。我们的皮肤天生含有不同的色素，我们在不同的地方长大，但大多数是舒适的上层社会的产物——一个切片看起来像美国，却不是美国。如果我们学校是想让我们"在（等同于民族多样化的）学生多样化环境中接受各种思想和习俗的教育和熏陶"，那么，他们是彻底地失败了。

因此，与表面现象正相反，哈佛不是一个咕嘟冒泡的多样化炖锅。它的校园里聚集着出身高级资产阶级的学生，来自从事专门职业和具有创造力的阶层，而那些少数来自非特权背景的奋斗者们，则被要求去当"米饭里的调味品"（我一年级时，有一位少数族裔辅导员苦涩地这么形容）。他们被迫在陌生的大海里沉没或漂流，无疑，有些人顺利地融入了英才教育体制的高雅所在，而其他人，例如达米安，发现自己将被淹没，便抓住任何一根能与他们所熟悉的世界相连的救命稻草——哪怕他碰巧是个一副满月脸的、硕大无朋的无家可归者。

我不敢肯定是否应当责怪他。

第二章
古老的男孩俱乐部

哈佛大学的每年秋天，一些信函被匿名者送达邮箱，投入邮件孔，信封上盖着狐狸、熊、野猪或直立狮身鹰首兽的印章。它们邀请部分受青睐的二年级学生去参加鸡尾酒会、野足或晚宴派对。赞助这些活动的是俱乐部的"主席和成员"。这些俱乐部的名字组成了奇怪的动物寓言集：猫头鹰（Owl）、凤凰（Phoenix）、苍蝇（Fly）和狐狸（Fox），更隐晦的还有什么 A. D.、斯币（Spee）、波斯联（Porcellian）和德尔菲克（Delphic）。

哈佛不像耶鲁那样有秘密社团。没有什么无窗的"坟墓"（The Tomb）①散布在哈佛校园，没有四年级时的神秘指定仪式，也没有可能以耶鲁等大学为背景的那类怪诞的电影《颅骨俱乐部》（The Skulls）。取而代之的是，我们有"终极俱乐部"（final club）②——一

---

① 耶鲁大学的秘密社团"颅骨和骨头"（Skull & Bones）的会馆之别称。该会馆是石砌建筑，几乎没有窗户，看上去像个陵墓。"颅骨和骨头"创立于 1832 年，每年从本科三年级生中遴选新成员。
② 据《哈佛内部指南》记载，兄弟会 Alpha Betta Phi 被校方禁止后转入地下，1865 年它以 A. D. 俱乐部的名称重新露面。它的章程规定，凡是加入 A. D. 的人，不可以再加入其他俱乐部，A. D. 即是他"最后的"俱乐部。"终极俱乐部"的称呼由此而来。

种排他的纯男性社团，其历史可追溯到许多代人之前。俱乐部的会馆是一些爬满常春藤的砖石建筑，分布在蒙特奥伯恩（Mont Auburn）街，那是贯通哈佛校园的充满历史传说的一条长街。

这八个俱乐部主宰着学校的社交风景线。对男性会员来说，它们提供四处延伸的会馆、无穷的校友关系、丰盛的餐食和源源不断的酒水。对那些在周末的深夜（酒吧打烊之后）涌入俱乐部的女性来说，那里就像是装潢精美、派对就绪的交易所，聚集着成群的哈佛最合格、最英俊的男性。精英主义是这里的规则：现身于终极俱乐部的非会员男性通常只能待在地下室的房间里，喝着桶装啤酒，争相吸引派对里较少受青睐的女性们的好感。每当最盛大的派对来临之际，诸如猫头鹰俱乐部的"鲁奥"①、斯币俱乐部的"睡衣派对"、苍蝇俱乐部的"卡里普索"②、狐狸俱乐部的内衣主题的"义和拳起义"，即使校园里最有诱惑力的女性有时也发现她们自己会去争抢邀请函。

哈佛的确也有一些其他的社会团体，诸如两个地下兄弟会（校方禁止兄弟会）和数个姊妹会③。黑斯廷·布丁社交俱乐部（Hasty Pudding Social Club）创立于1790年，只接纳哈佛最有人脉关系的新生。近年来还成立了三个女性终极俱乐部：蜜蜂（Bee）、塞纳卡（Seneca）和伊西斯（Isis）。此外还有"印章社团"（Signet Society），它是一个神秘的文学俱乐部，学校的艺术家和流行诗人们在那里聚餐。但是，这些社团都不具有那八个终极俱乐部所能提供的资源和人脉，也没有谁能够举办那样盛大的派对。

---

① Luau party，夏威夷风情的五彩缤纷的盛宴。
② Calypso party，加勒比海风情的派对。"卡里普索"是起源于南美洲特尼立达岛土著人的一种音乐。
③ 兄弟会（Fraternity）和姊妹会（Sorority）源于希腊文"frater"和"soro"。它们是北美地区的大学本科学生的一种社团，也存在于少数中学。

于是乎,终极俱乐部的会员资格——既具有耶鲁秘密社团或普林斯顿聚餐俱乐部的优越感,又可享受州立大学兄弟会的轻松生活,便成为抢手的热门货。这些俱乐部通常在每年秋天从二年级学生里挑选新会员,经过一个漫长的被称之为"猛击"(punch)的筛选过程,它类似兄弟会的邀请和拉拢入会程序,包括恶作剧,只不过用古老的印封取代希腊字母,用鸡尾酒会取代恶臭的喝啤酒比赛。"猛击"一词有多种用法:未来的会员候选人被称为"猛击者",他们"猛击"俱乐部,他们**被**俱乐部"猛击"。

不言而喻,这些俱乐部招人忌恨。曾经跟这个古老的男孩人脉网狼狈为奸的校方,如今认为它们不合时代潮流,令人难堪,并且有可能引起法律诉讼。校园里的女权主义者和活动组织动辄就搬出终极俱乐部为例,来证明父权制度如何仍在吸吮着哈佛的乳头。绝大多数没有被"猛击",或"猛击"落选的哈佛男生们,周末的晚上徘徊在俱乐部的墙外,倾听着音乐的节奏,观望女孩子们成群结队地上门,心中积聚起羡慕和妒忌。

然而,这些俱乐部继续坚挺,兴旺发达。尽管被谴责为不正当性行为的避风港,被攻击为不劳而获的特权岛,被警告为放纵酗酒的滋生地,它们仍然坚持不懈,每年一次猛击新一代的哈佛二年级生,引导被遴选出的极少数加入社会精英榜。因为,毕竟每个人都想加入。

我知道,我是想加入的。

* * *

二年级的秋天,完全出乎意料,我收到了猛击的邀请信。我被邀请是通过一个不大可能的社会资本——哈佛的四面楚歌的保守报纸《卓越报》,我在秋初当上了它的副主编。当时的主编是英俊的美籍古巴人奥古斯特·昆塔纳五世。他的祖父母逃出卡斯特罗统治下的哈瓦那，像之前的很多身无分文的移民一样，在纽约的公园大道①定居下来。他是斯币的会员。斯币被认为是终极俱乐部里较高雅的一个，没有醉后在泥地里摔跤的把戏和连续播放的色情卫星电视；比起荣耀的兄弟会来，更近似于真正的绅士社团，抑或有些人这么说。也有人说它是欧洲垃圾②俱乐部，里面尽是些有钱的、穿阿玛尼牌子的外国人。（这类俱乐部的身份显然经常变化，到我毕业时，斯币又被说成是纽约犹太人的巢穴。）奥古斯特有一副漂亮可爱的相貌，加之相当富有，从而克服了他作为共和党人的不利的社会地位。他在三个俱乐部里选择了斯币。他告诉我，他很喜欢它。

斯币的邀请函印在乳白色的信纸上，字体隽雅的信文抬头有一只高贵的棕熊，那是该俱乐部的印章。不过，我收到的另外一封猛击邀请信更令人印象深刻。奥古斯特并不是《卓越报》里唯一的俱乐部成员，还有一个从前的编辑、尖脸的三年级生邓斯特（后来我知道他的全名是威尔弗莱德·娄维尔·邓斯特·普伦德伽斯特——值得注明，哈佛有一个娄维尔楼以及一个邓斯特楼引以为豪），原来是他以流畅的书法手写了信文和地址，用野猪头印章密封了信封，邀请我去参加"波斯联俱乐部主席和会员"举办的晚会。我想他是试图给该俱乐部的猛击名额填补人选，因为我几乎不认识他。

波斯联既像其他俱乐部，又不像。它骄傲的历史一直可以追溯到1791年，名册上的会员可跟"颅骨和骨头"的成员相匹敌。它的会馆比任何其他俱乐部的都更加恢宏，占据了马萨诸塞大道上一个有众多商店的大楼的整个二层。人们有时称它"波克"（Porc），它

---

① Park Avenue，是纽约市曼哈顿东部的一条南北走向的大道，两旁有一些全世界最昂贵的房地产。
② eurotrash，美国俚语，对某些时髦有钱的欧洲人的一种蔑称。

的哈佛根基如此深厚，乃至于在俱乐部不起眼的门对面，哈佛"院子"的门楣上，雕刻着一只垂涎的野猪头——跟我收到的邀请信上的一模一样。

但是，没有人目睹过波斯联俱乐部会馆的内部——那些每个周末的晚上蜂拥到猫头鹰、斯币、狐狸和 A. D. 俱乐部的女士们，那些两眼大睁、衣着光鲜的猛击者们，甚至会员最亲近的人都没有。非会员的男性不可以进去（尽管可以想象那里有服务人员）；传言说，唯一被允许进入的女性是会员的夫人，而且只有在婚礼那天和第五十个结婚纪念日才被允许。波斯联的财力也比其他俱乐部的更雄厚，它应当算是哈佛广场的第二号地主，仅次于学校本身。据不足为凭的传言，它的每个会员保证在四十岁（或可能是三十岁）时被赠予美妙的一百万美元，假如他自己还没有成为百万富翁的话。

我收到邀请信时，全然不知道这些传言。事实上，对于猛击终极俱乐部是什么意思，我只有很模糊的概念。好在请柬上写着"半正式着装"，我就整洁地穿上夹克，戴上领带，噔噔地迈上了蒙特奥伯恩街，朝哈佛滑冰俱乐部走去。滑冰俱乐部是个神秘的场所，地处校园西头蒙特奥伯恩墓地的阴影之下。

离目的地还有几个街口时，我碰见佛斯和他的几个朋友正往同一方向走。我很快就意识到，他们每个人都至少猛击三个或四个俱乐部，他们在讨论加入哪一个更好——苍蝇，它的漂亮会馆？斯币，它的丰富多彩的社交生活？或是波斯联，它的悠久传统？

"今天晚上到底会**发生**什么事？"我终于鼓足勇气问佛斯。

"我想，"他说，"会像是鸡尾酒会吧，所有的会员和我们都在场，他们会跟我们聊天，我们也会和他们交谈。之后他们会聚在一起决定邀请谁进入第二轮。然后，假如我们通过了第一轮的话，我们会接到电话或邀请。"

"哦,"我说,"你认识俱乐部里的很多人吗?"

"不,不,不是很多,"佛斯停顿了一下,仿佛在演算微积分,"根本不多。"

我们到了那儿,门口有位迎宾者,是一个三年级生(比佛斯高一年级的格罗顿男生),名叫乔恩·派克,他让我们在一个厚重的簿子上签到。我后来知道,这是他作为俱乐部的猛击活动主持人的职责之一。

当乔恩跟佛斯和其他格罗顿人互拍肩膀、交换预科学校的流言飞语时,我感到了一阵强烈的社交苦恼。然后,佛斯他们穿过低垂的松树枝走了进去,我就站到了签到簿的前面。

"啊,罗斯……你是跟奥古斯特一起在《卓越报》吧?"我自报了姓名之后,乔恩问道。

"你认识奥古斯特?"这是一根细稻草,但我拼命地抓住了它。

"认识?我跟他住在艾略特楼。我们是格罗顿的同学。"他写下了我的名字,好像一个父亲将不情愿的儿子推进游泳池的深水区,他补充道,"去,喝上一杯,玩个痛快!"

一丁点儿也不好玩。我拿了啤酒,在一群身高肩阔的年轻男人中间,努力地让自己感到适应一点;他们全都衣冠楚楚,在昏暗灯光下的躺椅上对酌畅谈,墙壁上挂的各种猎获物——多叉角鹿头向下凝视着。除了丰富充足的酒水,侍者们还端上来昂贵的冷盘。房间里是夹克和领带的海洋——无疑全是从精品时装店(比如普莱诗或安多弗专卖店)最新购置的。我感到无所适从,仿佛闯进了商业巨头或政治领袖的一个会议。人们习惯于喝着鸡尾酒来划分世界。

更糟糕的是,我几乎不认识那里的任何人。佛斯和他的朋友消失在人群里了,而对那些认识的人,我又想回避。他们是开学第一个月里的熟人,当哈佛的社会阶梯往下抖落时,他们都迈入了更时尚的圈子。比如亨利·弗莱克,一个极其装模作样的德国男孩,他一年四季都戴着米德尔塞克斯(Middlesex)预科学校的围巾;住在施特劳斯B单元一层的英式橄榄球运动员克罗弗德·拉克,他粗壮如牛,皮肤被日光灼伤起了水疱;还有金发的阿多尼斯[①]莱恩·摩根·惠蒂尔,他已经是哈佛棒球队的一位明星投手了。

猛击者的人数远远多于会员,每个会员(我发现他们系着清一色的领带以示跟我们的区别)甚至得认领四或五个波克候选人。一大堆没有归属的猛击者紧张不安地在房间里乱转。为了表现得略善交际,我缠住了一个特别可怜的家伙:蓬乱的红卷发,胡子未刮,一副惨败相,名门望族海洋里的一个笨蛋。他是屋里极少数令我顿感高人一等的人之一。

我们聊了一会儿,交换通常的哈佛信息——**你是哪里人……你住在哪个楼……选什么课**——然后,他粗声粗气地笑起来,说:"我不认识这里的**任何人**,我简直受不了啦。"

"是啊,"我同情地说,"我也不……"

"不,**不**,"他打断我,"你**不会**比我更崩溃。我**必须**离开这儿。"

"不过,这里有免费啤酒啊。"我挤出笑容说。

"我不喝酒,"他说,又笑了,露出了不幸的龅牙,"我不喝**任何酒**,我在喝**苏打水**。我甚至连苏打水也不喜欢。"

"可是——"

"我不知道是**谁**猛击的我。这大概是个误会。是谁猛击的你?"

"我不知道,我想是一个我在……"我的声音放低了,忽然间我不愿意承认跟屋里的人有任何关系,但我的谈伴完全没有在听我说。

"这**一定**是个误会,"他说,眼睛发亮,这种料想仿佛令他很兴

---

① Adonis,古希腊神话中爱和美之女神阿佛洛狄特(Aphrodite)所爱恋的美少年。

奋,"一定是的。"

"你肯定认识什么人。"

"不,不,不,"他扫视着房间,像鲨鱼群里的一条金枪鱼,"不,你是跟我说话的第一个人。"

这时,旁边有一个波斯联人从猛击者堆里挤出来。我转过身,有点不顾一切地向他伸出手去。"罗斯,"我尽可能镇定地说,"我是罗斯。"

他看了看我,又看了看我的手,然后仁慈地笑了:"很高兴认识你,罗斯,我是克雷。"

出于某种原因,之后一切都变得比较容易了。一个小时之内,我至少又接触了七个会员,给他们讲我的生活演义,闲侃哈佛,甚至还使得他们大谈波斯联——**比其他的俱乐部更尊重妇女……更有真正"俱乐部"的感觉……我喜欢私人会馆……较少兄弟会的味道**——简直就像是这些会员想让我对他们产生深刻的印象。

或许不是偶然的,我已经灌下去了两瓶啤酒,都是"哈普恩"(Harpoon)——专为波士顿生产的小批量酿造。有人告诉我,"哈普恩"**是由两个波斯联人在大约五年前始创**,所以我们在这儿总是提供这个牌子的……

姓名和面孔都变得模糊混淆了。克雷变成了考林,考林变成了迈克,迈克变成了罗杰。最后,到了夜深时,我意识到自己在跟奥斯瓦尔德·萨珀斯坦聊天。他是刻板正经的房间里的一个怪人:高个子,长脸庞,鹰钩鼻上架着时髦的黑框眼镜,红色卷发从他的两鬓上方爆炸开去。他身穿西服套装,戴着一条绿色的长围巾,一刻不停地抽着烟。

"那么,你想如何度过你的一生呢?"他问我,当我小心谨慎地走过去,向他伸出手的时候。

我承认我想当一名作家。

"那很棒,很棒!了不起!你写什么?现在写吗?"

我回答是的,我在写,我给《卓越报》写文章——即使在这种场合承认这个也是尴尬的,因为我很快就明白,哪怕是继承祖辈遗产的富人现在通常也是民主党人。

"《卓越报》,是的,是的,啊哈,邓斯特曾经是那儿的编辑,对吧?"他向吧台做了个手势——威尔弗莱德·娄维尔·邓斯特·普伦德伽斯特正在那儿调制饮料。"我从没读过《卓越报》,说实话……我不大喜欢政治,我不会同意你写的任何东西,我肯定。我的意思是说,可能。但那是你想做的吗?当一名新闻从业者,一个保守主义者,当威廉姆·F. 巴克利[1]?"

我告诉他,我想当一名小说家,但是在大学期间,要想写出真正有价值的东西是多么困难。

"是啊,是啊,我完全能够体会。那就是为什么我休息了一段时间,用了六个月去旅行,你知道那些事儿。它确实对我的艺术很有帮助。"

"你搞的艺术是什么?"我礼貌地问。

"噢,我是个电影制作人,我拍电影——我在 VES。"

VES 是"视觉和环境研究"的缩写,哈佛的一个系,它每年培养出很多这类前卫的艺术代理人。

"呃,事实上我正在做论文。我这是四年级的第二个学期了,由于休学了一段时间,所以得来个最后冲刺。"

我问他的论文是关于什么。

"关于?关于?喔,是关于在曼哈顿上西区的亚裔美国人的经

---

[1] William Frank Buckley, Jr., 1925—2008,美国著名的保守主义作家、评论家、辛迪加专栏作家。1955 年他创办了《国家评论》(*National Review*) 杂志,对美国保守主义运动的兴起发挥了重大作用。他被美国当代历史学家称为"过去半个世纪中美国最有影响的公共知识分子"。

历。部分是现实纪录,部分是文学描述。"

"我明白。"我没说实话。

"它是我的……我的女友是亚裔美国人。她目前在牛津。这部电影是由她的经历而产生的灵感,有点类似……类似……纪实小说(roman á clef),只不过它不是小说,而是关于我们,关于我们的生活。"

"你们两人的共同生活?"

"关于社会,你知道的,关于我们——关于曼哈顿。"

就这个题目似乎没有更多的可聊,我就问他在休学期间做了什么,去国外学习了吗?

"学习?天哪,不,是整个一学期**休息**,彻底地休息。我去旅行,去了西班牙,东游西逛;我在里斯本待了一段时间,在那儿经历了有生以来最美妙的一次恋爱。"

我貌似聪明地点了点头,装作对这种爱情经历懂得一清二楚。

"那真的是很妙。然后我又去其他地方游逛,最后到了马耳他。"

"马耳他?"

"哦,我待在大使馆,住在大使的家里。马耳他是个美丽的地方,真的很美。"

终于——或是刹那间,晚上的活动结束了。酒精在我的血管里搅动,我步履蹒跚地走过亮着路灯的街道,领带松弛,脸颊泛红。

到达昆西楼时,一股宜人的雾气降了下来,我对整个波斯联的事情感觉很不错。我微带醉意地做出了判断,俱乐部是矫饰和荒诞的,猛击过程是令人厌恶的赤裸裸地攀爬社会阶梯。不过,我很高兴能够目睹它的表演,很高兴有机会看到哈佛的一个特殊切片的短暂展示。现在,我知道上层生活是什么样子的了,我不想成为它的一部分。

然而,一方面,同那天晚上跟我交往的、过分打扮的二年级生相比,我赞赏自己要高一档次;另一方面,整个场景还是有某种东西吸引了我：华丽、辉煌、古老的传统、墙上的鹿角和悠久的历史——说到底，这些不就是吸引我来哈佛的部分原因吗？毕竟，我**是**一个保守主义者，还有什么东西比终极俱乐部的世界更保守、更渊源久远呢？

* * *

这是一个极大的错觉，虽然我花了一段时间才想清楚。终极俱乐部具有很多特性，但它们并不是古老的制度和哈佛悠久传统的堡垒。正如大学本身，它们巧妙地顺应了21世纪的现实和需要，那就是：信奉应享权力而不是高尚责任，推崇社会等级甚于，嗯，**品格层次**。这些俱乐部即是浓缩的哈佛，是特权圈中的特权者、统治阶层里的统治者的所在。

从前的世界的确也有迹可寻。在波斯联里，你可以找到许多老哈佛的姓氏，比如，邓斯特、洛厄尔、罗斯福（Roosevelt）、温思罗普（Winthrop）和索顿斯托尔（Saltonstall）。但即使在那里，真正的名门望族也是少数，众多的是美国上层的后来者。有些是第一拨英才教育的后代，造就了一代青年才俊进入政界精英圈。比如佛斯，他的祖父在尼克松①的内阁里服务，但五十年前他的家族还是默默无闻。又如我参加猛击那年的波斯联主席保尔·内兹，是为哈里·杜鲁门②绘制冷战蓝图的保尔·内兹（Paul Nitze）的孙子。其他还有曼哈顿上西区的有钱人，同化了的犹太人和非犹太人新富豪（甚至有少数几例非裔美国人）。此外还有国际人，来自哈佛不断扩大的全球性扫荡囊括：外交家的孩子、亚洲和欧洲权贵的儿子，他们涌来美国就像当年地中

---

① Richard Milhous Nixon, 1913—2004，美国第三十七届总统（1969—1974）。
② Harry S. Truman, 1884—1972，美国第三十三届总统（1945—1953）。

海小国王的儿子们奔向罗马。

为了坚持捍卫古老的哈佛的理想，即男性联盟和崇尚传统，波斯联差不多是在孤军奋战。它几乎是一帜独树，会员名单上列着许多令人崇敬的老哈佛姓氏。而在大多数情况下，那些俱乐部对一切有钱的和有人脉的人开放，包括亚洲的暴发户、曼哈顿—汉普顿的贵族，或是来自普通郊区的富裕家庭、从上层资产阶级跻升至最上层的医生和律师的孩子。德尔菲克、A. D. 和猫头鹰俱乐部里很多是玩预科学校体育项目（如长曲棍球和英式橄榄球）的孩子们；凤凰俱乐部里是很酷的国际人，尤其是非裔和亚裔，等等。换句话说，这是一个向所有人开放的地方，只要你能支付得起。

俱乐部（也正像哈佛）并不是不装作超越了社会地位和肮脏金钱的标准来挑选会员。每当他们的组织被指控为精英主义时，终极俱乐部总是提出抗议。几乎每个俱乐部都提供财政资助，因而每个人都可以加入。每个人都可以——只要你住在恰当的郊区，在恰当的海风吹拂的长岛、缅因湾、楠塔基克（Nantachet）或马萨葡萄园岛（Martha's Vineyard）度假，上的是恰当的高中，有恰当的同学——他们恰好是那些每年决定谁将成为下一代斯币人、德尔菲克人和狐狸的人。

俱乐部里存在某种多样化：非洲大使的儿子、犹太律师的后代、印度医生的骄傲和宠爱，均在其中占有一席之地，只要他们来哈佛之前的生活为到达这里铺平了道路。的确，他们是代表了全世界——那个"重要的"全世界。

* * *

波斯联的第一次猛击活动的三天之后，我参加了斯币猛击活动开幕的鸡尾酒派对。那个场面更加宏大，不是在松林紧抱、朴实无华的滑冰俱乐部，而是邀请我们去阿尔贡金俱乐部（Algonquin Club），一个古老的、墨守成规的上流阶级的宅邸，坐落在波士顿的联邦大道，里面是旋转延伸的宽阔楼梯、厚重的波斯地毯，墙上挂满了名人贵胄的肖像。较多的出席者通晓多种语言，较少长下巴的白种—盎格鲁—撒克逊，较少的人父姓跟名字相同，更多的香港人和欧洲人，更多的黄皮肤，较少金发。

而且我们被期望带上约会对象。

那是其他俱乐部同波斯联的根本区别。波斯联不仅拒绝接纳妇女，而且拒绝追求妇女和被她们诱惑（假使被女人迷住，让她们牵着鼻子走，即算是被诱惑），这是它之所以存在的一个理由。其他俱乐部则没有这种顾忌；那天晚上在阿尔贡金风传一个笑话（算是吗？），大意是，根据女伴的漂亮程度（喔，"可干性"，人们用的是这个词）来评价猛击者，也就是从理论上说，由此可以判断猛击者所具备的（在斯币未来的庆祝活动时）带来类似的活泼女性的能力。

我带了娜塔莎，一个甜美瘦削的斯里兰卡女孩，一年级时她跟我住在同一个单元。奥古斯特告诉我得带一个女伴，我便在最后一分钟里邀请了她。我们俩没怎么在房间里招摇过市。在猛击者、斯币人和抽着香烟的天鹅颈女人的海洋里待了五分钟之后，我感到错乱。相比在滑冰俱乐部的派对，出于某种原因，在有女伴的情况下接触会员要困难得多——或许是因为需要太多的互相介绍，或许是因为每个斯币人的臂膀里都挽着一个骇人的假金发女人。娜塔莎尽了她最大的努力，将我拉来拽去，向人们介绍我们；但我看得出来，她也被俱乐部里冷酷的第一夫人吓住了。更糟糕的是，整个荒诞的场面令她吃吃地笑个不停。

于是娜塔莎和我就待在一起，喝着酒，嘲笑四周的辉煌场景。我理应试图让那些人对我增加印象，或至少认识一下，但是却基本上无法去跟他们交流。奥古斯特路过我身边好几次，他系着耀眼的熊图案领带，竭尽全力将我拉到游戏里去，介绍给他的室友和其他显要的斯币人。但是我很悲惨，那里有太多的人、太少的会员，或许，古老的富贵圈子和庸俗时髦的哈佛年轻人之间的断层太大。

然而，你不能说斯币的活动搞得不精彩。阿尔贡金的聚会之后，我们被带出去逛酒吧——**身份证？我们不需要讨厌的学生证！**这一直延续到凌晨。最后，娜塔莎和我到了博伊尔斯顿街的"爹爹的豆城小饭馆"，它完全不是个小饭馆。我们在那里简直是跳了一夜的舞；一轮又一轮的提神酒，都是由斯币或是它的挥金如土的会员们埋单。我才只跟这些慷慨者中的少数几个认识了一下，但是当《跳舞女王》的音乐第二次奏响，我就不管它三七二十一了。

回到剑桥已是早上四点。衣着入时、喝得烂醉的娜塔莎和我站在昆西楼外，互相对看了一眼。

"你知道吗？"她停顿了半天才说，"四个小时之后我还有堂课呢。"

我们俩一齐纵声大笑起来。

接下来的那个星期，为了去看那一年里决定性的第五场比赛——红袜子队将美国棒球联盟的冠军输给了扬基队，我缺席了斯币的第二个猛击节目，不必说，我不会再收到邀请了。

令我万分惊讶的是，我追求波斯联的腿还挺坚实。滑冰俱乐部的鸡尾酒会几天之后，一个电话邀请我去俱乐部吃午饭——我很失望地弄明白，它的真正意思是，三个猛击者和三个会员将在俱乐部会馆的门厅（允许外人看到的唯一部分）喝几杯，然后溜达到哈佛广场的一个餐馆去吃饭。

一个星期里共有两次这类的午餐邀请，每一次我都确认自己或者是出了洋相，或者是绝对没有给人留下任何印象。第一次午餐的谈话是围绕着黑洞、时空扭曲和其他准科学的问题。冷峻的俱乐部主席保尔·内兹不过是随便地抛出了一个话题，却被一个猛击同伴逮住机会，紧紧咬住这些题目将近三十分钟。当你接近黑洞时，时间如何无限地拉长，直到账单递上来，那孩子才解释了一半，我几乎没说上一个字。

我的表现在第二次午餐上仅略有起色。午餐地点是在嘈杂、泛着啤酒味的"约翰·哈佛酿造屋"，它是校园里一个隐蔽的历史遗迹，缺乏想象力的学生们常在那里举办生日餐会。我夹在另外两个猛击者之间：一个是忘了系领带的魁梧的划船手，一个是头上抹了定型发胶的胖脸挪威人。我们先是谈论水手，对此我一无所知；接着谈论追求一年级女生，我男人气地装作很懂行。我记得自己至少假笑了十几次。

"不怎么样。"第一次午餐后我告诉室友们，第二次又告诉他们还是感觉不好。但是，出于某种原因，我不断地被邀请回去。也许是我的名字起了作用：罗斯·格雷戈里·多塞特，似乎准备就绪，可以立即加上罗马数字①。也许是我的长相：高而瘦削，即使留着新蓄的胡子，也是个明显的白种 — 盎格鲁 — 撒克逊。也许是由于我保持低调但不失尊严的形象。还有，跟那些显然与俱乐部关系很密切的人，比如佛斯，泡在一起，是避免被淘汰的最好办法，特别是在早期的几轮里。

接着，我收到了郊游活动的邀请函：**波斯联的主席和会员请你去出游**。于是，在一个细雨蒙蒙的星期六早晨，我们乖乖地登上了租来的校车。我们系着崭新的领带，刚刮了胡子，人人脸颊放光。汽车开了约一个小时，波士顿的郊区消失在身后，驶上了潮湿坑洼的乡间小道，路旁的树枝刮打着车身，好不容易抵达了阿利斯塔尔·伍尔维顿先生的家。他是一个隔了两代的波斯联人，风烛残年，下颚松垂，布满了老年斑和暴突的血管，且带有很多老贵族似乎都具有的那种冷

---

① 历史上有十六位罗马教皇的名字是格雷戈里，加上罗马数字可表示几世。

淡、狡黠的神色。

伍尔维顿先生严肃地跟我们一一握手,只有当某个姓名唤起他记忆中的人脉关系时,才稍停一下。**雷顿·利尔**,跟佛斯的一个室友握手时他说,**年轻人,我认识你的祖父,他曾经也是这个俱乐部的……**

前廊里,一个吧员在供应饮料,有"血腥玛丽"①,更多的是"哈普恩"。我排在领取饮料队伍的末尾,所以当我拿到啤酒的时候,大部分会员已经被猛击者占有了。于是,就像在滑冰俱乐部里一样,我四处转悠,寻找看起来孤独的猛击者。

"我叫罗斯,"我对一个面无表情的亚裔孩子说,他正注视着银色镜框里主人的孙辈们的照片,"你对这一切感觉如何?"

"我说不清,"他说,"不过,我们是不是应当去跟会员们交谈呢?"旋即他就不见了,将我一个人丢在摆放着伍尔维顿家黑白照片的书架旁。

那是一个明智的忠告。终于,我贴到了佛斯的身旁(我在那几个星期里非常善于这样干),慢慢地凑上去跟托德·史密斯搭上了话。他是个气度不凡的高个子四年级生。我后来知道,他刚刚结束了两年的摩门教传教使命。

他们在议论前一天晚上猫头鹰俱乐部的活动,其结果是一场灾难,因为俱乐部计划请猛击者和他们的女伴去波士顿海湾航行,租的游艇却没有来。

"我和乔恩·派克一起在外面,"托德告诉我们,"乔恩接到了猫头鹰里一个人的电话,他急得要命,问乔恩那天晚上到底应该怎么办。"

"怎么办呢?"我问。

"你知道的,去夜总会之类的,那天晚上俱乐部干些什么,乔恩全都

---

① Bloody Mary,一种以伏特加和番茄汁或其他东西配制的鸡尾酒。

一清二楚,他每个星期出去三四次,在兰斯多恩街或其他什么地方。"

"那么,他帮助那个人了吗?"

托德摇摇头说:"什么事你能一下子带去上百人?有些人甚至连假身份证都没有。猫头鹰基本上就是砸锅了。"

我——当然我自己也没有假身份证——对这些参加猛击活动竟如此缺乏准备的人嗤之以鼻。

"典型的猫头鹰做派。"托德补充说。我们全都心照不宣地笑了。

几分钟后,我发现自己坐在佛斯的室友泰勒·谢里登和一个名叫杰夫的会员之间进餐。杰夫是个黑头发的三年级生,鳄鱼合唱队(哈佛的数不清的穿燕尾服的教堂唱诗班之一)的队员。

杰夫和泰勒显然以前在什么地方就认识,所以他们不搭理我,径自谈了很久。我绞尽脑汁想找出一个逗笑的话题来。好不容易他们停顿了一下,我伸手抓过"哈普恩"说:"你们听说昨晚猫头鹰的事了吗?"

"我听说了一点儿,"泰勒接过话头,"那船是不是没有——"

"根本就没出现!"在他抢走我的雷声之前,我迅速打断他,"所有的人都在码头上等着。他们开始给人打电话,琢磨该去什么地方,显然他们找到了乔恩——我是说乔恩·派克——问他该怎么办。我想大概因为他对俱乐部的活动最知根知底。"

"真的吗?"杰夫笑了,"乔恩没告诉我。那可真好笑。"

"可不是嘛!"我狂饮着啤酒,自我感觉棒极了。

"典型的猫头鹰做派。"他若有所思地说。

午餐后先是分发雪茄,然后我们上楼换上了粗纺运动衣裤。没有通知是为什么,传言是打触摸橄榄球比赛①。果然如此,在伍尔维顿

---

① touch football game,只用手触摸,不抓抱摔倒的一种橄榄球比赛。与之相对应的是抓抱橄榄球比赛(tackle football game)。

的住宅下方，主人的猪、鸡圈附近的一片湿地上，人们将装满了小酿造啤酒的塑料大缸铺在地上，我们连喝带玩，二十人对二十人，在泥里滚了好几个小时。比赛打得一塌糊涂，自始至终我都没沾到球。接下来又分成了两个队，每个队用半个场地，十人对十人。在第二场比赛里我表现略佳，尽管由于是赤膊上阵，我瘦骨嶙峋的身架暴露无遗，我嫉妒地斜瞟着队友们，他们那白种—盎格鲁—撒克逊的健美体魄比得上"阿伯克龙比和菲奇"①的模特。我记得，当我捣毁了一个可能得分的传球，还几乎转换成了精彩的拦截时，我心里琢磨着，会员们是否注意到了我的明星式表演并且想，**下次我们再打触摸球赛时，他会是个该死的棒家伙。**

幻觉的力量是强大的。

"你对这一切感觉怎么样？"我们进屋换上夹克和领带后，佛斯问我。

"很好玩，"我快活地说，"你觉得呢？"

他做了个鬼脸说："比起斯币，我真是更喜欢波斯联。我不想冒犯奥古斯特，但我实在对加入他的俱乐部不大感兴趣。"

"这么说来你是百分之百想进波斯联啰？"

"唔，或者是苍蝇俱乐部。我也喜欢苍蝇。你见过他们的会馆吗？简直棒极了。它在传统等方面最接近于波斯联，除了它要搞派对。派对也挺好。"

"是啊，"我说，对他显然有多种选择生出一股强烈的羡慕，"派对是关键。"

"可是你——波斯联对你来说很好，"他体贴地说，"你适合于这儿，你觉得呢？"

---

① Abercrombie & Fitch (A & F)，一家以十八至二十二岁年轻人为目标客户群的高档休闲服装连锁店，总部在美国俄亥俄州。

"我想是吧，"我附和着，感到莫大的恭维，"我是说，假如我能进得去的话。"

"噢，你会进得去的，"他说，"你不这么认为吗？"

在雨地里，我们向伍尔维顿先生道谢之后，又登上了校车。突然间我想，我可能终究**会**进得去的。佛斯认为我会——他的判断应当不错，不是吗？

* * *

其他俱乐部的户外活动远不是这么拘谨。我的室友尼克在猛击德尔菲克，一个好勇斗狠的曲棍网兜球运动员俱乐部。他骄傲地说，他们举行了**抓抱**橄榄球赛，打得野蛮而疯狂，幸好有数不清的倒立喝酒游戏来提神。波斯联的猛击活动，以任何标准来衡量都是荒诞无稽的奢侈——无尽的冷盘、酒水、晚宴和侍者，不过，他们在挥霍中还是保持着限度，不失体统。人们确实是大量饮酒，但无人真正喝醉，我从未闻到过有一丝大麻的味道，更不要说其他的什么。而其他的俱乐部在坐长途车时会发放大麻烟。另外，没有女性在场，也就排除了性的内容（除了潜在的同性恋，还有关于新会员入会时要跟猪性交的谣传）。因此，波斯联的活动不像其他俱乐部的活动，尽是些草率制造的节目和摸索行走的醉鬼。

即使在猛击过程之外，其他终极俱乐部也是出名地堕落，比如，俱乐部的男孩们在深夜里将吸毒成性的妓女们带进会馆；或是将肯尼迪的画像从墙上摘下来，在总统的前额上吸可卡因；有数不清的放荡故事。

再举一个例子，哈佛的黑斯汀·布丁剧社（Hasty Pudding Theatricals）（注意不要跟同名的社交俱乐部混淆）每年上演一出全是男演员的异性着装音乐剧，是由学生们刻意创作的自我做作派杰作。布丁的演出世界闻名，先在哈佛上演好几个星期，接着是春季的加勒比海巡回演出。它每年为七个俱乐部和他们的女伴举行一个专场演出，波斯联另外独占一个专场。"俱乐部之夜"在最初也许并不惹是生非，但当我到哈佛的时候，它已经堕落为酗酒的噩梦。终极俱乐部里醉醺醺的男孩们向舞台上掷物，冲着演员们嘶喊"粉哥儿①！""酷儿②！"以及其他更为难听的脏话。 我记得四年级时《绯红报》有一篇报道，演员们告诉记者，他们整个晚上都沉浸在恐惧之中，情况一年比一年更加恶劣，他们确信总有一天会发生暴力。

"为什么他们要承受这些呢？"我问一个朋友，她的男友是演出经理。

她耸了耸肩："俱乐部付给他们大笔的酬金啊。"

校园的女权主义者每年在《绯红报》上发表大量社论，针对父权主义、性歧视和压迫妇女的现象发出迫切的警告。虽则你可以轻易地讥笑她们的言论，或就其定义和程度进行讨论，她们却也有一点道理，在这些俱乐部的会馆内确实有某些胁迫性行为发生。

在哈佛科学中心地下室的女盥洗室里，一个隔间的门上潦草地涂写着"我在某某俱乐部被强奸了"，并注明了日期。这个信息留在那里好几个月，后来又有人加上了另外一个涂写——不同的俱乐部，不同的日期，但是相同的信息。最后，管理部门将那扇门给重新油漆了。

并不是历来如此。这些俱乐部是当年哈佛男校的遗产，它们创建的目的是作为小规模的波士顿绅士社交团体，会员们在一个场所聚

---

① fag，美国俚语，对同性恋者的一种蔑称。
② queer，美国俚语，对同性恋者的一种蔑称。

会，饮酒，抽烟和用餐，安全地躲开女人的管辖和下层的痞子们。但是，紧接着"二战"后英才教育的录取潮流，60年代的反对现存制度的精神对俱乐部生活的旧观念产生了很大的冲击，会员减少，会费骤减，较小的俱乐部（如蝙蝠、易洛魁人）不光彩地消失了，甚至根基牢固的一些俱乐部也感到拮据。1969年《绯红报》的一篇文章提到波斯联仅吸收了四名新会员。记者接着描述道："或者是财务管家想削减电费开支，或者是 A. D. 的男孩们在黑暗中做游戏，总之 A. D. 在夜里是一片漆黑……狐狸俱乐部由于缺少经费和会员濒于灭亡……财政的厄运正降临在凤凰的头上。"

相当具有讽刺意味的是，恰恰是妇女们拯救了这些俱乐部——尤其是70年代初大量涌入的拉德克利夫的女孩们，她们被接纳进俱乐部不是作为会员，而是作为客人和派对参加者。除了固守陈规的波斯联之外，其他所有的俱乐部都愉快地拿老角色跟新身份做了交易，过去它是男性会员的监管人，现在变成了校园派对提供者，保证让穿黑色紧身裤的女孩们在星期六晚上玩得尽兴。这是60年代之后的大戏剧在哈佛上演的浓缩版本：接受了革命里面的性解放部分，却将其他任务搁置一边。俱乐部的会员人数立即反弹了。

事实上，几乎令人震惊，贵族之势利是那么轻而易举地完成了向精英之势利的转换，特别是跟普林斯顿和耶鲁相比，他们的精英俱乐部保持了精英主义，但至少对女权主义颔首，改成了男女混合俱乐部（到了90年代初期，甚至连"颅骨和骨头"的"坟墓"都向女性开放了）。发生了几起法律诉讼和女权主义者的抗议之后，在1984年，哈佛校方正式地切断了它跟终极俱乐部的关系，但是，这些俱乐部仍然自豪地保持纯男性社团，并且要如此继续下去。在周末的夜晚，每当喧响的舞乐从斯币和凤凰的会馆楼上传出来时，哈佛的妇女们仍然排着队等候进入。

对这个新体制的唯一的真正挑战来自哈佛早年的校友,他们是俱乐部的董事会成员,掌控着财政大权。对于俱乐部的转向,他们明显地感到不舒服,或者跟校方一样,仅仅是对与酗酒和性相关的潜在法律诉讼而感到不安。因此,会员和校友董事会之间斗争不断,后者经常威胁说,如果在校本科生不停止不良行为,他们就要关闭俱乐部。我写这一章时,刚刚又有一轮扫荡,要求俱乐部停止派对,只接纳会员和他们的客人,这仍然意味着有好几百人参加。这是老一套舞蹈的重复:俱乐部会在一段时间里限制派对参加者;然后校友会的态度就缓和下来(可能是会出于吸引会员的压力);渐渐地,淫乱复活,又达到了校友董事会认为不可忽视的程度。于是整个哑剧重新上演。

如果说,校园里没有其他的社交宣泄渠道是造成这种状况的唯一原因,这一情形就将无限期地继续下去。哈佛没有学生中心和正式的兄弟会,宿舍里开派对必须在凌晨一点前结束;校方和警察严格执行着国家的已经相当严酷的饮酒法。(我在大学的那四年里,因为麻省理工兄弟会里的一个人酗酒暴毙的事件敲了警钟,警察管辖尤其严厉。)哈佛可以在任何时候,通过建立一个男女生共用的社交基础设施,来使俱乐部陷于瘫痪,但是,校方似乎不打算要什么终极俱乐部的替换品;他们希望它们彻底消失,绝对没有任何东西冒出来取代它们。只有到那个时候,确认校园里无处可以聚会饮酒,低年级学生无处可以搞到酒,哈佛的管理层才能睡得安稳。现在他们心里不踏实,但是至少知道,不管狐狸、猫头鹰、斯币和德尔菲克发生什么事,**他们不必承担经济责任**。

* * *

我最后一次参加的波斯联活动,又是一次郊游,目的地是列克星敦镇西面绵延数英亩的珀西庄园（Percy Estate）。我一直没搞清楚珀西到底是什么人。夜幕降临之后，我们抵达了他的庄园。一轮满月当空，学校的两辆大巴驶下空旷的林荫道，十月的风扑打着车窗，落叶被碾压在轮下。忽然，树林中出现了一个宅邸，路灯亮着，砾石车道一直通到大门口。当汽车接近房子的时候，我预料门外会有男管家低头鞠躬、仆人们夹道欢迎。

现实与我想象的差不多。庄园里面有很多房间，全都布置得完美无瑕，家具豪华而缺乏个性。猛击者们（数量比在滑冰俱乐部的第一个晚上大大减少了）在楼下四处转悠，侍者们徜徉着给我们添酒，供应开胃小吃。波斯联的校友们，个个看起来高贵威严、养尊处优。整个场景给人一种奇特的不真实感，仿佛是一个舞台，收取高酬金的布景人员布置了家具，角色总管挑选了它的居民。就好像塞尔兹尼克（David O. Selznick）的塔拉庄园①或者阿尔特曼（Robert Altman）的高斯福庄园②，没有人真的住在里面。

整个晚上我都有一种飘浮的感觉，仿佛置身其外，从远处观看每个事件上演，喝了几杯之后，这种飘浮感就更强了。我踩着空气穿过华美的房间，如同梦游一般，在高雅的人们之间徜徉。我对那天晚上的记忆像梦一样支离破碎。

……两个校友在跟一群猛击者谈话，他们发颤的嗓音有点像乔治·普林顿③。

"故事是这样的，"其中一个旋转着手中的酒杯说，"我们俩，我们来哈佛参加一个校友聚会，他们给我们分配了向导或是什么类似的人，不记得确切叫什么了……不管怎么说，他们是在校生。当我

---

① 塔拉（Tara）是塞尔兹尼克监制的电影《飘》里的庄园。
② Gosford Park，出自阿尔特曼导演的英国侦探电影《高斯福庄园》。
③ George Plimpton，1927—2003，美国记者、作家、编辑和演员。1950届哈佛毕业生。

们得知他们的名字时,注意到他们是两个年轻人,名叫沃克尔和皮特凯恩。"

另一个插进来说:"我们俩都认识一个姓沃克尔的和一个姓皮特凯恩的,他们是跟我们同时在校的。于是很自然,我们想知道,这两个人是不是他们的儿子或侄子之类的。"

"结果,我们到了那儿,见到了他们,"第一个校友接下去讲完这个故事,"他们两个都是黑人。"

来吧,让众人一齐欢笑……

宅邸里的一间客厅有个双扇玻璃门,通向阳光沐浴下的一个意大利式露台和一汪池塘,睡莲拥满水面,金鱼在深处游弋。池塘的后面有一道被青藤覆盖的阶梯,拾级而上便是草地和浑圆的明月。我拿着酒杯往前走,撩开低矮的灌木和弯垂的迎春花树枝,眼前豁然开朗。背离宅邸的灯光,可见疏落散布的柳树;开阔的绿地伸向夜幕笼罩的山丘,远处住宅的灯火跟闪烁的星辰融成一片。

……两个猛击者在一个弯曲楼梯旁交谈。他们都系着红色的领带,一条是带条纹的,一条是带斑点的。

"不,我大部分时间待在布里奇汉普顿。"一个说。

"哦,我的天,"另一个回话,"真是妙极了。大使不在家,当然啦,年轻人就在那儿为所欲为。"

"那地方很棒。"

"是的,可是最后我们全都去了酒吧,回来的路上有人想偷一个街头标志之类的古怪玩意儿。我不知道是谁——那会儿我已经醉得够呛。"

"可能是他妈的塞巴斯蒂安。"

"可能!"两人都笑起来,"但是不管怎么说,警察来了,我们都跑进了大使的家,他们就束手无策了!"

"因为……"

"因为……"

"外交豁免权!"

房子后面有一条碎石小径,穿过草坪通向树林。晚饭后,一大群猛击者和会员们带着饮料来到户外,在秋夜中的珀西庄园漫步。草地枯黄了,落叶被堆积在散布的灌木丛的阴影里,好似奇怪的动物守卫着迷人的城堡。微风吹凉了我的脸颊,我凝视着星辰,感觉到周围人们谈话的嗡嗡声。人脉建立了,友谊强化了,会员资格搞定了——闪光的巨网发射出更多的经络,交织联系起来,将世界包裹在银色的长丝里。我在仰望天空。

……我在屋里,蹭在人们谈话的外围。会员科林·曼斯特森,霜色头发,棕红脸庞,正在跟我以前见过的一个猛击者聊天,他名叫罗杰·亚伯勒,体格强壮,精神抖擞。我认出他们俩都是哈佛帆船队的。

"你们认识雷切尔·帕雷吗?"我问。她是我在一年级时爱慕的一个驾帆船的女孩。

"噢,认识,"亚伯勒说。他的黑发剪得很短,尖鼻子,没下巴。"她跟埃里克·艾伦比一起驾帆船。"

她还跟艾伦比**约会**呢,这事令我在那个秋天里痛苦不已。可是我笑着点头说,雷切尔在一年级时跟我住在同一个单元。

"哦,是吗?"曼斯特森说。一个冷场。很显然,他们很快就要返回他们自己的谈话。

"是的。"我无力地笑了一下,旋即想到了一个逗乐的话题,"她总是讲,你们常开玩笑说你们是一个喜欢出去驾帆船的喝酒队。"

科林看看罗杰。罗杰看看科林。

"不,我不会那么说,"罗杰断然否认,"根本不会。"

树林里，珀西庄园和大自然的荒野融为一体。漫长的饭后散步结束了，人们开始返回，踏上草坪，朝着宅邸的灯光走去。我在夜幕下站了一会儿。最后，佛斯和猛击活动主持人乔恩·派克，还有其他几个人走了过来。

"你在望什么？"佛斯问我。

"我给你们讲过关于槌球的故事吗？"当我们在丰盛的自助餐台选取饭菜时，威尔弗莱德·娄维尔·邓斯特·普伦德伽斯特懒洋洋地问。

"槌球？"我反问。

"是啊，"他说，"那是几年前的事了。哈佛没有槌球队，但很多其他学校都有，有一个什么全国大学的比赛。于是俱乐部里的一帮人就决定成立一个哈佛槌球队。"

"能那么干吗？"我问，"体育系能允许吗？"

"能，"邓斯特说，"为什么不能？大概他们许诺自己支付设备吧，哈佛仅仅需要承认他们就行了。"

"不，不是那样的，"奥斯瓦尔德·萨珀斯坦打断说，他握着一只葡萄酒杯走过来，"他们是俱乐部的球队，比赛全是俱乐部之间的。"

"好，就算是吧。不管怎么样，"邓斯特不耐烦地说，"关键是，他们参加了比赛。以前他们从来没跟其他大学打过比赛，有的人甚至都没怎么玩过槌球。他们穿着燕尾服，在每轮之间站着喝酒抽烟，把其他球队都气得发疯。结果，他们赢了全部比赛！从那以后，哈佛就再也没有组织过槌球队了。"

我朝树林上空望去，发现附近的一个小山丘上有座瘦削的石塔，尖顶直耸蓝天，跟四周的景物很不相宜，好像是从童话故事里掉到了马萨诸塞州的东部。

"那是什么？"佛斯望着石塔问，"有人住在那里吗？"

"可能是属于邻居的吧,"派克说,"我没听说有谁曾经住在里面。它不属于这个庄园。"

"我们可以爬上去,"我说,"那会蛮好玩的。"

那一刻,我想象着我们一起攀登,打开吱嘎作响的门,艰难地爬上阶梯,越过残破的石墙,走进几百年来无人窥视过的塔顶幽室——古老而神秘的所在,甚至比波斯联的会馆还要神秘。

"太远了,"派克告诉我,"来,回去吧,汽车很快就要离开了。"

我们便都回去了。

不再有邀请,不再有电话,几天、一个星期、一个多星期过去了,只有沉默。我意识到,我试图跻身波斯联的竞争结束了。只是在那一刻,我方才理解自己往里面投入了多少——我多么拼命地想加入,或者说是想**被接纳**,去参加古老的仪式,走进那个社团的神圣殿堂。最终,我感到无所谓了,我并不真的喜欢大多数会员,除了邓斯特和其他大约五个人,我很难记起他们的姓名(这个可能有关系,不过是以不同的方式);我见识了他们的富有、人脉,以及令人讨厌的漫不经心的特权。在猛击活动的大部分时间里我都感到紧张、孤独和可怕的被排斥在外。不,什么都无所谓,只是想到波斯联的那些男孩是神奇的、娇宠的统治阶层的一部分,我也希望加入他们。

可是他们拒绝了我。

我感到自己似乎向他们出卖了灵魂,却未得到任何回报(除非计算上那些免费饮料)。起初我感到愤怒——这些**孩子**,这些十几岁、二十出头的年轻人,似乎认为他们拥有财富和奢侈享受是理所当然的。但是后来,我的怒气消失了,被赤裸裸的需求所取代。我想在珀西庄园起伏的草场上漫步,去跟阿利斯塔尔·伍尔维顿开怀对饮,去巴塞罗那和马耳他度假,去闯入槌球比赛,去大使的官邸开派对。我想目睹会馆里恢宏的、半神话的隐秘所在;去了解那些古老的仪式,参加秘密的静修，学着他们那样去欧洲游荡。

我可以想象，每个人都有这种潜在的欲望。然而，这仍然令我感到震惊。我感到，自己在青春时期的一些信念，诸如认为金钱不那么重要，对上层年轻人的庸俗和仅为拉关系而交友的浅薄不屑一顾等，都在终极俱乐部的烈焰下熔化殆尽了。

起码不止是我一个。在德尔菲克的猛击路上，室友尼克（他读霍华德·津恩①和爱德华·汤普森②作为消遣）走得跟我在波斯联差不多远。好几个星期过去了，他的机会看起来不断增大。可怜的尼克反复论证他应当加入哈佛的精英圈。他疯狂地坚称，德尔菲克是终极俱乐部里最"劳动阶级"的，因为它的会员主要是曲棍网兜球运动员和其他运动型男生，在某种程度上它不如苍蝇和波斯联那么精英。或者他宣称参加德尔菲克将给他以机会，从内部摧枯拉朽，将这个腐败的结构推倒，他会利用会员的身份接收其他人，他真正的朋友，那些值得拥有自己俱乐部的人。

我不认为尼克曾经真的相信这些论点。然而，最终被拒之门外令他心碎。他曾经很确信德尔菲克的男孩们真的喜欢他，想接纳他。后来的三年里，他总是忧伤地谈到德尔菲克，它的无人使用过的图书馆，它的台球桌和豪华的桃花心木房间。更悲惨的是，尼克希望去投资银行或咨询公司工作。在四年级的就业招聘期间，他眼睁睁地看着终极俱乐部的人们通过无穷无尽的校友关系网，攀上了不可想象的高度。

---

① Howard Zinn, 1922—2010, 美国历史学家、作家和社会活动家。他著有多部关于反战、民权运动和美国劳工史的书籍，其中最有影响的是《美国人民的历史》。
② Edward Palmer Thompson, 1924—1993, 英国历史学家、作家、社会主义者、和平运动活动家。他最为人知的是对18世纪末19世纪初的英国激进主义运动历史的研究，代表作是《英国劳动阶级的形成》。

我从未需要跟一个波斯联人去竞争一份工作，也没在招聘会上由于自己未能拉上特殊关系而感到压力。但是，我仍然在街头、餐厅、派对和酒吧里跟会员们抬头不见低头见。没人再跟我谈起这件事。当我碰见会员时，他们相当友好，只是有点局促，却并不提及他们认为我不适合加入他们的俱乐部，没有一个字的解释或歉意。然而，为什么要有呢？毕竟，这就是猛击的运作程序，一些人得以进入，其他人将之忘却。没有必要赔礼，也没有必要感到歉疚。

只有邓斯特，在几个月之后提到了我的挫败。那天在雨中，我们站在丑陋透顶的现代科学中心外面，我在等着《卓越报》的一个策划会议开始；我们谈论着红袜子队，他点燃了一支烟，意外地开口道："顺便说，关于俱乐部的事，我很抱歉。不是因为你做的什么——也许只是因为你不大认识那些会员。"

"不必介意，"我对他说，"我能理解。"

我理解了。佛斯当然被吸收了，还有他的室友，泰勒·谢里登和利尔顿·莱里。还有谁？霍恩布洛尔——斯堪的纳维亚亿万富翁的继承人、哈佛的一个院长的儿子，以及其他几个类似的显赫人物。跟这些人相比，我为什么要认为自己可能值得被考虑呢？我没有上格罗顿、西德尔、埃克塞特或密尔顿①，甚至有些从这些学校毕业的人也够不上那些猛挥壁球拍的波斯联人的品位。

富兰克林·罗斯福②未能加入波斯联，尽管他有那样的家世。他后来说那是他一生中最大的失望。至于我，在后来的哈佛生涯中，我认定，**没有**加入俱乐部是变相的福气。假使我变成了波斯联里信誉良好的成员，我怀疑我会喜欢那个自己。大学结束时，我和尼克会坐在

---

① 西德尔（Sidewell Friends School）、埃克塞特（Philip Exeter Academy）、密尔顿（Milton Academy），皆为美国名列前茅的私立学校。
② Franklin Roosevelt, 1882—1945，第三十二届美国总统（1933—1945）。他的家世显赫富有。

"查理的厨房"——哈佛广场最低级的一家酒馆里，谈起我们是多么幸运，仍然跟我们的好朋友——真正的朋友，保持着友谊，而没有拿他们跟德尔菲克和波斯联的会员们做交易。我们一致认为，即使没有多迈一步进入终极俱乐部小子们的迷人圈子，哈佛已经有足够的特权，已经相当脱离现实世界了。

不过，我们也只能那么说，是吧？

接下来的秋天，有一天佛斯和我从"院子"向河边的高年级宿舍走去的时候，他不大自在地提到，波斯联的第一轮猛击活动将在下个星期开始，假如我愿意，他会很乐意再猛击我一次。

"不过，"他迅速地补充道，"鉴于你去年没能加入，可能是俱乐部里有人不喜欢你——我的意思是说，投票反对你。而且，这个，我想，没有人在上一年被否决后还能够进入波斯联。我实在很希望你能在俱乐部里，比任何人都希望。可是……"

"是啊，"我赞同地说，想象着回到滑冰俱乐部和阿利斯塔尔·伍尔维顿家的羞辱，想象着要去讨好那些否决我的和代替我被选进去的人们。"是的，那会显得很怪的。不必费心了。"

他看上去解脱了，再没有说什么。

第三章

苏珊娜·帕美的奇异生涯

我在前一章里已经提到过那个古老的黑斯廷·布丁剧社，它每年上演一出淫秽下流的音乐剧，全部角色都由男性扮演。布丁是哈佛最著名的团体之一，有值得夸耀的世界巡回演出和剧票售罄的亮眼纪录。最神圣不可侵犯的是，布丁招聘演员可以公然地、兴高采烈地表现性歧视。在哈佛的正式组织中，它是唯一一个被允许这样做的。

布丁的剧作全部由学生创作和编导，内容温和淳善，但是冗长乏味，充满可怖的双关语和装腔作势的拖拉。从它的剧名，如《为了回忆的犬牙》、《拒绝的珍宝》、《我从竞选中没得到快感》等，即可看出大概。值得发问，布丁到底为什么如此出名呢？它的出名，或许是由于五彩缤纷的服装，加上制作精巧的假发套和厚衬垫紧身胸衣；或许是由于它（显然是随机地）挑选并邀请年度男女名人来校园参加庆典的惯例。布丁近来选中的名人有萨拉·杰西卡·帕克(Sarah Jessica Parker)、布鲁斯·威利斯(Bruce Willis)和安东尼·霍普金斯(Anthony Hopkins)。男女名人被赠予珍贵的布丁碗，并接受善意的焙烤①款待。人们还为展示女性名流在剑桥的街道上游行。总之，它是一场无法抵御的媒体奇观，混杂着电影明星、常春藤盟员和服饰华丽的异性着装者，再加上一点幼稚可笑的机智。音乐剧本身几乎就成了附带的娱乐。

在我三年级期间，黑斯廷·布丁剧社的制作人是个衣着考究的金发女孩。她也许算是漂亮的，如果皮肤上没有涂着厚重的白粉，眼睛里没有射出冷光的话。她的名字叫苏珊娜·帕美（Suzanne Pomey），她是哈佛的女王蜂。二年级时，苏珊娜担任姊妹会卡帕·阿尔法·西塔（Kappa Alpha Theta）的主席。西塔被认为是两个姊妹会里层次较高的（起码是会员较漂亮的）一个。后来，她又联手创立了女子终极俱乐部伊西斯。苏珊娜还是校园社区服务组织费利普·布鲁克斯联合会（Phillips Brooks House）的中坚分子，负责经管人手充足的夏季活动，在她辅导的弱势群体的学童们中颇有名气。她酷爱镁光灯：在她大学生活最辉煌的时期，她让布丁邀请的年度名人安东尼·霍普金斯（刚刚扮演了汉尼拔·莱克特②）去拥有她，他给予她的回答是当众的抚摸和一个贪婪的法式亲吻。一位摄影师恰好捕捉了他们拥抱之后的瞬间：如狼似虎的霍普金斯啃着故作惊恐状的苏珊娜的手指。这幅照片第二天上了《绯红报》的头版。

因此，在我四年级中期，当苏珊娜和她的亲密朋友、同年级的学友兰迪·高姆斯一起被逮捕的时候，那是相当轰动的。原来，她利用制作人的身份，伙同兰迪从黑斯廷·布丁侵吞了近10万美元，因而被起诉为重大盗窃罪。

---

① "roast"，美国的一种喜剧活动，其中被邀请的主角要接受粉丝和朋友们的取笑、讥讽和侮辱，当然也包括表达敬意和友情。被邀请者需要具有相当的幽默感和承受力才能顺利通过"焙烤"，被邀请为"焙烤"活动的主角被看作是一种荣誉。
② Hannibal Lecter，电影《汉尼拔》（*Hannibal*，2001）中的男主角。

起初，所有的人都感到震惊。但过了不久便很清楚，在真正了解苏珊娜或她的社交圈性质的人当中，并没有谁对此感到特别地惊讶。

* * *

我是通过萨莉·马多克斯认识苏珊娜的。萨莉是个古铜色皮肤、红头发的肯塔基人，到校的第一天她就出现在我的宿舍里，寻找我的肯塔基室友戴维斯·亨德雷克斯，她跟他在老家一起参加过各种天才儿童夏令营。起初，我觉得萨莉相当古怪。她很有钱，颐指气使，无礼任性，她似乎拽着戴维斯反抗的脖颈到处走。我同情戴维斯，想象着他害怕萨莉的敲门声和兴奋的南方腔："戴伊伊伊—维斯！"（哈佛的其他南方人很快就抛弃了他们的口音，萨莉却把她的南方腔视为宝贝。）后来，戴维斯成了她的男朋友；再后来，我成了萨莉的好朋友。我明白，她可能会为了最微不足道的小事拽着你从校园的这一头跑到那一头，她却相当风趣，让人觉得不虚此行。

萨莉和一群南方女孩是卡帕·阿尔法·西塔的成员。她们离开了南方的那种视加入姊妹会为礼节要求的文化环境，并没有因为哈佛缺少希腊社团而受到遏制。她以前就认识同样是来自肯塔基的苏珊娜，不过只是偶尔地通过高 IQ 网联络，但她们两个人在一年级时成了好朋友，第二年秋天又成为室友。在外人看来，这是完美的一对：苏珊娜和萨莉，姊妹会的两个南方女孩，都爱卖弄风情而且（看起来）有大把的钞票可烧。当我成为萨莉的真正朋友时，或更恰当地说，当她在二年级中期收纳了我时，她们俩看上去亲热地生活在一起。

我那时正处于低谷，刚刚被波斯联拒绝了，在高年级生活中漂无定所。住在舒适的施特劳斯 B 单元时，人与人之间惬意的谈天或漫长的争论只隔着一条走廊，昆西楼却是大而恐怖。我一年级时的很多朋友都分散住在其他的楼里，我心情黯淡，感到枯燥无味，度过了无数个星期六的夜晚，旁听着他人派对的节奏和欢乐。

可见这遇见苏珊娜不是好时机。她是非常善于无视他人的，拥有一部从不失灵的雷达，可以准确地探测出谁不配得到她的友谊和注意。有时我和萨莉在房间里谈话，她会风一般地掠进门来，跟她的室友聊上十分钟，然后飘然而去，仿佛我这个人根本不存在。用她那个攀爬社会阶梯的冷静头脑来作判断，我不值得一声"哈罗"；最好的情形下我会挣得一个点头和注视——它似乎将我剥得体无完肤，好像没有任何东西值得她一看。

刚认识苏珊娜时，我对她印象最深的就是她对我的那个注视。我也记得她说话的样子，虽然几乎不记得她讲的是什么，尽是一大串人名、流言飞语、派对、"勾搭"①等，从她的双唇之间滔滔不绝地吐出来，带着她永远具有的精明、人脉深广和**酷**的感觉，充斥着温思罗普宿舍。尽管她对很多人有吸引力，我却从未被她吸引过。她性感，但里面有一种令人讨厌的成分，淫荡却没有热情。

由于苏珊娜面部的其他部分很不清晰，我主要记得的就是她的那个注视。可能因为总是化妆，她面部的线条似乎淡入了苍白的脸颊和前额，只剩下细细的唇边、依稀可见的鼻孔和小而黑的眼窝。在黑白照片上，这种效果更为强烈，她看起来完全没有颧骨和鼻子，只是一张苍白的脸盘，消失在颜色更浅的头发之中。

苏珊娜尤其让我联想起安徒生笔下的白雪女王，冷若冰霜，拒人于千里之外。她的存在令人恐惧，过了一阵子，每次去萨莉的宿舍，我都祈祷苏珊娜出去了，以躲避她赏赐的呆滞目光带给我的渺小感。

别人告诉我，当苏珊娜没有立即鄙弃你，而是认为你值得她注意

---

① "hook up"，美国俚语，指男女约会或发生性行为。

时，她会像朋友那样关心你，赠送礼物，惦记着生日，给你发来非常及时、措辞完美的邮件，信里时不时地开个玩笑，或是说一句亲昵的私心话。尽管后来很多人说她的所作所为有点**过于**完美，仿佛她做的每件事都是经过精心算计的；似乎友谊是双方签订的一个特定责任合同、进行的一笔具体交易，或是期望得到的特殊报答。在那些年里她树敌不少，甚至很多应当算是朋友的人也对她怀有不信任和害怕的复杂情感——也可能是她倒台之后他们才这么说吧。

但是也许"令人畏惧比受人爱戴更好"①，苏珊娜在这一点上做得相当成功。人们投票选她为西塔的主席，她的大多数领导职位都是被选上的；不管人们真的怎么看她，他们一次又一次地投她的票。人们说，她是个顽强的工作狂。一年级时，她在西塔和布丁承担了最多的无酬劳的工作，所以当她竞选更高的职位时，人们记得她的奉献。她是个能干的政治家，联络上每个组织的重要人物，跟他们建立友谊，直到她自己的升迁成为必然。

花钱如流水对苏珊娜的仕途无疑也是大有帮助的。她送给朋友们贵重的礼物，赞助每每感到拮据的姊妹会，还带着社区服务项目里的"小姐妹"（波士顿贫困社区的学校里的女孩们）去郊区的商场大肆采购。（难怪人们后来说，她在课后项目里非常受人欢迎。）自掏腰包赞助公共事务，是想当领袖的哈佛人惯用的一种政治手段，有着悠久的历史。《卓越报》有好几个月就是靠着邓斯特的大钱囊贷款来支撑的。我三年级时，哈佛的时尚文学杂志《哈佛倡导者》（*The Harvard Advocate*）②举行摇滚派对，开销远远超出该杂志社的预算，那多亏了来自曼哈顿上西区的财主们的领袖才能。

---

① 这是马基雅维利《君主论》一书里的著名论点。
② 哈佛的一个文学杂志，创刊于1866年，除了第二次世界大战末期短暂停刊之外，一直出版至今。

苏珊娜有一次摆阔，即使依照哈佛的标准也可以说是相当疯狂。具体场合是她的二十一岁生日派对，为此她和朋友兰迪租下了当地的"T. G. I. 星期五"，将这个连锁餐厅变成了人头攒动的跳舞派对，酒水敞开供应，账单竟达 2000 美元。这使她在《绯红报》的周末杂志《十五分钟》(Fifteen Minutes) 上挣得了一幅照片和一篇短文。《十五分钟》是个有趣的通俗小报。20 世纪 70 年代时，创办人给它起名为《怎么办？》，是套用列宁在十月革命前写的一个小册子的名字；它后来改成了受安迪·沃霍尔①启示的名字《十五分钟》，这充分反映了上代人和我们这代人之间的区别。

苏珊娜生日派对的电子邀请函由兰迪执笔，大部是诗体。兰迪是个英俊、讨人喜欢的孩子，据说在波士顿的同性恋俱乐部里颇有名气。他在一个星期六的晚上发出了邀请函，宣布说：

> 苏珊娜·帕美小姐，假如你蛮横矫情，
> 即将跨入二十一岁的妙龄；
> 因为她现在是老板，
> 我们得依照她的喜好来操办；
> 乐享糖果、调料和美味佳肴，
> 领略撒野的雌狐决战邪恶的丑角儿；
> 但主要是雌狐放浪娇淫，
> 鉴于派对的主题就叫做——
> "赤裸二十一英寸"。（这是指参加者大约被允许穿多少衣服）

---

① Andy Warhol, 1928—1987, 美国 20 世纪 60 年代波普艺术的代表人物。他曾说："在未来的世界里，每个人都将会有十五分钟的扬名机会。"

兰迪的邮件建议：

> 亮出你敢露的，
> 遮住你必需的，
> 21世纪将被欲望所统御。

哦，还有，

> 别担心百元美钞，
> 派对开销我们全包。

在《十五分钟》集中介绍哈佛夜生活的一期专刊上，刊登了该派对的照片——展示苏珊娜在"T. G. I. 星期五"的盥洗室里，依照着玛丽莲·梦露（Marilyn Monroe）的著名快相在给自己化妆。那天晚上我没被邀请（唉，真烦人，缺乏社交能力的弱点又露头了），但据大家说，兰迪邮件里的许诺全部兑现。在大汗淋漓、性欲横流、乱七八糟的舞会上，苏珊娜步入了二十一岁，每份饮料，每根干酪，都由她请客。

六个月后，她又出现在《十五分钟》上，这回是哈佛的"十五名最有趣的四年级生"的年度专刊。对西塔的主席和安东尼·霍普金斯的搂抱人的简介是这样开头的："苏珊娜昨晚没有在自己的床上睡觉"，在她众多的活动中，她不小心将钥匙丢在了菲利普·布鲁克斯联合会。《十五分钟》奉承说，"当你领导着哈佛的多个社区组织和俱乐部时，这类小灾难注定会发生"。选出来的十五名学生被邀请到一家昂贵的法式酒吧，每个人被分别叫到台上，做一个简短的自我介绍性表演。《十五分钟》的报道以苏珊娜当时朗诵的诗句来结束："现在是西塔,再加上伊西斯、布丁,还会有更多。我想我已经成了社交俱乐部的一个婊子。"

或者用《十五分钟》的话来说,在走向社会之前,苏珊娜"也可以歇息片刻,考虑一下成为哈佛最大的'社会慈善家'的辉煌生涯"。

一个月之后,她就被逮捕了。

* * *

真相逐渐大白。这得感谢《十五分钟》的两名记者,安吉·马雷克和阿米特·佩利。在苏珊娜被捕之后,他们锲而不舍地挖掘信息,人们从而得知苏珊娜并不富有,实际上,按照哈佛的标准,她几乎可以算是穷人。她来自肯塔基州北部的一个小镇万恩格罗夫,在一幢三居室平房里长大;她的父亲是一名退休军官,母亲是前南斯拉夫的移民,在当地的庞蒂亚克车行卖车(在她女儿被捕的前一年,她被评为车行的年度女销售员。"我从不害怕,"她对当地记者说,"我喜欢挑战,我憎恨失败。")。苏珊娜是个独生女,她的父母对她十分溺爱并高度投入,这在哈佛的激励型家庭中颇为典型。苏珊娜当时的一个朋友麦科姆告诉《十五分钟》的记者说:"当我们去她家时,苏珊娜的父亲会出一些数学和历史题让我们回答,苏珊娜自然知道答案,因为他教过她,可是我们不知道。"她有点悲哀地补充道:"我想这是有意设计的,为了让她显得和感觉比我们强。"

正是以这样的开头,苏珊娜一步步地成为高中里的佼佼者。她担任学生理事会主席、肯塔基联合国大会的联席主席、国家荣誉协会的副主席和"年轻掌控者"(一个反吸毒和酗酒的组织)的副主席。她的课外活动还包括"女孩训练营"、"州长的天才儿童项目"、学术团队、学生反酗酒开车组织、八角俱乐部(Octagon Club)、高级咨询理事会、西班牙语俱乐部、"基督徒运动员协会"的成员,等等。总之,一份典型的填得爆满的哈佛履历表。

她也树了一些敌。例如,拒绝了《十五分钟》采访的一个小学朋友说:"苏珊娜给我的生活带来了相当大的痛苦……如果她在这篇报道里看见我的名字,我害怕她会对我干出什么事来。"苏珊娜没有被选为在中学毕业典礼上致词的学生代表,她就散发请愿书,要求由全体学生投票决定应当由谁来致词。这个请愿失败了。她的一个老师说,苏珊娜"是一个总想走捷径的学生"。

根据苏珊娜和一个高中朋友的谈话来判断,在出发去剑桥之前,她很清楚在哈佛等待着她的是什么。"她总是需要有点与众不同,"那个朋友告诉《十五分钟》,"在高中,(学业的)优异的确使她出人头地……但是她说,在哈佛,每个人都是高中里最好的,所以她得以不同的方式来展示自己与众不同。"

* * *

那么,一个人如何**能够**在严格挑拣、反复筛选出来的人群里与众不同呢?在每个人都跟你同样甚至更雄心勃勃的哈佛,你怎样才能出人头地呢?

整个大学期间,我们被反复地告知,我们是前所未有地幸运,因为同学们都极具才华,文化交流也十分有趣,所以,经常听到的陈词滥调就是,哈佛的最好的教育发生在"课堂之外"。这种许诺是英才教育的光明一面。但它也有黑暗的一面。为了达到美国教育的制高点,很自然地,我们必须要具有不可想象的雄心和驱动力。哈佛是社会达尔文主义的所爱,在这个优胜劣汰、适者生存的生态环境里,充满了具有超常能力来击败每一个竞争者的生物。

在哈佛这个温室里,至少在短期内,获利者通常是那些有手腕的、不诚实的人,是那些背后中伤和撒谎作弊的人。不惜任何代价去争取成功的精神渗透于校园里的每一个大组织内部的政治,从模拟联合国的未来外交家们,到《哈佛绯红报》里沾满墨水的可怜虫们,每个人来到哈佛时都带着苏珊娜式的一厚沓履历以及无数头衔和荣誉,于是很自然,他们期望在大学里取得同样的成就,但是发现这里的竞争远为激烈,结果就形成了这么一种文化:无意义的社团领袖选举里充满了诡计和谣传的非道德行为。每个人加入社团之后就竞选领导职位,如果不能掌控实权,便从该组织退出。因为那还有什么必要参加呢?只有傻瓜才会为了个人乐趣而参加。你参加,是因为学生理事会的学生活动主席或《哈佛独立周报》(*The Harvard Independent*)副出版人的头衔能给履历表增添分量,它最终会被寄到法学院、投资银行或著名的报纸,或是不管什么你在通向成功的阶梯上的下一个目标。

政治研究所是肯尼迪政府学院(Kennedy School of Government)的一个学生机构,它是给华盛顿夏季实习和毕业后工作输送人选的主要渠道。我四年级时,那里的权术斗争之激烈、争抢实习空缺和推荐之残酷,已经恶劣到了极点。因此,前任掌权的政治家大卫·普赖尔解散了管事的学生委员会,任命了他自己的候选人,宣布了关于选拔领导人和分配实习名额的全面改革。这立即引起了强烈的抗议(至少是来自那些丢了乌纱帽的学生们),反对普赖尔的与民主背道而驰的做法。但是,他的改革是早就该推行的。这些组织正在变成哈佛自己的坦马尼协会①,其中每个负责三年级实习职位的协调人都想象自己是新的老板特威德②。有一次,我被其中一位学生老板叫到一旁,因

---

① Tammany Hall,纽约市的一个政治组织,成立于1786年,曾是民主党的政治机器。
② William Megear Tweed,1823—1878,美国政治家,坦马尼协会的领袖人物,人称"老板"特威德("Boss" Tweed)。

为我写了一篇他不喜欢的文章。他问我是否打算申请由政治研究所资助的实习职位。我那会儿相当天真，竟想象着从事政治，就承认我可能会申请。

"让我坦率地说，罗斯，当我读到这类文章，"他指着报纸对我说，"喏，假如是由我来做决定你是否能得到实习职位，假如你的名字放在我的桌子上，这类东西多半会影响我的决定，"他耸了耸肩，"我不过是提醒你写东西要小心。"

这也就是说，校园里有对权力、优厚待遇和给履历增色的职务的争抢，也有在决定同学的命运时感到的刺激。但是，若论哈佛的残忍文化，这种争夺战只是故事的一半。另一半就是，学生们的宏大抱负是由极其雄厚的经济基础支撑的。这至少令我感到惊讶，尤其是在我上大学的四年里，美国经历了网络公司兴起和经济泡沫破裂。我在郊区长大，从小上的是私立学校，那里的大多数人都是富裕舒适的，可我从未见过像哈佛的常春藤墙里那种触目惊心的消费。

不是每个人都很有钱，"不根据财政需要而录取"的资助政策即考虑到了这一点。但是，跟所有精英大学一样，在哈佛，贫困是极其罕见的。财政资助更像是提升上中层学生而不是提升真正的贫困生。47%的哈佛生领取一定的资助，其中只有五分之一来自于年收入低于4万美元的家庭，三分之一的家庭收入高于10万美元。设想绝大多数有资格的人都申请到了资助，那么这些数字意味着，我的同学中大约70%的人的父母年收入10万美元以上，只有9%来自年收入4万美元以下的家庭。

当然，终极俱乐部的超级富豪孩子和跟他们同样等级的女伴毫无节制地消费，无人能跟他们相比。但是，大多数人都相当富足，尤其是学校还提供食宿。而且在某种程度上，每个人，即使最穷的学生，可以在一定意义上赊取对未来财富的承诺。那不是指经过耐心的、辛苦的二十年律师或医生的生涯积累起来的财富；不，哈佛的魔力是它承诺你将迅速致富，在你刚毕业时，或甚至就是**现在**，如果你和室友碰巧想出了"下一件大事"。

所以没关系，即使你在屋里堆满了高级电子设备，即使你经常去剑桥的高档饭馆，在昂贵的酒吧畅饮，即使你每年春假时去巴塞罗那、巴黎、坎昆和南佛罗里达度假，都没有关系。当然，你可能得借一定的学生贷款，累积起一些信用卡账单——这鼓励众多的信用卡公司热诚地向精英学生们提供大幅的信用额。但是很快你就会在纽约为麦肯锡、高盛和摩根工作，一年挣上7万美元……或者也许，在网络公司昌盛时代，到硅谷为室友的创业公司做网络设计，喝牛奶咖啡，过娇宠日子。之后，你将会进入法学院或商学院，毕业后将是收入更加丰厚的工作。在飞黄腾达的阶梯上，只要有足够的空间和时间，你可以一直攀登到你愿意达到的高度。

* * *

这就是苏珊娜踏入的世界。至少在一段时间内，她在其中如鱼得水，青云直上。她具有必不可少的野心，加上相当的天赋，得以爬到了布鲁克斯联合会、布丁剧社和西塔姊妹会的高层。她没有足够的金钱来支撑她的生活方式，但是进入她圈子里的其他许多人也没有。假使她稍微节俭一点，少几件"蛇蝎美人"①外套，少一些送给社区服务孩子们的礼物，不搞"季度社交大事"（那个二十一岁生日派对），她满可以顺利地从大学毕业，去实现她经常提到的法学院梦想和光明的经济前途。

---

① 品牌名，原文为法文"Femme Fatale"，意为"红颜祸水"。

或许数年的等待让人感觉太久。苏珊娜想做一个社会名流，所以她要举办派对，要购置外套，要旅行，所有这一切都发生在今天，发生在人人都青春焕发、光鲜夺目的哈佛。即使在开始偷窃之前，她就能给人造成一种富有的印象，但对于一个像她那样有野心的人来说，蒙蔽每个人是远远不够的，她要的是货真价实的正品。

于是，苏珊娜开始通过一切手段和机会来改善她的经济状况。她从小规模的事情干起，比如偷萨莉的东西。我后来想，这非常合乎逻辑。可以想象，苏珊娜跟自己的同乡、同姊妹会的萨莉成为室友，她目睹萨莉拥有她自己所渴望拥有的一切，会是怎样的反应。萨莉的父亲是来自鲍林格林的一个银行家，白手起家聚积了数百万财产。她的父母好不容易才盼到萨莉这个独生女，称她是"一个神迹"，也将她视为神迹，几乎不拒绝她的任何要求，无论是大衣、汽车，还是卡地亚首饰。我有时候跟萨莉一起逛街（苏珊娜一定经常跟她一起去），那是一种超现实的、有时是震撼性的体验。她在波士顿的精品店里魅力十足，频写支票，十分引人注目，那里似乎有一半的店员都知道她的名字。

从某种程度上说，萨莉对她的富有掌握得相当得体。她对较穷的朋友（几乎是我们所有的人）一贯都很慷慨。她用自己的钱填补她与我们的生活方式之间的沟壑。是萨莉，请我第一次观看了百老汇的演出；是萨莉，开奔驰车送我去纽黑文看我妹妹在《胡桃夹子》里的表演；我至今仍然戴着那条巴宝莉围巾，那是她送给我的一个生日礼物。接下来的圣诞节，她又送了我一条巴宝莉领带。我很感激她，但内心深处又有一种隐约的怨恨，萨莉做这些事可以眼睛都不眨一下，而我却不可能还她的情。

不过，我从未羡慕过她，因为我从未想要**成为**她。但苏珊娜可能是想的；她后来慷慨送礼和挥霍的生活，表明她至少部分地按照萨莉·马多克斯的标准来建立自己的消费模式。此外，她从有钱的室友那里偷窃的行径本身，也同样说明了这一点。

我后来听说了那个故事，是在两个女孩不住在一起之后，苏珊娜在黑斯廷的出格行为被揭露出来之前。在二年级期间，萨莉告诉我，苏珊娜喜欢未经许可就拿她的衣服穿，然后忘记归还。仅此而已，也许是小事，萨莉对她的个人财产绝不是个吝啬的人。但苏珊娜得寸进尺：她不仅拿萨莉的衬衣、裙子和外套穿，竟然还把自己的名字写在衣领上，从而当她的室友要求物归原主时，她便指着永久标记笔的字迹说，**不，萨莉，这些是我的。你看见了吗**？

萨莉不同意，但很难跟如此拒不认账的人争论；而且她相当随和（加之拥有装满了衣服的大壁橱），也就原谅了她朋友的怪癖。

可是接着，萨莉的银行卡不见了。她挂失之后，当地的舰队银行支行通知她，前一天有 150 美元从她的账户里被取走了。但是银行说不必担心，所有取款机都有监视镜头，无论是谁干的都很可能被录在了录像带上。

萨莉回到宿舍，将这件事告诉了显得很关心的苏珊娜，说也许近日内银行会让她去看录像带，然后就上床睡觉了。几个小时之后却被惊醒，只见苏珊娜闯进了她的房间，两眼发直地抽噎着。

苏珊娜是这么说的，**萨莉，我刚刚查看了我的钱包，发现了你的银行卡……我可能是录像带上的那个人。**

她在坦白自己是窃贼吗？几乎不是。她承认用银行卡取了钱，是的，但坚称之所以那样做，是因为她以为那是**她自己的**卡，她"现在知道了"那是萨莉的卡。这种搞混是一件奇事中的奇事，原来，她和萨莉使用的是同样的密码。萨莉的数字是 1134，而 11/3（好吧，是 3/11）是苏珊娜的生日，4 呢，是她偏爱的数字。

一定是这么回事，她告诉室友，**有人私自闯进咱们的房间，偷走**

了咱们两个人的银行卡，然后回来，将你的放在了我的钱包里。

不管萨莉怎么劝说，也无法令她的室友放弃这个编造的故事。苏珊娜哭着央求她的友谊，多次提到基督，但拒不承认罪状。这个技巧生效了，萨莉决定不仅不报告苏珊娜的偷窃行为，而且继续跟她保持友谊。她们不再像从前那样亲密了，但在她们共属的社交旋涡里，一种表面的、"无视邪恶"的友谊看起来像真的一样。

我跟萨莉的那些与苏珊娜无关的朋友一样，对萨莉没有揭发她的室友或至少跟她彻底断交感到困惑。我至今仍然不明白她为什么不那么做。这跟萨莉总体上的宽容大方，以及她们分享的姊妹会生活和友情有关，而且，绝交会引起更多的波澜。但是，我忘不了后来萨莉谈到苏珊娜时说的话。

我害怕她，罗斯，萨莉告诉我，**每个人都有一点怕她。你就是不知道她能干出什么事来。**

后来人们又听说，当有人好奇地问苏珊娜为什么她不再跟萨莉住在一起时，苏珊娜回答说是因为萨莉偷了**她的**银行卡。

但是，对苏珊娜来说，衬衣、鞋子甚至银行卡都太微不足道了。作为一个货真价实的哈佛社会名流，需要有大手笔，比方说 2000 美元的生日派对。当她在布丁剧社步步高升时，一定意识到了她所需要的钞票就摆在眼前。金钱不仅仅是在银行、法律事务所和高科技初创公司里，我在大学时，学生们经常掌管几万甚至数百万的预算，不论是属于《绯红报》、布丁，还是模拟联合国的母公司——国际关系委员会（在景气的 20 世纪 90 年代它的投资得到相当好的回报）。

一些事件不可避免地发生了。1992 年，两个四年级生从"跟冠军共度一晚"的活动中侵吞了 127000 美元，那是在哈佛曲棍球场举办的滑冰表演，由学生经营，利润收入捐给吉米基金会。（两个人都被判有罪，其中一个在监狱里蹲了一年。）两年后，学生领袖们被指控在《哈佛年鉴》出版中贪污了几千美元；同一年有人从哈佛鳄鱼合唱团窃取了近似的数额；过了两年，柯里尔楼委员会的财务会计被指控将7500美元挪为己用。这些只是公之于世的事件，还有不计其数的财务管理失职问题被悄悄地掩盖了。比如《绯红报》的业务经理，因为滥用可观的办公室开支账户，在我毕业的那年秋天辞职。

二年级时，苏珊娜担任布丁的业务经理，下一年秋天成为演出制作人。她的大规模偷窃行为始于这段时间的中期，从2000年3月开始，持续十五个月。她从布丁的账户转移了大量金额到四个不同的账户（布丁的资金足够多因此可以消化掉这些亏损），每次的数额从213美元到9870美元不等，平均每个星期1500美元。在2001年6月警察接到报案时，总的窃取额约为91000美元。

苏珊娜的犯罪同伙是她的朋友兰迪·高姆斯，那封生日邀请信的执笔人。他在苏珊娜二年级时到布丁工作，第二年秋天成为"年度男士和年度女性"活动经理的办公室助理。兰迪高大英俊，来自马萨诸塞州，他跟苏珊娜一样，虽然出身中产阶级，却能给他人造成相当富有的印象。（很多人误以为他跟哈佛的牧师彼得·高姆斯有关系，但兰迪从来就没怎么澄清过。）比起苏珊娜，他的朋友和敌人都少一些；人们说，他在哈佛不快乐，多数时间在河对岸的波士顿同性恋夜总会过社交生活，在那里他成了多种毒品的瘾君子。

兰迪的吸毒恶习，后来被苏珊娜的律师称为是偷窃的真正原因，兰迪用布丁的钱来支付毒资，苏珊娜是搭便车消费。但是，认识他们俩的人没有谁相信这种说法。是苏珊娜，而不是兰迪，有接触布丁资金的渠道，苏珊娜很强势，很会算计和控制他人，兰迪被视为她的奴仆。那个生日派对不是苏珊娜用布丁的钱来支付的唯一活动，在我们三年级中期，还搞了一个她的姊妹会和德尔菲克俱乐部的交谊晚会，在波士顿的豪华餐厅洛克—奥博举行，苏珊娜包了一个开放吧台，花掉了数千美元。事过之后人们说，苏珊娜安排整个晚会是为了重新获取一个德尔菲克人的欢心——在夏天她跟他有过短暂的一段风流韵事。这个目的没有达到。但是，正如她带着社区孩子们挥霍采购一样，这表明，苏珊娜希望自己因为有钱而出名，也因为有钱而受爱戴。

总的来说，她出手阔绰，但也不是太过分。买一个 500 美元的彩屏手机（兰迪有一个同样的），给男朋友买一把吉他，送给她迷恋的一个男孩一只签名的棒球。她小心地使用其余的钱：洗一个温泉浴，或去一次发廊；对购买衣物的持续热情让她一年内往"维多利亚的秘密"扔了 1100 美元，还在"爱璞"（Express）花掉 1000 美元。

到最后，或许是因为他的毒瘾，兰迪比苏珊娜转移了更大数额的钱到自己的银行账户里，但这个事实可能产生误导，因为他们俩的消费界线从来就不是很清晰。他们一起逛商店，兰迪为一些活动埋单，诸如苏珊娜的"T. G. I. 星期五"派对。（有一个人告诉《绯红报》："当人们意识到饮料的账单那么大，都说他一定是她最铁的朋友。"）另外还有从兰迪的房间里没收的一大堆电子设备，他们的朋友们说也都是苏珊娜的（他们俩在四年级时的宿舍相连，只隔着一道防火门）。这些设备包括一台平板电视、一个 DVD 播放器、DJ 音乐设备和 91 张 DVD。除了 DJ 之外，其他东西都不值太多的钱，作为哈佛的一个宿舍，这些几乎算不上是什么稀奇的设置。

人们对所有这些开销的来源十分好奇，苏珊娜的姊妹会里的很多人都对那个德尔菲克—西塔的交谊会感到莫名其妙。有人听说是由苏珊娜的父母赞助的，还有人听说是一个濒死的姨妈赠给她的遗产前的礼物。布丁的演员们记得，2001 年剧社去百慕大旅行时，苏珊娜取了钱去重印节目单，过后出现在游泳池旁，拎着一大堆"萨克斯"（Saks）的包装袋。在同一旅程中，兰迪向人们炫耀一个最先进的便携式 DVD 播放器和满满一书包的 DVD。等同于苏珊娜伪造的濒死姨妈，兰迪有个虚构的波士顿甜爹（sugar daddy），据说是他给兰迪钞票任其挥霍。此外，苏珊娜还有从布丁的零钱库偷摸的习惯。三年级时，布丁的业务经理塞西莉·弗莱明发现了这个问题，那时苏珊娜是制作人。据《绯红报》报道，苏珊娜被捕之后，布丁的成员才了解到这件事，当时"苏珊娜严厉地威胁和恐吓［弗莱明］，以至于她感到不安全，直到秋天警察询问时，她才揭出了全部真相"。

听起来很荒唐，可是在苏珊娜垮台之后，似乎每个人都说"我那时害怕她"。

2001 年夏天，苏珊娜作为制作人的任期结束三个月后，一个接替她的人意识到剧社的预算很不对头，便报告了警方，苏珊娜的命运就此画上了句号。她和兰迪留下了太多的账面痕迹，即使他们试图隐瞒也无法掩盖。尽管如此，调查还是花了很长时间，一直拖到四年级的秋末才完成。苏珊娜和兰迪知道，布丁的一些高层也知道，可校园里其他人被蒙在鼓里。苏珊娜保持着一如既往的日程表，没有迹象显示出任何异常情况，正是在这几个月里，她和一帮有钱的朋友创立了伊西斯。那些人后来一致极力申明，苏珊娜没有，**没有做任何事**来资助这个俱乐部。她参与创立这个对手俱乐部是给西塔姊妹会的一记耳光，其会费比伊西斯少得多。直到十一月底伊西斯大张旗鼓地揭开面纱之后，姊妹会的成员才发现前主席发起了一个新组织，私下里都抱怨她的背信弃义。但那时这几乎无所谓了，因为苏珊娜很快就要永远地垮台了。

一月份考试期间，木槌公开地落下。依照它的达尔文主义者本性，哈佛开始向苏珊娜复仇了。《绯红报》刊登了令人屏息的头版新闻，附上重印的著名的安东尼·霍普金斯的照片，专门写了二十五行文字介绍苏珊娜，说她在被起诉前是个校园社交名媛，之后仅添了个小注:"昨晚没有关于高姆斯的消息。"《绯红报》的专栏作家们争先恐后地声讨这对盗贼——"毋庸置疑,他们为自己闪光的社交日历和温情脉脉的朋友圈子而扬扬得意",我的一个同学恶嘲说,她本人在自己的社交场合也不是个害羞的女孩。校园里的每个出版物和公开电子邮件列表都不甘寂寞,连篇累牍地引用人们关于苏珊娜多年来的操纵手段和刻毒行径的证词。《十五分钟》还火暴地抖搂出她青少年时代的所有不可告人的秘密,援引她高中"朋友们"的声明:打算去波士顿参加审判,"目睹她是否罪有应得"。甚至连《哈佛杂志》(Harvard Magazine)①——校友权力集团的一个严肃沉稳的刊物,也加入进来批评偷窃行为。

我那时是《绯红报》的一名专栏作者,如果我把对苏珊娜的个人感受放在一边,采取较高尚的做法,那说起来会比较好听。但是,她的被捕令我高兴——它提供了津津有味的故事,似乎是为宇宙间的道德秩序正名,于是我决定带上个人恩怨。 她被捕四天之后,我在一个专栏里写道:

> 每个人,都有自己的关于2002届的苏珊娜·帕美的故事,这个温思罗普楼的著名四年级生被指控为从黑斯廷·布丁剧社窃取了大笔现金。我自己关于她的故事是无形的——确切地说,是我个人的。苏珊娜和我有着共同的朋友,所以我和她有时在派对、温思罗普套房、酒吧和街上碰面,但是,除了极为勉强的寒暄之外,我们从未交谈过。或者更恰当地说,她从未跟我讲过话。

---

① 一份以联络校友网为宗旨的杂志,创刊于1898年,是哈佛唯一向全校发行的杂志,定期发给所有的毕业生和教职员工。目前在校内外的发行量达24万份。

我那篇檄文的标题是《苏珊娜·帕美的哈佛》，它声讨了苏珊娜和那个让她得以发迹的凶残文化。它是迄今为止我写过的专栏里读者最多的一篇，我因而成了哈佛的名人，无论是多么短暂。人们见了我都会打招呼说："你就是写关于苏珊娜的专栏文章的那个人，我喜欢那篇文章！"我准备着有人反击，却从未出现。我收到的大约四十封电子邮件（大多数专栏只能收到大约三封反馈）中没有一封为苏珊娜辩护。

但是，有一封邮件促使我重新审视自己对苏珊娜倒台的幸灾乐祸心理。这是一个喜欢该专栏的人发来的（他说"让那些认为处理太严厉之类的人见鬼去吧，因为那个婊子完全是罪有应得"），不过，来信人想要澄清一个小小的概念错误。他分析说，尽管苏珊娜像女王蜂一样高高在上，她却从未完全登上哈佛"真正的"社交舞台。她为布丁剧社工作，是因为她没有被邀请进入精英的黑斯廷·布丁社交俱乐部；她加入西塔姊妹会，是因为她不能跻身于远为排他的"蜜蜂"。更悲惨的是，"她根本不是出身于纽约的祖传豪门，而是来自肯塔基的一个穷乡僻壤。今天，我跟几个在'苍蝇'和'蜜蜂'的朋友谈起苏珊娜，他们几乎都不认识她或在乎认识她。他们认为她是个十足的傻瓜。这让我明白了……即使有钱也不济，因为她没有门第。啊，真是可悲。"

读着这封邮件，我第一次对苏珊娜产生了一丝同情和一种什么——可能是亲近感？我想象她试图加入"蜜蜂"（一个刻意模仿终极俱乐部而建立的女性俱乐部），里面都是新迦南和纽约曼哈顿上东区的女孩们，她们抛给她的是冰冷的鄙视，就像她赏赐给我的一样。也许哈佛采取了一种奇怪的方式来对待苏珊娜，比我意识到的要残酷得多。

不过还是很难可怜她。审判推迟至夏天，苏珊娜继续上课，继续住在温思罗普楼的宿舍，保持跟过去一样节奏惊人的社交日程。她的一小群却是意义重大的朋友团结在她的周围，出于忠诚或是渴望替代她的恶名。在四年级的繁忙春天，直到毕业典礼开始之前，她同他们一夜夜地出去玩乐。

一旦艰苦的论文撰写任务结束，哈佛的四年级生们便开始尽情享受生活了，豪饮巡航，赌场巡航，"最后的机会舞会"，六旗游乐场，等等，班委会几乎每天晚上都会赞助剑桥的一个酒吧，四年级生可去享用折价酒和免费开胃小吃。苏珊娜从来都不错过这类活动，她总是亮相，喝酒，总是被她的忠实小圈子（大部分是男性）包围着。他们经常碰上黑斯廷·布丁的人，只要苏珊娜在近旁，布丁的人就大唱《犯罪高手》（Smooth Criminal）。有时候，情形变得很险恶，双方从房间的两头互相对骂，历来小心谨慎、优先考虑职业生涯的哈佛人几乎都要动起手来。尽管有这些事件，或许恰恰由于有这些事件发生，苏珊娜继续不断地参加派对，而且还要惹人注目：她总是穿着鲜红的外套，在其他喜穿黑色短大衣的哈佛人中分外耀眼，如同清教徒海洋里的一朵罪恶之花。

但是，她和兰迪没有参加毕业典礼，因为审判结果要等到秋末才能出来，学校拒绝发给他们毕业证书。两个被告都承认有罪：兰迪责怪自己的吸毒问题，畏缩地承认自己吸毒成瘾和"缺少自尊"；苏珊娜则归咎于兰迪。她的律师声称，虽然她"的确默许了兰迪·高姆斯动用黑斯廷·布丁剧社资金的阴谋，但她不是始作俑者"，"不管怎么样，她确实允许兰迪实施他的计划……因为她想帮助在那段时期内吸毒成瘾的朋友兰迪"。那个律师还补充说，苏珊娜"在哈佛有着十分完美的记录"。无疑是为了做哀情表演，他还叫苏珊娜的父母在法庭上站起来，他说："这对父母的孩子上了哈佛，是他们一辈子的梦想成真。"好像单凭这一点就可以让法庭大发慈悲。

法官没有完全接受被告律师的辩护。他在宣判时说，"本法庭没有发现偷窃的动机只是被告高姆斯的吸毒问题和被告帕美希望去帮助朋友","此案的偷窃者犯罪的金额巨大、重复作案,而且两个被告均企图掩盖他们的偷窃行为"。不过,虽然他们犯下的是"超过250美元的大盗窃罪",最多可以判五年徒刑,兰迪和苏珊娜最终都没有被送进监狱。法官判他们缓刑,论据是,虽然检察官要求短暂的监狱刑期,"服刑不能达到什么目的",他补充说,他被苏珊娜和兰迪的"悔恨和歉疚的真诚态度"感动了。

尽管惩罚很轻,他们无疑是后悔的。两个人最后都没有获得哈佛大学的毕业证书。判刑之后,哈佛校方董事会提出给予犯罪人开除学籍的处分,只有在五年之后,经教授投票、取得大多数人的同意才能恢复(换句话说,几乎是永远不可能了)。用苏珊娜的律师的话说,他们实现了上哈佛的梦想。然而,那个梦被拿走了。他们被驱逐出了美国上层阶级的乐园。监狱怎么能跟这种残酷的命运相比呢?

* * *

古希腊——赫西奥德[①]和玛丽·雷诺[②]笔下的希腊——神话中经常提到关于宗教仪式的暴力:歇斯底里的众人将被选中的一只脱逃的山羊撕成碎片。从酒神节神话中喧闹的残害行为到一年一度"杀死国王"的习俗[③],宗教认可的杀戮被认为是很寻常的,甚至是有益的做法。正如宗教学者勒内·吉拉德[④]指出的:"神话中的牺牲即使没有

---

① Hesiod,公元前750—前650,古希腊诗人。
② Mary Renault,1905—1983,英国作家,以创作古希腊历史小说而闻名。
③ 在古代,一些国家和部落有"杀死国王"的习俗。由于是"君权神授",而神授予一个人的君权不是无限的,因此当一个国王的任期结束,他便不再是神在世上的代表,故应当自戮或被百姓杀死。在有的地方,比如古代巴比伦,国王是终身在位,但理论上他的神授权力只是一年有效,因为每年都要举行一个仪式,在埃萨吉尔神庙中,国王以手接触供奉的主神马杜克,重新建立与神的关系,从而得以继续掌握他的君权。
④ René Girard,1923— ,法国历史学家、文学批评家和社会科学哲学家。

被指控犯下了任何罪行,仍然有充分的理由去死。"因为在这种"模拟的暴力"中,社会的分歧被掩盖了,分裂愈合了。吉拉德写道,由于"每个人都相信牺牲是有罪的,而且由于牺牲此时是孤立无助的,杀死他没有受到报复的危险,所以人们就会群起而攻之。其结果就是,社区里所有的人都没有了敌人。丑闻消失了,和平回归了——在一段时间内"。

固然,以此来比喻苏珊娜·帕美的命运是不公允的。很难说她是清白无辜的。即使现在我也无法让自己可怜她,尽管她可能是不快活的、心理不平衡的。我不认识兰迪,所以我可以对他产生同情,但我仍然能感觉到苏珊娜注视我时的那股轻蔑的冷气;我记得,当她亮相于四年级春天的一些活动,在人群中引起了一阵悄声议论时,她的目光是如何地跳跃。她声名狼藉,却从未感到可耻。我想,她享受着其中的每一分钟。

然而,我跟所有的同学为什么那么高兴、那么凶狠地把矛头指向苏珊娜呢?她所做的事情是不道德的,但她犯的罪在很大程度上并没有直接受害者,而且美国历来就宠爱名人大盗。穷乡僻壤的一个无名鼠辈去了东部,投机取巧地变成了大人物——她的这种自我创新的大胆举措,在我们的文化中有着巨大的共鸣。杰伊·盖茨比①是个非法酒贩子和被盗证券的交易人,但是,没有人支持联邦调查局突袭东卵村②,给他戴上手铐,从焰火辉煌的草坪上带走。苏珊娜的尼克·卡雷威(Nick Carraway)③在哪儿呢?去庆祝狂欢的未来之梦,她在布

---

① Jay Gatsby,美国作家斯科特·菲兹杰拉德(Scott Fitzgerald)的著名小说《了不起的盖茨比》里的主人公。
② East Egg,《了不起的盖茨比》一书中虚拟的纽约长岛的一个富人区,它的居民主要是旧富世家;相对而言,西卵(West Egg)村的居民主要是新暴发户,书中的盖茨比住在西卵村。
③ 《了不起的盖茨比》一书中故事的讲述人。他是耶鲁大学毕业生,第一次世界大战退伍军人,从中西部来到长岛后成为盖茨比的朋友。

丁案的被告席上的绿灯①在哪儿呢？

你一个人抵得上那该死的一大堆！在盖茨比临死之前，尼克朝着他大喊。确切地说，苏珊娜并不比她所有的同学更有价值，但就她的攫取和造假行为来说，她是我们当中的一分子。她是哈佛盛行的本我②：她像我们很多人一样，心怀野心，痴迷出名，渴望财富；她也像我们一样，将这些欲望隐藏在善心好意、社区服务和学术成就的门面里。当她从云端跌落时，我们拔出了刀子，但我们却无法杀死她，她太属于我们自己的一部分。她可能是一个反社会者，然而，每个社会都有它应得的反社会者。

所以，或许这没有什么不恰当——她并没有像可怜的、被毒品毁了的兰迪那样销声匿迹，而是继续生活在我们当中，直到毕业典礼上大钟轰鸣、四年正式结束。我们拒绝发给她毕业证书，拒绝她跟我们一起在典礼的行列里行进，可她还是在那儿：在雨水浸泡的庆典上，在父母和校友群里，一个面色苍白、轻轻掠过的影子，当今哈佛的一个幽灵。

她甚至在当年秋天就回来了。在法官宣布判决的一个月之前，新毕业生回校参加"哈佛—耶鲁周末"活动——她出现了，依然穿着红外套，依然激起争议，依然挑衅式地自恃清白。也许，时间会驱除她的幽灵，可我怀疑这一点。我想象，苏珊娜会一次又一次地回来，参加将来所有的游戏和校友聚会，直到我们全都老了，须发灰白，像哈佛承诺的那样极其富有和出名。英才教育的喜怒无常的上帝将她逐出了乐园，但她仍在门边徘徊，一旦安琪儿失落了它的火焰剑，她便可以溜将进来。

---

① 此处是用《了不起的盖茨比》中女主人公戴西家的"甲板上的绿灯"的典故。英文"甲板"（dock）一词亦有"被告席"的意思。
② id，意为"本我"，弗洛伊德心理学指潜意识的最深层。

可能她会的——谁能预料呢？假如她不断地回来，也许，在我们的第五十次校友聚会上，当衰老开始缓慢地将我们击垮的时候，她所做的坏事也许最终会被忘却。

当那一天到来的时候，我甚至可以向她举杯——敬给苏珊娜·帕美，哈佛 2002 届的一名始终声誉良好的成员。

第四章

求知的门径

哈佛每个学期开始的第一个星期被称作"选购期",其间,学生们可以自由地试听任何课程,从理论上说,可以据此来编排最适合于自己的学期课程表。在这段时间里,人们步履匆忙,精力充沛,明显地感觉到知识的潜力。学生们从早到晚频繁出入各个演讲厅,搜集各门课程的教学大纲,用二十分钟左右聆听一位教授的样板课,然后再赶去尝试同一课时里的另一门课。样板课演讲通常都有很多听众,较受欢迎的课甚至有大量的选购者挤在走道里,近距离亲睹传奇式的教授。如果该课的注册名额有限,人们就将自己的名字写在抽签表上,还表现出典型的哈佛人的竞争意识,当场写下为什么自己应该被允许选修这门课的完美理由。除了考试期间外,这是学期中唯一的课程成为饭厅和宿舍里的谈话主题的时段,人们看上去为教育、为新学期的潜在可能而感到兴奋和激动。

但是,这种热情很快就蒸发了。随着学期的进展,各个演讲厅里的空座位逐渐增多,开篇演讲时听众爆满的教室,最终变成像是一个溃败的棒球队在赛季末期的毫无意义的赛场。教室的前排有一些死硬派紧张不安地忙着做笔记,其他便是一些零散的旁观者——像我这类的学生，费了好大的劲儿才从床上爬起来，把自己硬拽到教室里，方才恍悟已经缺了三堂课，落后得实在太多，赶做笔记已经徒劳无益。所以现在最好是去打瞌睡，等到学期末尾，在总是提供帮助的复习阶段，再突击阅读，狂补详细笔记。或者，干脆找到该课程的网页，就会发现教授已经将每堂课的内容都上传了，好像他完全理解那些很少瞟书的学生们的品性和学习习惯。

但是在选购期间，哈佛尚未进入后半学期的休眠状态，课外活动尚未占据优势，因此，校园里充满了学术的活力。在哈佛厅101室（一个典型的小型现代演讲厅）里，情况正是如此。2001年2月里的一天，大约一百个座位排列在半圆形的坡场，围着黑板和小讲台，坐满了选购者。哈维·曼斯菲尔德[1]开始发表该学期的首次演讲《现代政治和哲学：从马基雅维利到尼采》。每把椅子上都坐着听众，还有人挤在过道上和窗沿上，甚至有人站在演讲厅外夹层间的油毡地板上。

也就是说，这是个绝妙的日子，对于在政治剧场里上演的一幕戏来说。

在体格和智力两方面，曼斯菲尔德都算得上是校园里的一个独特人物。他短小精悍，黝黑英俊，他的脸庞棱角清晰，双眼炯炯有神，还有那咧开的鲨鱼嘴般的笑容。而且，在这个教授们不修边幅的年代，他还罕见地整洁，穿戴着软呢帽、柔和淡雅的衬衫和不同寻常的领带——他总是坚称它们都是由他的妻子戴尔芭挑选的。她也协助他做智力水平更高的课题，比如，他们最近翻译出版了托克维尔（Tocqueville）的著作。曼斯菲尔德是学校资深教授里的一只右翼牛虻[2]，

---

[1] Harvey Claflin Mansfield, Jr., 1932——，他自1962年来一直担任哈佛大学肯尼迪政府学院教授，研究并翻译介绍了历史上主要的政治哲学家的经典著作。
[2] gadfly，这个词亦有"令人讨厌的批评者"、"故意挑战权威者"的意思。

出名地保守。众人皆知他对《平权法案》和同性恋者权利的反对态度，以及他对女权主义和"政治正确"①的批评（有时是隐晦的）。

"在开始讲课之前，"曼斯菲尔德那天说，"我要简短地宣布一下关于这门课的评分方法。正如你们很多人都知道的，我一直经常地，啊，直言不讳地，对过去几十年里哈佛的分数攀升状况表示关注。有些人说，这种攀升——过去的C变成了B，B迅速地变成了A——是英才教育的结果，它证明了今天的哈佛学生，啊，比他们的前辈**更聪明**。这也许是事实，但是我必须告诉你们，我可没有发现什么证据。"

他停顿了一下，收敛了笑容，然后继续说："不过，我最近决定，恪守旧的标准是徒劳无益的，没有任何其他人还这么做，如果我硬要坚持，就是惩罚上我课的学生。因此，我决定，这个学期我将发给你们每人两种分数。第一种分数，是你们事实上配得到的——中庸作品是C，好作品是B，杰出作品是A。这将只发给你个人，对你完成的每份作业和考试评分。第二种分数，只在学期结尾计算，将是你们的，嗯，讽刺的分数——'讽刺的'在这里的意思是**撒谎**——它将在一个基准上（以哈佛的平均成绩B+作为它的平均值）计算出来。这个较高的分数将被寄到注册办公室并显示在你们的成绩单上，它将是你的公开分数。你可能会说，你必须保证如此；你们放心，正如我刚才说的，你们不会因为上我的课而受到惩罚。"

又一个鲨鱼式的笑，"当然，只有你们自己知道你们的分数是否

---

① political correctness，源于20世纪上半叶共产党人和社会主义者在政治辩论中的一个用语，指党的正确路线，后来指在语言、思想、政策和行为上，要时时处处小心避免对政治、经济和社会的弱势群体的触犯和歧视，往往达到偏激和吹毛求疵的程度，故这种所谓的"政治正确"的反对者们含蓄地自诩为"政治不正确"。例如，保守主义者有《政治不正确指南》系列丛书，自由主义者有"政治不正确"的脱口秀。

名副其实。"

曼斯菲尔德在这场坚持传统的评分标准的特殊战斗中奋争多年，以至于从政府系的遭殃学生中挣得一个"C-"①的绰号；哈佛的高层将他对学术标准降低的频繁抱怨看作是抱残守缺者的脱离实际的乖戾怪想，例行地不予考虑。但是，这个"讽刺分数"的惊人之举改变了一切。第二天，曼斯菲尔德上了《波士顿环球报》（*Boston Globe*）的头版，连同一篇关于哈佛及一流大学在总体上学术标准下降的报道。一时间，曾经不予声张的一件小丑事变成了一条大新闻，哈佛被嘲讽为在学术水平上跟加里森·基勒②的沃布冈湖镇相当——该镇所有儿童的智商都高于平均水平。

就某一点说，这一批评有欠公允。因为在美国的整个高等教育领域和精英大学里，分数膨胀是普遍的现象，哈佛并不是一个特例。不过，我们学校的数字特别地惊人。我的同学中90%以上登上了《优秀生榜》(Dean's List)，这意味着他们的平均成绩（GPA）是B-或更高。总的情况是，那一年，在曼斯菲尔德的"讽刺的"评分政策出台之前，有一半人的成绩是A或A-，只有6%是C-或更低。跟过去对照，1940年的哈佛生中平均成绩是C-的人比得任何其他分数的人都多；1955年，只有15%的本科生自豪地得到B+以上。

没有人对这些数字或它们的大幅度变化表示质疑。但是，曼斯菲尔德的评论仍然激起了争议，因为人人都想就分数**为什么**膨胀进行辩论。它迅速变成了对20世纪60年代遗产的一场辩论，因为虽然分数上涨了很长时间，最突出的上涨发生在60年代后期。1965年，大约20%的学生获得B+以上的平均成绩；五年后，增加到48%。曼斯菲

---

① 曼斯菲尔德的中间名"Claflin"的缩写是"C"。绰号由此而来。
② Garrison Keillor, 1942— ，美国作家、说书人和幽默家。他以主持明尼苏达州公共广播电台的"草原一家亲"节目而闻名，沃布冈湖镇是该节目里虚构的他童年时代的故乡。

尔德那个年代就在哈佛教书,对此他提出了显而易见的解释。他在《绯红报》上写道:"分数膨胀始于教授们给反越战的学生们提高分数。也就是在那个时期,白人教授们接受了《平权法案》的新精神,停止给黑人学生低分,为了辩解和掩盖这种做法,也就停止给白人学生低分。"

毋庸置疑,曼斯菲尔德的这一种族论点引起了最多的注意,招来了暴风雨般的愤怒邮件和社论,黑人学生协会还在曼斯菲尔德的课堂外举行抗议,散发传单,并且在他一次讲课开始时静默示威。甚至连校方也做出了反应。教务长哈里·路易斯(Harry Lewis)给《绯红报》写了一篇评论,透露出一些"官方"数字,旨在说明,最显著的分数膨胀发生在60年代后期,而那段时期学校里黑人学生的数量并不是很多。(他的观点正确与否,得依据对"很多"的界定,因为1965年的新生班有二十个左右的黑人,1968年增加到一百人。)路易斯还写道,1970—1985年(学校里的黑人数目显著增加的第一个十五年),是"在过去八十年里仅有的十五年,哈佛的分数没有上涨。"(这也可能是不准确的,因为有其他数字表明,60年代的攀升直到70年代中期才平缓下来,而不是在此之前。)路易斯由此做出结论:"分数膨胀的种族理论是非常错误的,以至于很难理解它是如何或为什么被提出来的。"

当时,我觉得路易斯的评论很高明,主要不是因为它的分析,而是因为它巧妙地将注意力集中于越战年代,从而掩盖了更为有趣的问题,即今天的分数膨胀是什么原因?分数在60年代急剧膨胀,70年代和80年代初期平缓下来。然而,到了时髦的90年代,反文化的浪潮已经平息,成就、个人责任和总体的良好状况再次成为常春藤大学的正常秩序,分数为什么又重新攀升呢?事实上,是在90年代而不是60年代,"绅士的B+"取得了最终的胜利。1985年,哈佛人的平均成绩比宽松的 70 年代几乎下降了四分之一，有 43% 属于 B+ 的范围；到了 2000 年，我在大学的中期，68% 的哈佛学生自豪地获得 B+ 或更高的分数。

为什么在一个和平的、繁荣的、种族关系比较和谐的时期，分数会出现触目惊心的攀升呢？曼斯菲尔德提供了一个答案。他在评论中指出，这主要是源于"自尊的概念在美国教育领域的盛行。根据这一有益健康的主张，教育的目的是使学生们感到有才能和'被给予了力量'，教授们不应轻易地对学生们学到了什么做出评判"。

这个分析有一定的道理。不过我认为，分数膨胀，延伸到哈佛本科学术文化在总体上的轻松感和缺乏严肃性，其根源比个人的自尊狂热更为深远。要想理解分数膨胀，必须首先理解现代哈佛的性质，总体的精英教育，特别是大学的组成者——学生和教授之类所怀的野心。

学生们的野心是这样的：这些训练有素的英才教育尖子，从小就被灌输了一种信念，即自身的价值取决于个人所获得的财富、权力和成就，而实现这些目标取决于获得高分数。分数在前辈人的眼里并不重要。在曾经是准贵族的哈佛，"绅士的 C"[①]为学生们所接受，因为他们知道，他们的生活前途主要是跟家族的财富和人脉有关。但是，在今天的英才教育体制中，家庭的财富必须由每一代人重新创造。即使你可以依赖父母的财富生活，英才教育的精神认为你不应该依赖，因为你个人的价值不取决于家族和阶层，而是取决于你做了什么，你是否成功。而你做了什么反映在你的履历上，分数则常常是履历上的装饰。

---

① 原文为"Gentleman's C"。据传说在哈佛大学早期，一些学业不良的富家子弟被给予"C"的成绩，以便可以让他们毕业，因为他们的父亲给学校捐款。本书上文中的"绅士的 B+"，亦是沿用此典。

因此，教授不仅是公正无私的教育者。他作为分数发放者，还是尘世间成功的守门人。正如曼斯菲尔德再恰当不过地指出的，教授们承受着资本主义给学术生活带来的压力，很容易理解他们为什么会避免用"C"和"D"来"惩罚"学生。在越战期间，当因不及格而退学意味着要到湄公河畔的稻田里冒生命危险时①，数不清的教授猛给学生们加分。三十年之后，那种利害关系小了，但来自各方面的压力仍然存在。自下而上的压力，是来自要求提高分数的学生们（人们说，**嘿，如果要上法学院，我这门课不能得 B**。于是就去找研究生教员请求提高到 B+/A- 的范围）；同一层次上的压力，是来自教授群体，最终连曼斯菲尔德都让了步；自上而下的压力，是来自学校的当权者（在争议期间，一位教授对《绯红报》说，**如果你让谁挂了科，就得准备跟校方高层长期作战**）；此外，还可能有来自教授们内心的压力——他们暗自同情学生的雄心勃勃的职业追求。

搞学术的人们终归也都有自己的野心。他们非常清楚市场的兴衰变迁，要应对巡回学术会议和终身教授职位轨道的残酷文化——"不发文章，等着遭殃"。这种文化很少奖励对本科教育的奉献。我在哈佛的四年中，学生们喜爱的一些年轻教授在校园里"尸横遍野"，如新保守主义政治理论家彼得·伯科威茨②和语言学教授伯尔特·沃克斯③。彼得对哈佛发起了毫无结果的长期诉讼，声称他被拒绝终身教授职位是由于政治原因；伯尔特的课是我的必修课，虽然他从未令我喜欢上这个主题，但他是一位激励人的、勤奋的老师，是我知道的唯

---

① 美国法律要求所有 18—25 岁的男性注册在案，一旦被征兵即要从军服务。在校学生则可以推迟入伍，直到所在的学期结束；大学四年级的学生可以推迟入伍，直到毕业。
② Peter Berkowitz, 1959— ，美国政治科学家，前法学教授，1990—1999 年在哈佛大学政府系任教。现为斯坦福大学胡佛研究所高级研究员。
③ Bert Vaux, 1968— ，音韵学、词语形态学和方言学家，剑桥大学讲师。1994—2003 年在哈佛大学任教。

一试图记住课堂里百余名学生名字的教授。当他的终身教授职位泡汤时，他求助于学生，召集众人请愿和公开抗议，却无人理会。他离开哈佛三个月之后，学校又在他的伤口上添加侮辱，从城市另一头的对手大学麻省理工挖来了明星语言学家史蒂夫·平克[①]。伯尔特曾在他的课堂上大量使用平克的著作。

在终身教授职位道路上的另一名受难者是我的熟人路易斯·米勒（Louis Miller），年轻的欧洲知识史教授。他热情、英俊，留着黑色短发，带着些许苦行僧的遗风。作为一名重新皈依的天主教徒，他尽管有妻子和孩子，看上去却几乎像一位神父，不过是以一种更为禁欲的早期教会的坚韧、阳刚的方式。我从未上过他的课，但我有朋友上他的课，他便开始跟我们一起在莱弗里特楼的食堂吃饭，围着向阳的宽大饭桌，没完没了地讨论任何政治、哲学和宗教问题。二年级的整个春天，我们见面，闲聊，听他漫谈。那个时候，我的哲学知识仅限于从霍布斯到洛克，在他的激励下，我后来花了两年时间，埋头研究了柏拉图、西塞罗、卢梭和托克维尔。

然而到了那时，米勒已经走了。自从完成关于尼采的博士论文之后，他没有发表多少东西，于是被另一颗年轻的明星取代，他是米勒在智力上的镜像，一个绝顶聪明的美国实用主义学者，名叫詹姆斯·克洛彭堡（James Kloppenberg）。我上了他的一门课，却从未跟他吃过一顿饭。米勒去了南方，到安纳波利斯的圣约翰大学任教，那是一所"经典名著"[②]学校。他告诉我们，那里的**学生们也许不像你们那么出色，但知识风气会比较好。**

[①] Steven Arthur Pinker, 1954—　　，美国实验心理学家、认知科学家和科普作家。2003 年以来任哈佛大学教授。
[②] Great Books，指代表西方文化基础的重要著作。美国一些大学设置"经典名著"课程，其中尽可能多地采用这些书籍作为人文教育的基本途径。

在哈佛，你或者是少数族裔，或者是无聊的小人政治高手，才能爬上终身教授职位的滑杆。我的很多比较好的老师，从一开始就明白他们在哈佛没有前途，索性就不去奢想了。我有个优势，我所主修的（哈佛称之为"专注的"）"历史和文学"不是一个独立存在的系，而是一个"学位委员会"，它得依靠英语系和历史系的教授来讲课，大多数情况下是由年轻的教授助理、新近的博士后来管理，这些人在去其他地方寻找机会之前，先在哈佛消磨一些日子。我的论文导师即是其中的一个。他是研究不列颠帝国的一名聪明扎实的学生，名叫约翰·麦基（John Mackey），在我三年级时，麦基拿到了博士学位，至今一直待在哈佛，不那么急着去跟成百上千的人文学科的博士毕业生争抢工作。

"我不想离开新英格兰，"最近在波士顿北端吃午饭时，他告诉我，"我妻子和我在这儿很快乐。但是，我或许应当接受第一份聘书，即使是在俄克拉何马州西部之类的地方，是吧？"

"你会吗？"我问他。

他耸了耸肩："也许吧。或者，我也没准去教高中，或去马萨诸塞州某个地方的预科学校。我不是很肯定搞学术值不值得，你觉得呢？"

为了配合历史和文学跨学科的教学方法，两个女老师负责我在二年级的课程。一位是历史学博士，一位是英语助教，她们辅导的七个人的班，是我在大学上过的运作最有效、要求最严格的一门课。她们两个人也都像麦基那样对自己在哈佛的专业前途感到灰心。在教程中期，有人问她们是否计划留在哈佛，其中一个苦笑，另一个回答说，不，她们只是很庆幸眼下能够待在这儿。

"哈佛从来不在学校内部提拔，"她告诉我们，"或者说几乎从来不。尤其是在人文学科，年轻的初级教师绝不会得到终身教授职位。他们喜欢雇用超级明星。如果你想当哈佛的教授，就先离开这儿，去其他地方变成超级明星，到**那个时候**他们就会要你。"

我三年级还没开始，这两位老师就都不见了。

对于那些留下来的、成功的或至少是坚守住的人，喏，假如他们采取最少有抵触的方式，给学生们发放绅士的 B+，谁能责怪他们呢？我的意思是说，假如他们要给学生判分的话。很多人并不负责判分，特别是担负那些没有个人之间交流的大课堂（主要研究型大学因此而著名）的教授们，他们有数百个吵闹不休、攫取分数的学生，却只有一名研究生教员（在自命不凡的哈佛学术界，或称之为"教学助理"①）来帮忙。在这种令人头痛的情形下，谁能责怪教授们将评分的责任推给那些较年轻、不那么精疲力竭的研究生教员呢？反过来，研究生教员离开焦虑的本科也才几年，必须应付自身的一大堆学习压力，如果他们有时候不把分数标准当回事儿，或是**宽松马虎**，谁又能责怪他们呢？

在学年开始的讨论会上初次见面时，一位研究生教员向我们宣布：**我多数时候是给 A，也许会给少数的人 B，不过我并不喜欢那样做，你们懂吧？**

* * *

我和同学们天生擅长于"聪明地"学习，而不是刻苦地学习。我们创造性地偷懒，决意寻求学术上的每一条捷径。可是这也帮不上大忙，每年的秋天和春天，我们都会面对好几页令人生畏的教学大纲，上面列满了要求，除了经常要求写 5—7 页的论文，还有大量的阅读。典型的两天的阅读作业是：**序言，第一章，第三章第 73 —**

---

① teaching fellow，是指辅助教学工作的研究生。有些大学称为"teaching assistant"。

76，88—102页，第五章第180—225页，第九章第250—257页，后记。最后，是15—20页的研究论文和/或三小时的考试。很快，我们就摸出了门道，最好是根本不要试图去覆盖大纲中的所有内容，特别是花费很多时间去逐字阅读一本300页的书很不值当，远不如到准备考试的时候再浏览复习资料，找出要点，然后有选择地扫描那些阅读材料，将脑子塞满刚好够用的信息，就可以碰巧将考卷上的无论什么三个短论应付过去……

或者，你可以像许多认真的学生那样，利用这些时间组织研究小组，由十二名学生分摊十二本书，每人阅读一本，然后一丝不苟地概括出要点，通过电子邮件发送给小组里的每个成员。这样，你就可以免费搭车了——你太忙，没法完成分内的任务，但是由于疏忽大意，忘记通知大家了，直到其他十一本书的要点全都安全地寄到了你的信箱里……

或者，可以在倒霉的研究生教员的办公时间跟他消磨一点时光，他一定会很乐意给你延时，还有可能更改最后一篇论文的分数。如果聊得投机的话，他甚至可能透露出关于教学大纲里期中考试范围的一些"建议"……

或者是碰上最坏的一种情况：有份作文须在三十分钟之内交差，你连一个字都没写，可是那个混账老师不容许延期。那么，你可以利用这点时间，采用微软Word中的"wingdings"字体造出一个全是怪字符的文件，如果你实在很机灵，不妨穿插几行可辨认的段落，然后将它通过电子邮件发给研究生教员。他到第二天才会有空将它打开，那时他会写信给你说对不起，Word文件损坏了，他无法阅读你的作文，你就慷慨大方地向他道歉，提到你的计算机遭受的所有病毒感染的痛苦，再附上一份"无病毒的"文本——它是你在十分钟之前刚刚写完的……

假如陷入了真正的**绝境**——研究生教员不接受通过电子邮件上交的作文,也并不是死路一条,你可以踩着我的朋友汤姆的脚印走。这个来自罗德岛的卷发家伙,他那高超的拖延本领无与伦比。(他曾在四天之内完成了长达 80 页的毕业论文,获得了最优等减的成绩。)有一篇历史论文将在星期四下午到期,绝无破例。可是,直到那天下午,汤姆才只写了论文的开篇和结尾部分。于是他在开篇和结尾的中间夹进七张白纸,将它投进了研究生教员的邮箱。他打算晚上来完成其余的部分,然后跟老师解释,这全怪他的打印机故障造成了"空白页"。然而,从研究生教员办公室出来之后,汤姆发现大楼的维修部门有一扇门微开着。于是,那天夜里,由尼克和我站着望风,汤姆好几次溜进本应是锁住的大楼,一步步地将论文里缺失的内容补充进去,他连续制造出了不下五个稿子,前一个扔进邮箱,过了一会儿,又用下一个版本替换掉上一个。

星期五一大早,天气晴朗,研究生教员散步到了他的办公室,看见了汤姆·多伊尔的绝妙论文安稳地躺在邮箱里。最初的是前一天下午五点放进去的,大部分是午夜到早上四点之间撰写的,在半个小时之前刚刚全部完成。

结果不必说,汤姆得了个 A。

对那些在学术上一丝不苟的学生们来说,上述描述是不公平的。他们从不缺席一节课或一次讨论会,总是完成阅读作业,将提要发给网上讨论小组的成员,提前几个月就开始为考试做准备。这类工作狂里有的是崭露头角的学术新人,真正地对苦思黎曼①的假说或分析迦帕多斯神父们②的著作感到兴奋和着迷;其他的是那些未来的医生

---

① Bernhard Riemann, 1826—1866, 19 世纪的德国数学家。
② Cappadocian Fathers, 指公元 4 世纪时凯撒利亚城的几位主教,他们是发展早期基督教教义(例如"三位一体"说)的圣者。

们。上哈佛医学院预科是件极其严肃的事，首先因为它的课程严苛，比如"化学10"，专门是为了淘汰弱者和准备不足者而设计的；其次是因为实验室的所有要求，迫使医学院预科的朋友们整夜地埋在烧杯和试管里。再有，就是那些养成了刻苦工作习惯的人，自从高中时代就勤勤恳恳地超额完成每堂课和每份作业，他们不能想象学校会是另外的样子。

但是，这些坚定分子占少数。余下的人主要是在逃避学术劳动方面用精力，把大部分的聪明才智用于想方设法以最少的努力来获取最高的分数。我并不是说我们从不学习或上课，以美国高等教育领域里"啤酒大学"的标准，我不怀疑哈佛是个学术严谨的堡垒，比如每个星期都要订出计划、课堂的出席率很高等。但是，其他的杂事太多——猛击活动、静坐、课外生活和暑期工作申请等，我和同学们很容易有意或无意地相信，教室只是给履历表上添加内容的机会之一，我们在那里搜罗必要的分数（以及必要的推荐信），以便把自己送到生活的下一站。假如只完成教学大纲上要求的阅读书目的十分之一，就可以得到足够的分数，那是再好不过。

有的时候，你甚至都不需要花费那么多的努力。我在大学里所写的最后一篇论文是历史教授凯瑟琳·科尔曼（Catherine Corman）布置的关于1780—1930年美国西部的题目。首先，她发给我们关于材料历史的理论和实践的两篇期刊文章。"材料历史"的基本定义是"依据对研究对象的精确分析而进行历史研究"。然后，她将我们打发到哈佛的考古和环境博物馆皮博迪（Peabody）。她在博物馆里选定了来自开拓时期的三对器物，每对中一件是印第安人制作的，另一件是来自欧洲的人制作的。她要求我们每人从中挑选一对，然后比较、对照、挖掘两者之间的不同，写出一篇10页的论文。不过有一个特殊条件，除了关于材料历史的文章和主要教科书《北美印第安人的首饰和装饰品》之外，不允许使用任何其他二手资料。

三对器物中，我现在只记得我自己选的那一对：一根饰有羽毛的苏族人[①]战棍和一支配着枪套的美国左轮手枪。当我站在博物馆里，在笔记本上记录下战棍的彩色挂穗和枪套上镌刻的爱国词语时，这个作业似乎不可能完成。我对武器的出处和它们的装饰、镌刻的意义一无所知，怎么可能诌出 10 页论文来呢？

两个星期之后，我坐在桌子前面，突然恍然大悟：我是大错特错了。这篇论文简直容易至极——不是不去管它的信息缺乏，而恰恰是**由于**它的信息缺乏。一无所知意味着我可以任意发挥。我不需要阅读任何文献、了解任何历史或做任何研究，我只需要足够聪明。

从下面的摘要，你可以尝到我的杜撰的一点味道。

> 酋首"奔跑羚羊"的战棍主要不是用作武器，而是作为超自然力量的护身法宝……战棍的红漆和鹰羽将它和持有者与神圣、隐形的世界联系起来；"H. A. 杨柏翰"的镌刻强化了左轮手枪与资本主义制度的联系，在这个制度中，武器是大批生产的，而不是单个制作的……对于携带手枪来说，这只枪套显然是不实用的……但是，它对于炫耀手枪是非常有效的。这个自相矛盾的必然结果就是：通过不展示这支枪的方式而夸示了它……这只像一本书似的套子，上面绘饰着金箔和精致的图案，通过遏制手枪的潜在的暴力用途，转换了手枪的形象。

"这支枪通过不被展示而被夸示了……"等到写完这篇论文时，我几乎相信了自己的胡诌。我的教授一定也相信了，论文得了一个 A。

---

① Sioux，北美印第安人和原住民的一支。

这一类的回忆令我重新确信，在学术水平下降的大环境中，我们这些投机取巧的本科生没有什么可以感到惭愧的。我们充其量不过是普通学生而已，不管怀旧者怎么信以为真，在历史上从来就没有一个黄金时代——学生每堂课都不缺席、完成所有的作业。当托马斯·阿奎那在巴黎，或海德格尔（Heidegger）在弗莱堡授课时，那个年代的汤姆·多伊尔们可能正钻在宿舍里，疯狂地浏览他人的笔记来应付期末考试。

我们的年代与过去不同的是，在哈佛，这种事情不断重复发生：当你说**这会很难**，然后恍然大悟，**不，这很容易**；或可能是当你将教学大纲的所有要求浓缩成 100 页的复习考试材料的阅读；或是当你琢磨出在任何时候上交论文，疲惫的研究生教员都不会给你扣分；或是当你交了 C 等的作业，被奖励了闪光的 B+。不管是什么情况，它教会了我们：哈佛容易，不单是由于我们的懒惰，不是因为我们千方百计地逃避辛苦，也不是因为我们不断地要求提高分数、降低要求和无限延期交纳作业。

不，哈佛容易，是因为几乎没有任何人抵制这种学术标准降低的现象。

* * *

并不是到处都如此。不是每门课都很容易，不是每位教授都布置没有实质内容的作业，也不是每个系都被分数膨胀削弱了。这种现象倾向于集中在人文学科：历史、英语、古典文学、外语、政府研究和哲学——换句话说，是在传统上提供通识教育精华的那些系里。当科学和数学专业的同学有时候很费力才能到达神奇的 B+ 高地时，人文学科的学生做最少的功课、获得最高的分数、在学术上轻松游弋。更突出的是，人文学科的学生们往往搁置学业而热衷于耗费时光的课外活动——《绯红报》、《倡导者》、《讽刺》(The Harvard Lampoon) ①、辩论队、模拟联合国和政治研究所，等等。

  人文学科的教授里很少有人抵制这种倾向，我在三年级时才真正遇到了一位。在萨莉·马多克斯的说服下，我选了一门维多利亚时期的哥特文学研究课，结果发现那门课非常棒，阅读书目是一流的。授课的是一位身材颀长的年轻教授约翰·皮克尔 (John Picker)，他本人就相当哥特式，好像是从斯托克尔②和爱伦·坡③的故事里蹦出来的人物。他高额窄脸，笑起来面容扭曲近乎阴险，漆黑的头发中分，现出一道怪异的白色。可是只有一道难题：皮克尔教授初来乍到，尚不了解哈佛的分数膨胀的游戏规则。

  上交第一篇作文之后我发现了这个问题。我用了两个晚上、二流的努力完成了作文，根据到哈佛两年来的经验，我觉得会得一个A-，或至少是一个B+。然而皮克尔只给了一个B-，还加上一堆尖锐的评语说我对爱伦·坡的《厄舍古屋的倒塌》(The Fall of the House of Usher) 的分析不正确。挨了这一誓，我便在最后一篇作文上用了三倍的努力，写了关于《贝尼托·萨雷诺》(Benito Cereno) ④的一个长篇大论。谦虚地说，我感觉它是我的作文里最好的一篇，肯定值得 A，这样我的平均成绩就会提高到期望的 A-。很显然，皮克尔也喜欢它，但他只给了个 B+。

---

① 哈佛本科生自办的幽默杂志，是《绯红报》的竞争对手。它创刊于1876年，是全世界连续出版时间最长的一个幽默杂志。
② Bram Stoker, 1847—1912, 布拉姆·斯托克尔，爱尔兰小说家，他最著名的小说是《德雷库拉》(Dracula)，又译《吸血鬼》。
③ Edgar Allan Poe, 1809—1849, 爱德加·爱伦·坡，美国作家、诗人、编辑和文学评论家，以侦探和鬼魅类的小说而闻名。
④ 美国小说家赫尔曼·梅尔维尔 (Herman Melville, 1819—1891) 的小说。

我过于自傲，不会去跟他就分数讨价还价，于是我就像通常发生这种事的时候那样，连续好几个星期发牢骚，主要是跟萨莉叨唠（她这门课挣了个 A-）。

考试结束了，我开始将不愉快的感觉抛到脑后。"你知道吗，"吃午饭时萨莉对我说，"那天我跟皮克尔教授说到你的分数的事。"

"你说了**什么**？"我惊骇万分地问。

"是的，"她轻快地说，接着向我解释，她在皮克尔的办公时间见到了他，谈话间提到我的名字，皮克尔说他很高兴我选他的课，于是萨莉回答说，**不过，罗斯认为你没有给他一个好分数。**

"哦，上帝。"我嘟囔道，用手捂住了脸。

"不管怎么说，"她继续道，"他说他不明白我的意思，他**的确**给了你好分数。后来我才搞明白了。"

"搞明白了什么？"

"他不懂咱们的分数！"

她解释说，皮克尔是在弗吉尼亚大学念的研究生，之后在那里教书，然后来到哈佛，他对常春藤学生的期望很高。更主要的是，他对我们的高分数的了解微乎其微。

"他对此一无所知！"萨莉笑道，"他大概觉得 B+ 就非常好了，他根本不应当给很多的 A！你不因此感到欣慰吗？"

"我不敢相信你竟跟他谈到我分数的事。"我不满地哼哼。

"好吧，行啦。但是你不感觉好一点吗？"

"是，我想是好一点……可是尽管如此，**你得了个 A-，萨莉**。"

"嗯，是啊，"她一本正经地说，然后拍着手笑了，"这说明我真的，**真的**是很聪明！"

分数膨胀的理论常被人们推进一步，认为它在人文学科表现得更为严重的原因是：给英文作文和历史论文评分比给数学题解和实验报告评分更带主观性，所以更易受到学生的压力和教授自身弱点的左右。我想，这种说法有一丁点儿靠谱儿，正如另一种为右翼批评家所欣赏的见解也有一点道理，即人文学科领域是奇卡诺①女同性恋和后结构主义者的温床，她们认为任何类型的评分都是父权主义大阴谋的一部分。但是，从总体上来说，人文学科分数膨胀的根源要比评分的主观性或新潮社会主义更深刻，它植根于美国精英的本质，植根于自由市场经济的运转。

当被问及哈佛同僚的左翼偏见时，自由主义哲学家罗伯特·诺齐克②曾经提出一个假说：大多数教授都是社会主义者，这是因为他们认为自己比愚蠢的商人要聪明得多，而现存的经济制度对实用知识的奖励超过对他们自身天资（表面上高人一等）的奖励，所以他们憎恶这种制度。这不是一个坏理论，但是我倾向于认为，至少在陶醉于金钱的美国，学术界在**怨恨**这种制度的同时，对现代的资本主义工程越来越怀有很深的自卑情结。而且，从在象牙塔之外发生的奇妙的财富创造的角度来看，无论是怎样无意识地，人们感到需要证明学术生活的意义。（且不必说在象牙塔之内发生的筹资和捐款。当哈佛大学在2003年将3400万美元付给它的基金高管时，你很难跟肮脏的金钱概念脱钩。）

在20世纪90年代，特别是当马克思、恩格斯的老神祇失败了；当全球化在第三条道路③的最后审判日里，许诺将资本主义和社会主义联合起来；当投资银行和咨询公司的招聘人员蜂拥到精英大学，向

---

① Chicano，西班牙语，意为墨西哥裔美国人。
② Robert Nozick，1938—2002，美国政治哲学家，他最有影响的著作是《无政府、国家与乌托邦》(1974)。
③ Third Way，指试图通过合成右翼的经济观点和左翼的社会主张，来促成右翼和左翼达成和解的各种政治立场。

下一代的统治者传布迈达斯①福音的时候，我想，人们对通识教育固有价值的信念就降到了有史以来的最低点。无论是如何潜意识地，很多教授开始相信他们所听到的文化悄悄话：课堂里的活动远不如进入"真正的世界"之后发生的事情那么重要。

假如我是对的——如果说市场给学术生活投下了一个长长的阴影的话，那么应当清楚，大学里的**有些**领域对他们工作的重要性不会缺乏信心。比方说科学领域，人们很坦然地明了，即使学生不能发财致富，他们的劳动也会有助于创造财富和增进健康的整个现代化事业。深奥的基因研究可能有一天会在子宫工程上有所收获；鼓捣化学可能会找到治愈艾滋病的方法或发明下一代的伟哥；计算机科学许诺，即使现在，就可以让每一个书呆子变成亿万富翁。

还有就是经济学——科学界的新女王，它是为现代市场驱动的大学完美地量身定做的一门学科。在我四年大学期间，经济学成为最受欢迎的专业，不是偶然的。同样也不是偶然的，经济系是哈佛唯一的一个系，它的教授们偏向右翼——至少是在关于规章管理和税收的问题上。讲授哈佛最受欢迎的"经济学10"的马蒂·费尔德斯坦（Marty Feldstein），曾担任过里根的经济顾问。右倾，从某种意义上说，即是坚信绝对真理，而当今上层阶级接受的唯一绝对真理就是市场的真理。

从这个意义上说，挤满文科领域里的持唯信仰论的左翼教授们，成了他们的社会主义信条所鄙视的那个市场的不自觉的追随者。数十年来，他们在后现代主义学术理论的沼泽里吃力地跋涉，在这个过程中，真正的经典被蔑视；书籍的存在仅是为了给热切的理论家们提供解构的文本；故弄玄虚的作品比通俗易懂的散文更受推崇；每一处提

---

① Midas，古希腊神话中的国王，具有点物成金的法术。

到"真理"都被加上了讥诮的引号。所有这些,就相当于是心照不宣地接受了资本主义的冷酷无情的主张:只有科学是重要的,只有科学是真正地追求真理,因为只有科学可以产生有形的、可量化的、潜在盈利的结果。

这种退却到失去存在意义而造成的后果,在所有的人文学科中都可以看得到。哲学系极力地扫除自身的玄学家和道德家的形象;历史系不断地强调原始材料研究和微观历史,不是试图去教育学生们广泛地了解人类的过去,而是去训练新一代灰尘仆仆的秘籍学者——他们交换关于古代爱尔兰铁矿石生产的研究报告,拼命地争吵关于 14 世纪中国的各种文献的相对意义。至于说到英语,除了像哈罗德·布鲁姆①那类的少数怪人之外,没有人声称文学有什么重要性。文学的价值只在于它本身,而且它应当是每个受过教育的人的生活的一部分,而不是服务于无休止的学术辩论,那种辩论跟哲学系当今所公开鄙视的中世纪的经院哲学没有什么不同。

数年前,安德鲁·德尔班科②在《纽约书评》(*The New York Review of Books*)上撰文,谈到美国高等教育中的英语研究问题:

> 借用可敬的斯坦利·菲什③在二十五年前提出的一个流行术语,英语研究领域已经成为"一件自耗的工艺品"。一方面这个领域失去了提出有说服力的评判的能力,另一方面,充满了教条说教和教条主义者。这个领域注意到了长期以来忽略少数族裔作

---

① Harold Bloom, 1930— ,美国作家和文学评论家,耶鲁大学教授。
② Andrew Delbanco, 1952— ,美国著名学者,现任哥伦比亚大学美国研究系主任。因对高等教育研究的贡献,2011 年获"国家人文奖章"。
③ Stanley Eugene Fish, 1938— ,美国文学理论家、法学家和公共知识分子,被认为是"后现代主义"的重要人物。

家的现象,但是……(跟总体的人文学科一道)它并没有能够吸引很多少数族裔的学生。这个领域将进步的理念看作是一种有害的神话,但是从来没有这么多的批评家确信自己比前辈更代表了巨大的进步。这个领域不信任科学,却又渴望具有科学性。最近发生的臭名昭著的"索卡骗局"①即是一个证明。这个领域谴责大众媒体是用推销和口号来迎合公众,但它本身对大众文化从不嫌多。它愈是高喊自己的口水战跟政治的利害关系,它跟真正的政治的联系就愈少……

"一件自耗的工艺品。"这是一个最贴切不过的表述,适用于所有的人文学科。这些学科日益成为只跟自己交锋,只相信学科的自身繁殖——生产出更多的学术成果,而不是在总体学生教育上的收获。或者如德尔班科谈到英语研究时所说的,人文学科呈现了"一种宗教晚期的自相矛盾的特性——在拼命地争取皈依者的同时,对自己的圣典和传统明显地缺乏信念"。

毫无疑问,历史学家相信他们的纪年和原始材料,英语研究者相信他们的文本辩论,哲学家相信他们的逻辑游戏。但是,他们当中有许多人,似乎不相信他们可以给那些不打算成为历史学家、文学理论家和哲学家的学生们提供什么东西。他们不去努力地阐释自己的独特作品(那也许是非常杰出的成果),使之服务于本科教育的最紧迫的任务,即给未来的医生、银行家、律师和外交家们提供一种**基本的**教育——通识教育。

或者,如"历史和文学"专业的一位辅导老师所说的——一年级

---

① 纽约大学的物理学教授艾伦·索卡(Alan Sokal)在1996年给杜克大学出版的后现代文化研究学术杂志《社会文本》(*Social Text*)投了一篇纯属无稽之谈的稿子却得以发表。索卡声称他这样做的目的是要检验该杂志的学术严谨性。

开始时，我请他描述一下我选择的这个专业，他答道，嗯，你知道，如果你想当一名咨询师或投资银行家的话，史学和文学的文凭是不会妨碍你的。

* * *

假如对这种自相矛盾的现存体制有一种矫正办法的话，人们可能希望从哈佛为本科生准备的浩瀚的"基础课"（Core Curriculum）中找到它。假如人文学科遭受信心危机，它们不能给学术通才的学习提供任何前瞻，那么人们可能期待"基础课"来填补这个缺口，给通识教育提供一个统一途径，提供一种在踏入更广大的世界之前，每个哈佛生都应当经历的引人入胜的知识享受。

要是那样该有多好！现今哈佛的"基础课"设置，即本科教育的核心部分，是70年代的思潮对传统的通识教育做出的回答，其施行的效果甚至比它的表述还要更糟糕。（不过值得庆幸的是，它的日子也许屈指可数了。）在不那么平静的1978年开始实施时，人们欢呼它是一项英明的创新，一个对"经典名著"课程（哥伦比亚大学等仍然保留）的更民主性的回应。就这一点来说，"基础课"没有统一要求，没有指定教科书、课程或阅读书目，它强调的是，学生在毕业前要从十一个科目之中的九个里各选修一门课。那些题目和学科**听起来**涵盖相当全面。其中有"文学和艺术"的A到C：A是文学课，B是音乐和视觉艺术，C是特定文化的艺术成就——举例说，古希腊或奥古斯都时代的罗马。此外加上"历史研究"的A和B、"科学"A（理科）和B（生命科学）、"外国文化"（非西方社会的课程）、"定量推理"（最近增加的，可能是由于数学系的抗议而促成）、"道德推理"（关于伦理、宗教和哲学的课程），还有"社会分析"，这些课属于社会科学，包括马蒂·费尔德斯坦的"经济学10"，那是一门永远大受欢迎、要等空位的课。

囊括在"基础课"里的所有课程，按照不同的学科整齐地分类，看起来十分全面，尽管可能有点缺乏想象力。虽则从理论上说"基础课"是综合性课程，但是它提供的东西却往往具体到令人抓狂，而且常常是目中无人地晦涩难懂。比如，它强迫你选修一门外国文化课，但它不试图区分"了解伊斯兰教"和"德国殖民主义想象"的重要性，任何一门都可以满足它的要求。为满足"科学B"的要求，一个学生可以选择"人类的进化"，也可以选择"树木和森林生物学"，或是"恐龙及其亲缘动物"。针对社会分析课的要求，学生可以通过"经济学10"来研究基本的经济原则，也可以选择"饮食和文化"、"心理创伤"或"城市革命：考古学和早期国家的研究"。关于文学类的要求课程——"文学和艺术A"，这个假想的哈佛人可能决定在玛乔里·伽伯①开设的两门详尽的莎士比亚课程中作出选择，但他也可能对"帝制中国的女性作家：如何摆脱女子气"感兴趣，或选择"作者身份的理论：俄国案例研究"，甚至是"被文学毁掉的生活：小说阅读的主题"。

这里并不是要诋毁那些相对而言更为异想天开和深奥难懂的课程。一个主修计算机科学的学生，当他被无数行编码搅得晕头转向时，把脑袋扎进"两个朝鲜"或"古巴革命：1956—1971"里面去，可能会获得片刻的喘息。但是在哈佛的体制之下，这两门课很可能就是他上过的全部历史课。这相当于是很不诚实地说：对于"获得广泛教育"的学生发展来说，研究卡斯特罗或金氏政权跟研究两次世界大

---

① Marjorie B. Garber, 1944— ，哈佛大学教授，以研究莎士比亚和流行文化中的性取向问题而著名。

战、法国大革命或创建美国相比，两者的重要性是相等的。（值得指出的是，在我的大学四年期间，历史系连一门关于美国革命史的课程都没有提供。）

针对这类对"基础课"的不满，其宗旨说明的作者自以为是地回答说："基础课跟其他的综合教育课程不同……它不将汲取知识限定为精通一套经典名著，或是吸收特定数量的信息……而是力图向学生们介绍在本科教育中不可或缺的领域里获得知识的主要方法。"

这些每年出现在课程目录上的话，最接近于哈佛对本科教育哲理的阐述。课程设置者们相当大胆地建议，举例说，在"历史研究A"中的"现代中国移民史"和"现代国家的发展"两门课之间，历史的重要性并无区别，因为这两门课都提供了"史学的"研究方法——它想必比了解纯粹的历史"事实"更为重要。正如"基础课"手册所阐释的，"以一种探索和认识的方式来领悟历史"胜过学习历史事件本身。其他科目也有类似的介绍："文学和艺术"课促进"对艺术表现的批判性认识"；"科学"课是"以我们观察自身和世界的方法来传递对科学的基本理解"；"外国文化"课的目标是"扩大学生对形成人类生活的文化事实的重要性的了解，以及为学生自身的文化假定和传统提供新的视角"。每一种说法，都是断然地强调方法论，而不是强调该学科的实际内容。

如果说，这种系统的知识贫乏性在理论上尚不明显的话，在实践上是显而易见的。"基础课"创建人的梦想，显然是要让哈佛教育出来的科学家了解哈佛教育出来的历史学家**如何**思考，反之亦然。但这类科学家不必了解那些历史学家思考的是**什么**。现实情况是，哈佛教育出来的科学家很少学到了历史学家的思维方式，同时也没有真正学到世界的、西方的，甚至美国历史的基本知识。课堂兼具了精英大学本科教育的所有缺陷：注册的人多，听课的人少，教授和研究生教员们烦恼不堪,分数呢,不可避免地飙升到最高。

我自己选择"基础课"的经验就颇具代表性。我怀着敬意想要选出一些综合性比较强的课程,它们一方面可以帮助我找到既是精华又有趣味的东西,另一方面也可以提供在"历史和文学"(我专注研究现代英美)课上不能获取的视角。现在我懂了,我当时是在寻找"古希腊文明中的英雄观"那一类的课。它是我选修的第一门"基础课"。尽管这门课有个诨名叫"零蛋们的英雄"①,事实证明它是在古希腊世界里的一场精彩迷人的嬉戏。它是一门出人意表的调研课,教授名叫格雷戈里·纳吉(Gregory Nagy),一个头发蓬乱、躁动不安的热情学者。他借助于几部现代电影,如《银翼杀手》(*Blade Runner*)和《一代拳王》(*When We Were Kings*),将一大群不情愿的学生们拽进了曾被称作古典的世界。

后来的三年里,我很想重温纳吉教授带我们在荷马、希罗多德、索福克勒斯和埃斯库罗斯的旋风之旅中提供的东西:经典名著和伟大教授的完美结合。而我所碰到的却是不负责的教授和超负荷的研究生教员,他们跟缺乏兴致的、经常落课的学生们一样,似乎是在掐算时间,一旦下课,他们便可立即钻回自己的狭小空间里去。事实上,这些狭隘主义者们授课经常超出"基础课"的范围。例如,"了解伊斯兰教"一课本来只是涉及对古兰经、伊斯兰文明史和激进伊斯兰主义兴起的概略分析,可是,它却用了好几个星期的时间阅读有关伦敦的穆斯林散居社区,以及非洲的穆斯林和泛灵崇拜相融合的文献。我选的是另一门课"肖像",因为它看上去可以提供研究艺术史的一个突破口。("基础课"里没有传统的艺术史课,而是由学生们从一些课当中挑选,例如"蒙古人征服之后的艺术"和"中国人的想象空间"

---

① 原文为"Heroes for Zeroes",大概是取笑选修这门课的人都是一些笨蛋。

等。)"肖像"一课的最初两个星期里,就是浏览 E. H. 贡布里希(Gombrich)的《艺术的故事》(*The Story of Art*)一书,然后将剩余的时间用来介绍19世纪法国的警察摄影、维多利亚时代性拜物教的银版照片,还有土著人制作的干头颅①等。但是我没有继续,半途就不再去听讲了。

不过,对"肖像"值得做进一步的剖析,因为在一个学期长的内容安排里,它囊括了哈佛"基础课"的所有缺陷。它的主题在很大程度上深奥费解;它的教授,一个头发稀疏的法国人,名叫亨利·泽纳尔(Henri Zerner),永远是杂乱无章,无论什么时候他的幻灯机卡住了,研究生教员应他的吩咐仓皇地奔来,他就大叫"则系泊可隆冷地!"("这是不可容忍的!")作业布置得少,这不出所料;分数给得更是低,这恐怕也是必然的,因为几乎无人愿意去苦读那些晦涩难懂、充满隐语的长篇大论。这门课相当容易,但永远也不会有趣,因为即使你逃了几堂课,也躲不过令人不安的讨论会,会上长时间尴尬冷场,我们用来补做未完成的阅读作业,自始至终都尽量避免跟心有余而力不足的研究生教员产生目光交流。

有极少数教得很好的"基础课",无论它们的主题是多么晦涩,每年都有数百名热情的学生蜂拥前去听讲,就一点都不奇怪了。最接近于哈佛教育的东西——大多数哈佛生能够自诩的共同的知识本钱,可能就是通过这些超额注册的课程获得的,诸如"沃伦的法院和正义的追求"、"第一夜:五个首场演出",或是永远受欢迎的"童话、儿童文学和童年构造"。

是的,一个哈佛毕业生可能没有读过莎士比亚或普鲁斯特(Proust),他可能分不清查士丁尼大帝(Justinian the Great)和背教者

---

① head shrinking,亚马逊雨林西北部的原始部落里制作干燥人头标本的一种习俗。

朱利安（Julian the Apostate），或者不能说出元素周期表的前十个元素的名称（老天晓得，我也不能）。但是，只要一提到"纳粹德国的大众文化"或"建立武士制度"，他的眼睛就会发亮，闪射出对大学时代的回忆。

* * *

在所有受欢迎的"基础课"中，最知名的就是"亚历山大大帝的形象"。我三年级时的秋季，号称有五百多人注册这门课。在这门课期末考试的那天早上，一半的人，按照姓氏字母排列从 A 到 G，也就是约二百五十名学生，坐在一个名叫"科学中心 B"的礼堂里。此时，一个情绪激动的年轻人背着一只书包，走到礼堂的前面，朝黑板扔了一块砖头，然后向众人宣布，他携带着一枚炸弹。

起初，这并没有引起考生们的注意，他们正在忙着分辨幻灯片上显示的亚历山大硬币。然后，希腊史学家戴维·米滕（David Mitten）教授问那个人他是谁，他是否知道这里正在举行考试？

"我是一个浪漫主义者。"扔砖头的人大声宣称，接着补充道，他在向美国宣战。

此刻，每个人都注意到了那个人。他把书包从肩膀上拽下来，吼道："如果有谁企图离开，我就引爆炸弹！把头低下放到你们的桌子上！"

在这个关头，假如有一名英勇的哈佛生跳将起来，将那个年轻的浪漫主义者搏倒在地，也许还拆除了炸弹的引信，那么这个故事讲起来会比较动听。可实际上发生的是，两百多名美国最优秀的大学生拼命地爬上座位，仓皇可耻地向出口蜂拥而去，逃出了科学中心 B，抛下他们的教授、孤单的研究生教员和唯一的一位同学去对付那个疯子，此刻他开始在礼堂里转悠，吸吮被丢弃的饮料罐和矿泉水瓶。

故事的结局相当幸运，他根本没有什么炸弹。警察赶到了，年轻的浪漫主义者被带去做精神病评估。米滕教授重新安排了考试时间，高声抱怨这个事件是对"亚历山大的侮辱"。但是，每当回顾哈佛的教育，我常常想起那个早晨的骚乱——高吼的狂人、飞扬的砖头，尤其是人们疯狂地逃离礼堂的情景。

哈佛的课程设置的失序状况给人一种类似的感觉：狂风席卷课堂，纸张、文具和书包四处散落，教授束手无策，每个学生都争先恐后地冲向出口。学术的哈佛，宛如遭到飓风报复的一座伟大的图书馆，通识教育的基本元素和人类智慧的积淀散落得比比皆是，等待被拾掇起来。然而，对于区分轻重、分清麦子和糠皮这项任务，很少有人提供指南。如果想要寻找答案，我们总是有很多的监护人——米滕教授的考场投影屏幕上的亚历山大头像，新生食堂里的半身胸像和彩绘玻璃窗上的人像，办公室和教堂里的油画肖像，还有校园和市区里星罗棋布的雕像。但是，它们是石头、玻璃和画布，它们一言不发。

并不是说你不能在四年里获得非凡的教育。哈佛拥有丰富的资源、卓越的教授和无数的研究机会，它依然是世界上最好的地方之一，一个人可以在那里让自己获得最优良的教育。但是，最后一句话包含着一个不言而喻的事实，那就是，哈佛不会主动地教育你，不会指导你，塑造你，或以任何有效的方式来反击无序、懒惰和名利野心。"教育"一词源于拉丁文（哈佛很少有人研究拉丁文）的"educere"，意为"引导出"，然而，美国的精英大学已经日益抛弃了教育的这种功能。你可能会这样形容：大学变得比较不像学校而更像工厂，一方面，它的流水线为广阔的世界生产未来的银行家、律师、政治家和医生；另一方面，它希望能吸引足够的学生进入学术领域来保持学科的生命力。

从放任自流和失序中产生出一种从众心理，这是现代大学的悖论。**人人为自己**，一月的那个早晨，逃离科学中心 B 的学生们一定是这样想的，即使在朝着同一扇门猛冲时。哈佛告诉它的学生，**每个学生为自己**，任凭他们采取什么方式和手段；然而其结果是，学生们都朝着同一个方向竞争，选修同样的超额注册的课程，选择同样实用主义考虑的专业，最终是进入同样的职业生涯。

在我入大学的十年前，阿伦·戴维·布鲁姆[①]对大学生活有过这样的观察：

> 因此，当一名学生来到大学的时候，他看到的是令人困惑的种类繁多的系和令人困惑的种类繁多的课程。关于他应当研习什么，没有正式的指导，没有全校范围内的统一要求。最容易做的就是，简单地选择一项职业，然后围绕着那个职业做准备……真正遇到难题的是这类的学生——他希望到大学里来发现自己想干什么，或仅仅是到这里来寻找探险的机会。……这个未做决定的学生令所有的大学感到尴尬，因为他仿佛是在说："我是一个整体的人。请在整体上帮助我塑造自己，以发掘我的真正潜力。"他，就是学校无言以对的那个人。

上述这番话，令我的眼前浮现出收到哈佛的课程目录时的情景，那是在我高中的末期。课程目录是一本像挡门砖那么厚重的平装书，

[①] Allan David Bloom, 1930—1992, 美国哲学家、古典学者和教育家。下面所引的这段话出自其著作《美国精神的封闭》(*The Closing of American Mind*, 1987)。

里面列着数百种，也许是数千种课程。我贪婪地将它研究了半天，好像掉进了一个令人神魂颠倒的大海，无法想象怎么能从中挑选出四年本科要求的三十二门课程。

这个问题或许是所有大学面临的最重要的问题，哈佛对此从未尝试去提供答案。我自己对三十二门课的选择，既是出于设计也是出于偶然。某些时刻，我觉得有的课对于我很重要，甚至令我陶醉，感觉自己是在探索新的领域，获得布鲁姆所称的"智力愉悦的体验"。但是，要想达到这种境界，需要具有比我不安分的雄心通常所能承受的更为严格的自律，我需要迫使自己从哈佛的其他活动（社交、课外活动、就业前的准备）中摆脱出来，堵住耳朵不去听它们的塞壬之歌①。

大体上来说，我就是在图书馆和考场熬够必要的钟点，挣得我的毕业证书和体面的（虽然是有点膨胀的）成绩，而利用其余的时间，在美国和世界上层的无休止竞赛中，赶上同学们的步伐。只是当从不消停的大学生活被抛在身后时，我蓦然回首，才感到受了欺骗。

也只是在这之后，我开始暗自发笑。当一位长者发现我上的是**哈佛**时，他皱起眉头，严肃地点点头，说我给他留下了深刻的印象，不过，**它是那么难吗？**

哈佛是难——但并不是大多数人所说的那个意义上的难。被哈佛录取是艰难的；跟数千个才华横溢、充满动力的年轻人竞争荣誉和职位是艰难的；在课外活动的竞技中保持头脑冷静是艰难的；在社交旋涡里保持心灵完整是艰难的；当大学即将结束时，竞争法学院的名额和投资银行的职位是艰难的……是的，所有这一切都很难。

但是，学业上并不难，学业是容易的。

---

① Siren，古希腊神话中半人半鸟的美丽女海妖，常用迷人的音乐和歌声诱惑过路的航海者，使他们因船只触礁而身死。

第五章

爱情故事

1857年1月,哈佛的一年级学生弗朗西斯·埃林伍德·阿博特 (Francis Ellingwood Abbot) 遇见了康科德市的一个名叫凯瑟琳·费林·洛林 (Katherine Fearing Loring) 的女孩。"被介绍给凯特·洛林小姐,一个妩媚可爱的女孩。"弗兰克在他的日记里写道。这本日记后来流落到哈佛的图书馆,在我四年级时被档案员布赖恩·苏利文 (Brian Sullivan) 发现,后来将它出版,书名为《倘有两人是一体:永恒之爱的私人日记》。日记记载道:"我和她跳了两三支舞,感到她非常可亲,见多识广且很有教养。我彻夜不眠地思念着她。假如世上有个傻瓜,他的名字就叫弗兰克·阿博特。"

跳舞之后的第九天,弗兰克在日记中写道:"凯特显然是十七或十八岁,小巧玲珑,在我看来十分美丽;她的脸色有些苍白,淡褐色的眼睛,头发有一种特殊的光泽,你不知该说它是亮还是黑。"他继续写道:"她的确是一个甜蜜可爱的女孩儿,不过我还没有爱上她。"不过,"凯特,凯特!我这愚蠢的脑袋全都被她占据了。亲爱的凯特……我但愿能够忘掉你,或者是赢得你的爱。那将会令我多么幸福啊!哦,我这个傻瓜,这个傻瓜,这个傻瓜哟!"

仅三个星期之后，弗兰克就第一次亲吻了她，然后将头放在她的膝上，欣喜若狂地叫道："哦，上帝，我谢谢你！我谢谢你！"同一天，他即向凯特的父亲请求娶她为妻，却被断然拒绝。"这相当突然，阿博特先生。"他被告知。不过，他们俩被允许继续交往。于是年轻的哈佛人递给他的爱人一个字条："让我们怀抱希望"——她将这字条珍藏了一生，最终，弗兰克把字条跟凯特的一绺头发一起贴在了日记本上。

两年半过去了，无数封热烈的情书之后，他们两人结为连理，共同养育了六个孩子，携手走过弗兰克作为一位体教派①牧师的坎坷生涯。1893年凯特去世时，弗兰克写道："我对她的爱不仅一如既往地狂烈、冲动和难以抑制，而且更深，因为它现在的性质是哀伤。"

在凯特去世十周年之际，弗兰克感到上帝终于将他解脱，他写下了最后一篇日记，这样结束："我感谢生命的主宰，它终于召唤我回家去见妻子。"然后，他乘火车从波士顿到达凯特的安葬地贝弗里，在她的墓前服毒自尽。

"阿博特博士被发现僵冷已死，"《贝弗里晚间时报》报道，"在他妻子的墓地，面朝下，四肢伸展。他的圆顶高帽被猛力拉下，遮住了脸，他的手指紧攥着一块手帕。大理石墓碑上镌刻着献给阿博特夫人的墓志铭：'她令家庭幸福，她是她自己的世界。'墓碑的前面置放着粉白相间的康乃馨，由白色线绳系着，那是阿博特博士奉给挚爱之妻的情意绵绵的祭献。"

* * *

一个世纪之后，进校的第一个星期里，每个哈佛新生都要观看一

---

① Unitarian，基督教的一支。它不承认"三位一体"，认为上帝只有一位，因而否定耶稣的神性，仅将他尊奉为一位先知。

第五章 爱情故事

部电影:《爱情故事》(*Love Story*)。这是由哈佛的一个最像拉拉队的组织"绯红钥匙协会"①里热情洋溢的漂亮成员们张罗的,在科学中心的一个肮脏低凹的大厅里放映。《爱情故事》,正如所有 70 年代的幸存者所知,是关于奥列弗·巴雷特四世(Oliver Barrett IV)和詹妮弗·卡瓦莱里(Jennifer Cavalleri)的注定不幸的哈佛罗曼史——他是出身望族的曲棍球明星运动员,她是主修英语的美籍意大利人,两个人并不门当户对。这部电影如今看起来有些过时和傻气,但是通过它的主题,可以大致了解 70 年代的文化现象。故事发生在从性解放的顶峰向英才教育转换的时期,最了不起的构思是那个自我毁灭、讲话咄咄逼人的预科学校学生,他一度为蓝领阶层的爱情所驯服,安顿下来,刻苦用功,成了哈佛法学院的尖子毕业生。她死于癌症;他拥有极好的职业生涯以及对往事的回忆。《爱情故事》是校方允许在哈佛的圣地上拍摄的最后一部电影,这大概不是偶然的。

今天,在坐满哈佛新生的大厅里观看这部电影本身就是一种文化现象。放映过程是"绯红钥匙协会"的男女成员们大出风头的机会,他们大部分都喝醉了,坐在后排,银幕上刚一闪现出演员名单的字幕,他们就开始高声质问英俊的主角们。对影片里的纪念教堂或任何类似建筑物的镜头,叫嚷声就更高:"**阴茎图像!**"对莱因·奥尼尔②的几乎每个镜头:"**他的另一只手呢?**"对阿里·麦克格劳③的每句道白:"**闭嘴!婊子!**"电影本身很糟,但是起哄往往更差劲,与《爱情故事》的艺术罪恶不成比例。

---

① Crimson Key Society,哈佛大学的一个社区组织,其宗旨是为新生、学生家长和所有访问哈佛的人提供校园信息、导游和其他服务。
② Charles Patrick Ryan O'Neal, Jr., 1941—   ,美国电视电影演员。因《爱情故事》获奥斯卡和金球奖最佳男主角提名。
③ Elizabeth Alice ("Ali") MacGraw, 1939—   ,美国女演员。因《爱情故事》获奥斯卡最佳女主角提名和金球奖最佳女主角奖。

我猜测，哈佛的无数新生初到大学时都是天真无邪，想象着校园里充满了潜在的灵魂伴侣，英俊的知识分子们在一起啜饮着咖啡，建立起深厚的友谊，完全就像是诺拉·艾弗龙①的脚本里的故事，再配上萨拉·麦克拉克伦②的美妙声音。对这些理想主义者来说，观看《爱情故事》的两个钟头不是很愉快的，仿佛是哈佛在搞捉弄新生的大型恶作剧。而对那些只比年轻的阿博特稍多一点性经验的人（这类人很多）来说，这个夜晚格外地坐立不安，因为，影片里每一处提到性或淫秽的双关语，都让他们联想到自己无奈的纯真。

我就是这类羞惭不安的家伙之一，刚进大学时比处男还处男。我从来就没怎么吻过女孩儿。除了几次转瓶子游戏里纯洁的亲嘴外，就是在高三时参加《你不能带走它》③的演出，可悲地跟一个比我年龄大不少的女孩在舞台上接过吻。天主教信仰对婚前贞操的要求（我遵从它的意愿时断时续）使得我比较容易忍受鲜红的"处"字，这是事实，但也只能是勉强地这么说，因为我心里始终很明白，我的德性是自欺欺人的，从未经受过任何严峻的考验。正如我的室友朱利安喜欢说的，我是个被选择的处男——美国妇女的选择。

在放映《爱情故事》的恶作剧时，我对自身尴尬情状的焦虑达到了顶点，不过，当我逐渐意识到，我的相对纯洁天真在高成就的人群里是很典型的，这种焦虑就消退了。在中学时代，性早熟和学业成就很少并驾齐驱，究其原因，就有些人来说是优先考虑什么的问题；就其他人来说，比如像我，则因为是一见到女孩就害羞的呆子。不管是

---

① Nora Ephron，1941—2012，美国记者、小说家、剧作家、电影导演和制片人，以浪漫喜剧著称，曾三次获得奥斯卡原著剧本奖的提名和一次英国电影学院原著剧本奖。
② Sarah McLachlan，1968—　　，加拿大音乐家、女中音歌唱家和歌词作者，四次被提名，两次获得艾米奖。她擅长抒情民歌。
③ *You can't Take It with You*，一部浪漫喜剧，获 1937 年普利策戏剧奖。

哪种情况,依照美国人青春期性腻烦的标准来说,精英大学的入校新生们往往是处男处女,而且天真烂漫。我想象,这是我们跟鲍勃·琼斯大学①的新生班共有的极少数品质之一。

令我大松一口气的是,我最亲近的同窗——施特劳斯B单元三楼的男生们,全是典型的天真精英。其中有六个人是处男,至少一半人在高中跟我有着同样的僧侣式经历——没有女朋友,极少接吻,绝望地苦思。于是,在最初几个月里,性生活的游乐场似乎是整洁平坦的,我很快活,每天兴致勃勃地参加派对,去教室上课,自信在下一个角落里就潜藏着我的那一个,我的第一个也是唯一的女友和灵魂伴侣。2002届毕竟有八百个年轻女孩,而我只要一个。

在进校初期,我所渴望的是一种安全的甚至乏味的大学关系,它不是建立在舞会、晚餐或派对上,而是在宿舍的友好氛围里。在宿舍楼里,异性同学近在咫尺,人们经常撞到没有穿衣服的异性,无疑会招致数不清的**我谢谢你**,假如是年轻的弗兰克·阿博特的话,甚至可能心脏病发作。在哈佛,典型的新生浪漫配对始于这类紧张不安的走廊邂逅,进而是几次起跑失误和醉后交谈。当一对情侣——让我们姑且叫他们迪克和简——向朋友们承认、相互之间也认可是正式的一对时,他们的关系就发展到了顶点。

往往是在这个时候,简可能以爱情为条件,要求把性生活落到实处。起初,因为封闭的宿舍楼和新生合住房间,这个落实受到一定的限制,但是到了二年级,迪克有了自己的房间,从此,他们就几乎每天晚上都睡在一起了。他们两个人的生活融为一体,进入例行程序:大多数早晨一起吃早点,每星期下几次餐馆(由迪克付账,除非是简产生特殊的女权意识的时候);他们有时过河去波士顿;每个春天或

---

① Bob Jones University,一所非宗派新教大学,由福音传教士鲍勃·琼斯在1927年创立。

秋天租车去伦诺克斯、大巴林顿或斯托克布里奇的家庭小旅店,那里的古板店主假装相信他们是夫妻。

在大多数朋友眼里,他们的关系跟夫妻差不多。二年级的一个晚上,迪克的一个室友进到盥洗室,撞见迪克和简两人都穿着睡衣,在往对方的牙刷上挤牙膏。**哦,你们结婚了**,室友大叫。他们笑了笑,一同钻进了卧室。

他们关系的第一次破裂发生在四年级上半学期,当时迪克可能突然隐约地感觉到大学的狂野日子在飞快地逝去,以后还有的是时间来实施一夫一妻制。然而,春天里他们又重归于好,因为各自在更大的约会场上的尝试都很不愉快。**我就知道它长不了**,两个人都这么说。

然而,四年级即将结束时,情况就不同了——他们的关系不那么稳定,不那么有婚姻味儿了,或者说**更有**婚姻味儿,不过是处于一种离婚前的状态。他们时时忧虑毕业后的去向,经常争吵。迪克计划到纽约去工作,简尚拿不定主意自己想干什么。4月和5月过去了,当6月临近时,争吵更加剧了。在四年级社交晚会上(每年在曾是拉德克利夫学院的楼群附近支起的帐篷里举行),简失声痛哭。一个月后是"最后机会的舞会",在波士顿的七个互换俱乐部之一的舞场中央,因为迪克和另一个女孩交谈的事,他们尖声争吵。朋友们对此都感到很厌烦,听见他们的哭声和摔门声,人们悄声地议论:**呸,不要又来这一套**。

可是,在毕业典礼上,他们全都喜笑颜开,跟双方父母一起吃饭(此时他们彼此之间已经很熟识了),装作一切都会顺利,保持一天,或一个星期。然后,他们就如双方父母所告诫的那样,将事业放在第一位,各走各的路,关系基本上就结束了。不过,分手时很友好,非常友好,以至于很多人都预料,假如将来谁也没有遇到其他人,假如他们将来回到同一个城市,六年之后,我们将会在《纽约时报》的结

第五章 爱情故事

婚版看见他们快乐地微笑着，夸耀着更高的学历——迪克从沃顿商学院毕业，简从伯克利毕业。 他将会在摩根·斯坦利工作，她会在布朗克斯区，为弱势群体孩子建立起一个学习辅导项目。两个人都十分欣慰，彼此说，**我对你说过会是这样**。好像有谁曾经怀疑过会有这样的美满结局似的。

研究大学性生活的人类学家们，往往将注意力放在校园里荒淫随便的交际现象上，而忽略了这类大学婚姻，但大学婚姻确实是本科生约会天地里的重要组成部分。事实上，这种尝试性"婚姻"几乎**就是**大学的约会场所。因为，偶然的、喝醉之后的勾搭几乎不能算是约会，不管怎么说，只有明确了关系的一对才会出去享用浪漫晚餐。这类关系中很多都不会有迪克和简的幸福结局，而是在四年级时分手，或在毕业后天各一方的重压下消亡了。只有少数幸运者能够平稳地从大学婚姻过渡到研究生院时的订婚，最后举行真正的婚礼。不过，迪克和简的故事足以作为现代求爱过程的代表。

然而，它能算是"求爱"吗，就这个词的任何意义来说？当两个人住在一起，睡在一起，一起用餐、上课和安排休假，他们能说是真的在谈恋爱吗？"求爱"的意思是指尚未做出真正的承诺，而在一个性关系活跃的约会文化中，真正的求爱过程不可能存在，因为一个有多位追求者的女孩，或一个有好几个情人的男孩，很快就会同时有数个性伙伴，那虽然不见得一定令人皱眉摇头，但是却极大地限制了任何一个伴侣愿意做长期打算的可能性。尤其是妇女，她们仍然经常被讥诮为"荡妇"。

于是，性行为普遍存在的状况产生了一种与之相矛盾的结果，即限制了浪漫的选项。如果你不想冒险——你的爱人在星期六晚上有可能跟其他人在一起，那么，你就得像迪克和简那样，立刻将自己安全地用牙膏粘在大学婚姻里。

因此，在一对成功的大学伴侣之间，不是谈恋爱、发生风流韵事或求婚，而是建立起"关系"——这个词准确地捕捉了"坚固"和"明显缺乏激情"两个特征。从纯功利的角度看，这种关系可以说有不少优点：它给很多人提供了稳定和低调的幸福；它提供了一夫一妻式的性宣泄渠道，从而遏抑了厄洛斯①的烈焰，人们可以专注于学习；它有助于减少感染性病的危险；而且，由于它近似于事实婚姻，提供了一种实习机会，从而可以减少精英配偶日后的离婚率。

而且很自然，如今极少有哈佛毕业生会到大学时代的爱人的墓地上去服毒自尽。

但是，很难摆脱这样一种感觉：我们失掉了或抛弃了弗朗西斯·埃林伍德·阿博特和凯瑟琳·费林·洛林曾经拥有的某种东西，某种仅一个接吻就可以令弗兰克迸发出虔诚激情的东西。我们现在非常实际，非常实用——或者你可能会说，我们比实用主义者的层次要高，我们是**实用的浪漫主义**②。在当今的文化里，浪漫的梦想是存在的。浪漫喜剧和华纳兄弟公司的电影瞄准热情的青少年，向他们灌输过分成熟的词汇，找到"这一位"成了世俗的宗教；人们渴望超越，像是要在他人身上找到过去人们向上帝寻求的完美无缺。所以说，在当今的文化里，我们并不缺乏浪漫主义的理想。但是，大学婚姻给追求浪漫者提供的至多是肤浅的超越。在浪漫之旅中，激情迅速地得到满足，从而也迅速地冷却，迅速地变成例行公事，迅速地融入追求职业生涯成功中去了。

即便是这样，我现在想，在我同年级的人里，是否有谁没有想象过这种大学婚姻。包括终极俱乐部里最胡来的运动员，极左派，还有

---

① Eros，古希腊神话中的爱神。
② "pragmantic"，意为对浪漫抱有极其现实的期望，比方说："在更好的人出现之前，我是你的女朋友。"

最出格的双性人和艺术女孩，可能都想象过自己在某一天安全地、放心地进入这种实用浪漫主义的模式。在最初的日子里，我自己肯定是这样想过的。当秋天的脚步迈近时，我越来越确信，我知道哪个女孩是我想要的。

那个女孩的名字叫雷切尔·帕雷，来自缅因州的一个小大学城——布朗斯维克，它坐落在波特兰和蒙特沙漠岛之间的海边上。她的父亲是一位大学教授，斯拉夫语专家，他从南斯拉夫带回一位塞尔维亚新娘，在缅因海岸的咸风中养育了女儿。雷切尔身材健壮，皮肤晒得黝黑，深色卷发，有一股异国风情。萨莉·马多克斯管她叫"海豹"，鉴于雷切尔对海的亲和力和她皮肤的奇特光泽，这个绰号蛮贴切。她加入了帆船队，投入无数的周末时间在查尔斯河上进行训练，或者是到外地的其他水域上去为哈佛争得荣誉。

雷切尔住在施特劳斯 B 单元，我的楼上，一年级入校的第二天我见到她。当时我们在学监的套房里聚会，互相自我介绍，学习关于避孕套的知识（好事）和关于饮酒的规定（坏事）。起初，我觉得她性格古怪，甚至令人不快，尤其是当她的网络连接不上时，她就下楼来坐进我的显然很诱人的椅子，用我的计算机上网。我的室友开她的玩笑，她立即温和地反唇相讥。在那些日子里，她永远在笑，一点都没有我们大多数人带到大学里来的那种谨慎的意识。过了一段时间，室友们就接受了她。她成为我们的常客，在我们的绿色蒲团上看电视，阅读到深夜，再有就是不停地说话。大多数时候她是跟我说话——我感觉，她已经将我从众人中挑了出来，似乎我很重要，值得她花时间。最终，我也将她选为最合适的人，给予我有生以来第一个女朋友的特殊荣誉。

那是一个徒劳无益的愚蠢念头，因为，唉！雷切尔带来了一个男朋友，是她的中学同学，名字叫亚当。在中学毕业典礼上，她是第一名优秀毕业生致词者,他是第二名。此时,他惬意地安顿在了查尔斯河下游的波士顿大学。施特劳斯 B 单元的人都认为亚当是个蠢货。在缅因海岸,他也许是个显赫人物,但他那步履蹒跚、胡子拉碴、一副巴结人的猥琐相,实在无法跟我的魅力、英俊和纯粹哈佛人的性感相比。然而亚当锲而不舍,经常来访,他穿着燕尾服出席舞会,还时不时浪漫地冒雨给雷切尔送来鲜花。所以,尽管雷切尔长时间地待在我的房间里,有时还在蒲团上睡着,尽管单元里的人都想象我们之间会发生"什么事",尽管所有的室友在没喝醉的情况下,都确认我是**唾手可得**,她和我却慢腾腾地一直拖到圣诞节,也没有任何迹象表明我们之间存在或可能发展为超出朋友之外的关系。

在节日放假离校那天,单元里一半的人已经走了,雷切尔的行李箱散放在公共休息室的地板上,我战胜了羞怯,带着极度的紧张,问她是否可能跟亚当分手。接着,当她小心地做出没有承诺的回答时,我果决地表明了我对她的爱慕。这并没有产生预期的效果(可能是一个亲吻,或者一个昏厥,或者昏厥加亲吻)。但她越是紧张地嘟囔,我就越是热烈地表白,她越是往后退缩,我就越是冲锋向前。我喜欢她——不,我认为她美丽、奇特——为什么不这么直说呢?我爱她。我**爱**她。我们应当在一起。她应当跟亚当分手,跟我约会。她难道不这么想吗?她难道看不出来吗?

"罗斯,"她对我说,"我很喜欢你,你是知道的……可我不知道怎么办,至少不是现在。"

于是我感到气愤。她说**不是现在**。那是什么意思?我们在一起共度的时光是怎么回事儿?她在我的蒲团上睡觉是怎么回事儿?让我给她做背部按摩,无话不谈,聊到早上五点——她的宝贝亚当会怎么想这些?她认为他会赞成吗?

"哎,"她带着惊人的冷静说,"听起来很荒唐,但是……我喜欢

第五章 爱情故事

你。真的。我可以,我几乎可以——听起来真怪,对不起——我可以想象我跟你结婚,我可以。但我现在没法跟你约会。你能理解吗?"

不能。

"圣诞快乐,雷切尔。"我用我认为最狂怒的口气对她说,然后迅速走下楼,躺在床上,哭了。

在那天晚上,在坐火车去纽黑文时,在整个没有雷切尔的悲惨的圣诞节期间,我一直对自己说:就这么完结了。正像在中学时代一样,我彻底地失败了。假如我想保持自尊,剩下要做的就是,从此对她冷眼相待。不再有在我的蒲团上睡觉的夜晚,不再有激起性欲的按摩,不再让她将邮件和音乐发送、下载到我的计算机上,不再让她待在我的桌子旁,或我的房间里,或任何接近我的地方,如果我能做得到的话。我将会快乐地度过没有雷切尔的剩余学年。

回到哈佛,我的决心持续了整整三天。然后,她回来了,穿着睡衣蜷缩在蒲团的角落里,或保持平衡地坐在我的椅子扶手上,继续往我的计算机上下载柔情女孩的音乐。

"我以为你会甩了她呢。"一月的一天晚上,当雷切尔睡眼惺忪地上了楼,丢下我一个人坐在桌子旁,闷闷不乐地听着她新下载的音乐时,戴维斯对我说。

"我也这么想过。"我承认,拿掉耳机,里面在播放《乘喷气式飞机离开》(*Leaving on a Jet Plane*)的结尾。

"你知道该怎么办吗?"内特光着膀子跨进盥洗室,突然插话说,"你应该**现在**就忘掉她。这是大学,看在上帝的分儿上,你把自己给浪费了,怎么,花八分之一的时间来追求雷切尔?你需要走出去——加入游戏!"

那个周末,内特的女朋友从芝加哥大学飞来访问。他们俩是中学同学,现在尝试着远程恋爱。对他们来说,这意味着通讯费和飞机票的巨大开销;我呢,则是无论什么时候只要雷切尔来访,我就给放逐到蒲团上。

"内特说得对。"戴维斯对我说,带着他通常那种简洁而慢吞吞的调子。他正在跟他的女朋友互发短信,她仍然在肯塔基上中学。

"嘿,你们说得倒容易,"我抗议说,"你们两个人都有女朋友,你们都有!可我没有。我有必要知道那是什么滋味。而且,我爱上了她,伙计们。我**不**想要任何其他女孩,我只要她。"

从淋浴间里传来内特的声音:"嗯,我听见你的耳机里像是在播放《靛青女孩》(*Indigo Girl*),罗斯?"

"被她牵着鼻子走吧。"戴维斯傻笑着说,然后回到计算机前干他自己的事去了。

一月上旬,雷切尔决定跟亚当分手,两个星期后又跟他和好。(**大概你到底也没轮得上,老板**,朱利安惋惜地对我说。)接下来那个月初,他们又拜拜了。在这个分分合合的过程中,亚当继续到施特劳斯来。当我在黑暗的校园里散步,或在我的房间里抽烟,向疲惫的室友们咆哮怒吼,或掏出藏在衣橱底层的三流伏特加恣意狂饮时,他们两个人长时间地热烈交谈,直到深夜。

亚当甚至跟雷切尔一起参加了二月底的新生社交晚会。我在那个星期得了流感,但是,**就是要向雷切尔显示我是什么炼成的**!我硬撑着去了舞会。整个晚上,我向亚当轮番地投出犀利的目光匕首,用那个可爱、完美、遥不可及的女孩的故事来款待诺拉——我那个倒霉的约会女孩。她显然明白,我是想要雷切尔而不是她做我的舞伴。

诺拉是内特的朋友,在内特的极力敦促下她才当了我的约会伴侣。之后她告诉内特,不,舞会上她玩得**不开心**,非常感谢。几天之后,内特问我:"你想是不是,嗯,应该放弃?"

第五章 爱情故事

"放弃？"我茫然不解地反问。他在说什么？难道他没有看见事情已经有了多大进展吗？当然，它不是一种传统的浪漫进展：我们没有从法式亲吻跳跃到热烈拥抱或更多的什么。但是我很肯定事情在发生变化。比方说，她晚上在我的床上打盹儿取代了在蒲团上睡觉。而且，用我的诚然是未经训练的眼力来观察，当我们深夜在蒲团上聊天时，她似乎穿得愈来愈少，我给她做背部按摩也变得愈来愈有情欲。

此外，还有各种迹象表明我们应当在一起。我是天主教的皈依者，她最喜爱的中学老师也是！我喜欢奇幻小说，她也喜欢！我母亲的老家是缅因州，她的老家也是！更重要的是，她真的**喜欢**我——至少是足以让她在我的床上打盹儿，让我晚上给她做背部按摩！内特难道不明白这些是多么非同寻常吗？

"你为什么不把她灌醉呢？"他叹了口气说，"如果她喝醉之后你跟她勾搭上了，你可能就不再会抱怨了。"

可那恰恰是我喜欢雷切尔的另一点。在充满廉价啤酒和汗臭烘烘的大学派对里，她不喝酒，从不接触那些东西。我发现这很有魅力，甜蜜，纯真，美丽。而且，我最不愿意做的事就是在她醉得不省人事的情况下第一次亲吻她。

不，我们的爱必须是纯洁的，无玷的，完美的。它会是的，我只需要有耐心。

于是我等待。冬去春来，雷切尔晚上穿的睡衣变成了背心，忽然间，我，一个从未亲吻过女孩的人，发现自己在吻她裸露的肩膀。我承认，当我试图吻她的嘴唇时，她避开了，但我可以吻她的脖颈。到了四月底，发展到可以吻她的脸颊和眼睛。她开始回吻我，在古怪的时刻，以古怪的方式：当我在计算机上工作时，她会从背后走过来，小心翼翼地嘬我的耳朵；或在我最无准备的情况下，用她的嘴唇和舌尖轻扫我的手指。

你给了我蝴蝶①，她有天晚上说，**很久都没有人给我这样的感觉了**。又一天晚上，她问我是否觉得我们可能是，嗯，**灵魂伴侣**？

别太投入了。另一天晚上，她却又这么说。

* * *

当弗兰克·阿博特向凯特求婚时，他给凯特讲了一个故事。故事说有个年轻人很喜欢花，但是所有的花儿都凋谢了，因此他非常失望。看到了他的悲哀，他的护卫天使就派遣他去寻找"鲜活的花朵"。他四处漫游，终于发现了三朵可爱的花儿盛开在一起，他知道中间的那一朵正是他要寻找的。"他渴望去摘她下来，放在怀里，作为世上最宝贵的东西来珍惜，"弗兰克告诉凯特，"现在，这个年轻人想要知道，去询问一下园丁好不好——我能够拥有那朵花吗？"

故事结束了，那个年轻的追求者将头埋在手里，"等待着那个最烦人的悬念的答案……终于，凯特开口了，非常轻柔、非常甜蜜地说：'**我希望你能够。**'"

我们的世界里没有园丁，我不需要求得她父亲的认可，但我渴望的正是那样一种时刻，我找到了最完美的语言，解除了雷切尔的所有疑虑。可能我甚至都不需要说什么，恰当事件的汇合即可以帮助我达到目的，比方说她注意到我跟另一个女孩在一起，或目睹我接住了一个高难度的飞碟（诸如此类的一连串幻想）。或者我可以**做**点什么，一种姿态，一个伟大的浪漫行为，便能够迅猛地完成大业。

但是不，浪漫姿态太困难，潜藏着太大的风险，很可能产生意

---

① 原文为"you give me butterflies"，其他类似的说法是"我的胃里有蝴蝶"、"你放蝴蝶在我的身体里"，等等。当一个人对另一个人这样说时，意思是你令我身体内感到奇特的兴奋，是"被吸引"和"爱"的一种婉转的说法。

外，适得其反，那样我就会落到跟我的朋友西达思同样的下场，失去他一年级时的心上人瓦妮莎。

西达思在"新生周末"(每年四月哈佛为即将入学的新生举办的活动)第一次见到瓦妮莎。她是波士顿的名门闺秀，家里在灯塔山有镇屋①，在楠塔基特的小镇萨亚康撒特有别墅。萨亚康撒特的乡村房舍小巧玲珑，汽车限速很低(当地流行的保险杠贴纸是：**在萨亚康撒特，时速 20 英里足矣**)。瓦妮莎是个苗条婀娜的惊鸿美人，对古希腊和现代诗歌感兴趣。我的朋友第一眼看见她时，她正在充满激情地谈论维吉尔的《埃涅伊德》(Aeneid)。西达思是中西部一所中学的拉丁文俱乐部主席，非常熟悉维吉尔，几分钟之内就迷上了她。

西达思飞回了俄亥俄州，手里攥着瓦妮莎的电子邮件地址，她的圆珠笔字迹仿佛给了他一个许诺：她和她所拥有的一切——社会等级、美貌、智慧和优雅，若隐若现地在新生年里等待着他。可是，离大学开学还有五个月之遥。中学时代仍在继续，尤其是西达思在中学毕业舞会上的约会还没有人选。脑海里闪过认识的女孩们，他发现自己只想着瓦妮莎，她像一个贵族长发公主，藏在遥远的新英格兰的寄宿学校里……他开始生出一个奇想：邀请**瓦妮莎**，而不是哥伦布市的某个乏味的女孩来当他的约会伴侣。她可以飞来参加周末的舞会，之后留下魅力四射的余波。

于是西达思给她发了一封电子邮件，但被退回了，试了好几次都不成功。也许应当让梦想熄灭，可是他决定做最后的努力。他拿起电话，拨通了一年级教务长的办公室。

"对不起，"他被告知，"这个办公室不对外提供学生的电话和电

---

① 镇屋(town house)指市镇内的连栋房屋。灯塔山(Beacon Hill)是波士顿市内最昂贵的街区。

子邮件地址。"

"我明白，可我也是一名学生，"他不罢休，"我的名字叫西达思·卡普。我是 2002 届的，跟她一样，你可以核实。"

"很抱歉，先生，你索取的信息是保密的。"

接下来，西达思所能做的一切就是等待。他对自己说，他们在"新生周末"时的见面，主要是他的头脑在作怪，而且，偌大的一个校园，一个年级里有那么多的人，他不会再遇到她。可是，当他在九月份到达施特劳斯时，她恰恰就出现在那儿——瓦妮莎·斯凯勒的宿舍在施特劳斯 E 单元，不多不少，仅三十来米和六堵墙壁之隔。那简直是维吉尔的一个神来之笔——哈佛"院子"里有那么多的宿舍楼，教务处恰恰将她安放得同他近在咫尺。

开学的第一个星期里，施特劳斯 E 单元举办了一个派对，西达思和瓦妮莎意外地碰了面，或至少对她来说是个意外；西达思着实是做了一番精心策划——从穿的衬衣，到聊天时故作轻松的姿态。

"那么，"喝着塑料杯里的伏特加，闲扯了几句之后他问，"你愿意什么时候一起出去吃午饭吗？"

一个漫长的停顿。

"你知道，"她说，使劲盯着她手里的饮料，"也许，我们彼此需要先多了解一些？"

从此是一路下坡。他深感受辱，她态度冷淡。他匆忙撤退到自己的房间里，痛苦了好多天。"我不过就是请她出去吃顿午饭而已！"他怒吼道，"**彼此需要先多了解一些**……那不就是出去吃午饭的**目**的吗！"

后来我们听说瓦妮莎跟施特劳斯 E 单元的另一个男孩约会，他的名字叫布莱恩·梅瑟史密斯，是一个槌球运动员。西达思的心境没有改善，他嘟囔着说："我猜，她没有花什么时间去**了解**他。"西达思快快不乐地度过了整个秋天和冬天，三心二意地跟其他女孩约会，心里

第五章 爱情故事

却思念着瓦妮莎。瓦妮莎呢，无论到哪儿都跟布莱恩在一起。在施特劳斯外面的石径上碰到西达思时，她就避开他的目光。

很久之后，我们才明白了事情的究竟。或者更恰当地说，是我直接听瓦妮莎的妈妈说的。在西达思心碎的四年之后，毕业派对上，我喝了一点酒，就跟瓦妮莎的妈妈聊起了瓦妮莎在大学里交往过的男孩们。我的嘴刹不住车，径自说，**当然，第一个和最爱她的男孩大概就是我的朋友西达思**。

西达思？斯凯勒太太说，啊，我记得他！

然后一切真相大白——瓦妮莎参加"新生周末"活动回家后，曾经提到西达思人很不错。但是在那个夏天里，一年级教务处给她家打电话说，他们担忧西达思在暗地追踪瓦妮莎。**而且，当然，他被分配在跟她邻近的宿舍，所以我们都有些担心，正如您所能想象的。**

是啊，现在一切都解释得通了。我对斯凯勒太太说，努力做出欣然赞同的样子。

正是这样，每个人的行为都是合理的：哈佛校方担心学生们的安全以及它自身的潜在法律责任；瓦妮莎呢，不过是领会了校方的恐惧心理——认为这种明目张胆的浪漫行为不大正常，西达思的品行值得注意，将之转换成了她自身的恐惧心理。这完全是理智的、现实的……然而同时，也是彻头彻尾的糊涂。

我想西达思只是有点急躁冒进。萨莉·马多克斯后来说，当我告诉她这个故事时。

* * *

"我从来没有遇到过你这么**急躁冒进**的人。"一年级时四月的一个周末的晚上，当我将嘴唇贴在雷切尔·帕雷的后颈时，她对我说。

我不禁大笑起来:"你认为我**急躁冒进**?"(那时她仍然还不许我吻她的唇呢。)

她耸了耸肩:"算啦,别在意。"

最终,我们的确互吻嘴唇了——飞快而短暂的。她仿佛退缩不前,尽可能长时间地跟我保持距离。我们开始没完没了地讨论未来,关于我是否在暑假去看望她,关于我推荐给她读的书,关于一同去欧洲旅游。我们谈及婚姻,虽然,后来我才意识到,我们并没有谈及做女朋友和男朋友。不过,我那时感觉,我可以看到我们共同生活的画面展现在眼前:关系达到极致,然后一起拥有美满的性生活和全面深入的感情沟通,大学的后三年我们就住在一起,四年级时搬到校外的公寓。我们的研究课题有些交叠但并不相互竞争,我们的专业轨道并行,我们的第一个单元房,第二个更大的单元房,我们的壮丽婚礼,然后是孩子,房子,郊区,学校,奖品,终身成就奖……

"也许你应该做一名律师,"一天晚上她说,"或至少去上法学院,你知道吗?那样的话,我们就会有一个挣钱的途径,当然,只是为了以防万一。"

十八年来,我一直目睹着律师的职业如何将我父亲的生命消耗殆尽——繁复的文字业务和超长的工作时间,再加之道德上的折中。案子进入审理时十分紧张,案子进入不了审理时又很无聊。我从来就不想当律师。

"你知道,或许我应该。"我回答说。

雷切尔奇怪地望着我,然后突然低下头,开始缓慢地、慵懒地吮吸我的手指。

"这全然像是在梦境。"过了一会儿我对她说。

她放开我的手,灿烂地笑了。已过了午夜,施特劳斯隐没在尘封的黑暗里;墙上挂着戴维斯从政治研究所偷来的一张古旧海报,肯尼迪总统在上面微笑地望着我们。

"我知道，"她说，"我不明白我在做什么。"接着，她返回我的手指，继续吮吸。

第二天，经过一番认真思索，我决定将她对我"急躁冒进"的评语当做恭维，当做证明我干得不错的标志——我终于表现得像个真正的男人，不再是笨手笨脚的少年。我在赢得她，甚至在征服她；再有，在我的眼里，她的退缩含有一种妩媚和端庄。这种等待是一个考验，就是这么回事儿。我在考场上历来都是常胜不殆。

不幸的是，我缺乏对实用浪漫主义配偶之本质的真正把握。实用浪漫主义配偶所要求的是双方利益的结合和选择的统一，这些远比激情、征服和其他浪漫主义幻想更要紧。我已经做出了**我的**抉择——雷切尔没有对手。可是，她还没有做出她的选择。她压抑感情不是出于端庄或腼腆，而是出于更加实用的考虑。

一桩成功的大学婚姻，我后来悟出，不仅是简单地找到适当的人来满足你的要求。要让这种关系运转，使之"成功"（资本主义的语言在此颇为贴切），还要找到适当**类型**的人。当然，偶尔也会有相反类型的人彼此吸引、吻合、结成终身伴侣的例子。不过在一般情况下，异常的一对结束关系只是早晚的问题。

在我的社交圈子里，对上述论点的最好例证是四年级时发生在内特身上的事。内特放弃了他的中学情人很久以后，开始跟一个文雅的曼哈顿女孩约会。她的名字叫盖尔·西蒙斯。这起初不过是四年级的一次风流邂逅，但内特很快就昏了头，尽管这一对怎么看都不般配：他是堪萨斯州的鲁莽汉子，她是纽约中央公园西面的信托基金淑女。内特骄傲地告诉我们所有的人：**盖尔和我彼此深深地相爱。**

很快就问题百出。她现有的朋友，一群如花似玉、稍嫌柔弱的上层女孩对内特颇为鄙视，觉得他们是胡闹；盖尔不让内特见她的父母；跟他一起出入公开场合她感到不自在。内特对有些事也感到不自在，比如在派对上，盖尔的朋友们在盥洗室里吸可卡因，或盖尔晚上跟她们出去玩、不回内特的电话之类。但是他沉浸在爱情中，所以他总是为她找借口。

五月份，她举行毕业派对没有邀请他，声称那些都是她的老朋友，每一个都是她的熟人——他给她找借口；六月里，他在一个周末去纽伯里伯特访问她，她的父母刻薄地向人介绍他是盖尔的"朋友"——他给她找借口；接下来是七月，他回到堪萨斯州，每天给她打电话，计划去看她，她不断地否决，先是因为她妈妈不会同意，之后是一个更为含糊的理由——他还是给她找借口。

转眼间八月到来，她提出跟他分手。借口便不再需要了。

雷切尔和我的关系结束得则更为突然一些。一年级春天，考试临近时，帆船队举办了好几次派对。正是在那些派对上，雷切尔第一次开始喝酒。以前我对帆船队一无所知，直到这时才一下子搞清楚了——那些预科学校学生的名字，他们喝串门酒的事，那些风吹浪打的下午，以及他们到温暖地带的长途旅行。考试之后，雷切尔要去佛罗里达州的科伊斯市跟南方学校的一群人进行比赛。我从未担心过她参加这些派对和旅行，也从未担忧过帆船队的竞争对手，从未想象过，在热带的一个美妙夜晚，在水里奋战了一天之后会发生什么。我愚蠢地只是将注意力放在倒霉的、迅速失色的亚当身上。

那年，哈佛帆船队里最优秀的水手是来自加利福尼亚的一个金发的三年级生，名叫埃里克·斯威格特·阿伦比。一年级春天时，雷切尔在他的船上。她偶尔会跟我提到他——他喜欢的女孩，他的荒诞的中间名[1]及其他琐事。我几乎从来没有留意听过，我的脑子在想别

---

[1] "斯威格特"（swaggart）一词在美国俚语里的意思有"赶时髦的人"、"废物"以及"伪善的牧师"——他乞求教徒们宽恕他的嫖妓行为，从而可以继续收取教区什一税。

第五章 爱情故事

的。但是，在五月初，帆船队的一个派对结束之后，埃里克·斯威格特·阿伦比送雷切尔走回施特劳斯，在一楼的平台上亲吻了她。我当时恰巧在二楼穿过平台去另一个房间，我往下看，见到他的头下低，她的头上抬。我的希望破灭了。

我没有告诉她我看见了什么，但是第二天她告诉了我。她说那不说明什么，她不想跟他有什么关系。那天晚上，在蒲团上，她毫无保留地吻了我。我前一天夜里的绝望无助让位给了大获全胜的狂喜。

我记得，第二天早晨，在新英格兰的明媚春光里，我大步穿过校园，心里想着，假如我将来有个儿子——不，让我坦诚地说，假如**雷切尔和我**一旦有个儿子，他想寻求关于妇女的忠告，我就会告诉他，正确的纲领是坚持，坚持，再坚持。没错，这件事花费了我整整八个月的努力，不过没关系，我已经胜出了，不是吗？

那天晚上，好几个月来的第一次，雷切尔没有下楼到我的房间里来。第二个、再下一个晚上，她也没有露面。我装作口气非常随便地问她的同屋是否见到了她。她们说见到了，但是很短暂，在黄昏时分，她飞快地拿了书、衣服和划船的物件就离开了。然后，楼上的萨维娜（她跟我的室友朱利安约会）告诉我，她经过"院子"时，看见雷切尔跟埃里克和一帮帆船队员们往河边去了。

于是，就像任何技术高超、轻度疯狂的大学生会干的那样：我"finger"了雷切尔。

"finger"是我们电子邮件系统的一个奇招的暗示性说法，它常被用于暗地跟踪技术。只要通过在指令提示的位置敲出"finger rpolley @fas.harvard.edu"，任何知道雷切尔邮件地址的用户都可以发现她是在谁的计算机上最后一次查看电子邮件。凌晨时分，我的计算机屏幕是这样显示的：

fas%：\finger rpolley@ fas. harvard. edu

：\rpolley （Rachel Jasmine Polley） last known login at

10：47：13 from allenby. harvard. edu

（雷切尔最后一次查看邮件是10：47：13，从阿伦比的地址）

fas%：\finger rpolley@ fas. harvard. edu

：\rpolley （Rachel Jasmine Polley） last known login at

11：32：17 from allenby. harvard. edu

（雷切尔最后一次查看邮件是11：32：55，从阿伦比的地址）

fas%：\finger rpolley@ fas. harvard. edu

：\rpolley （Rachel Jasmine Polley） last known login at

12：13：55 from allenby. harvard. edu

（雷切尔最后一次查看邮件是12：13：55，从阿伦比的地址）

我的"finger"越来越频繁、无法抑制……

fas%：\finger rpolley@ fas. harvard. edu

：\rpolley （Rachel Jasmine Polley） last known login at

12：13：55 from allenby. harvard. edu

（雷切尔最后一次查看邮件是12：13：55，从阿伦比的地址）

fas%：\finger rpolley@ fas. harvard. edu

：\rpolley （Rachel Jasmine Polley） last known login at

12：13：55 from allenby. harvard. edu

（雷切尔最后一次查看邮件是12：13：55，从阿伦比的地址）

fas%：\finger rpolley@ fas. harvard. edu

:\rpolley（Rachel Jasmine Polley）last known login at 12：13：55 from allenby. harvard. edu

（雷切尔最后一次查看邮件是12：13：55，从阿伦比的地址）

fas%：\finger rpolley@ fas. harvard. edu

:\rpolley（Rachel Jasmine Polley）last known login at 12：13：55 from allenby. harvard. edu

（雷切尔最后一次查看邮件是12：13：55，从阿伦比的地址）

在某种程度上，我尚抱有一线希望，但愿事情不是像表面上看起来那样，而是有另外一个不那么令人心碎的理由。可是，过了几天，我就彻底绝望了。我无法入睡，难以进食，开始半夜三更在校园里长时间地游荡。有时，我在阿伦比住的马瑟楼外面徘徊，我的风衣里裹着一个面容苍白的幽灵，试图猜出哪一扇是阿伦比的窗户。有时，我站在黎明前启动的喷水器下发抖，任冰冷的水雾刺激我的皮肤。我痴狂地不断播放戴尔·斯特里斯①的《罗密欧与朱丽叶》，那是雷切尔下载到我的计算机上的最后一支曲子。

在我们最后一次幽会后的第五天晚上，雷切尔来看我了。我们单独在一起，她像往常无数次那样蜷在蒲团上。她告诉我，阿伦比请她下星期一出去约会，她接受了邀请。只是去看看会怎么样。

一个约会？我想脱口而出，**你已经每天晚上待在他的房间里了，难道不是吗？**

"那……这对咱们意味着什么？"我改口说。

---

① Dire Straits，英国的一支滚石乐队，创立于1977年。

"对咱们?"她漠然地说,"嗯,我不知道。你懂的,这挺滑稽。事实上我跟埃里克谈到了你,我告诉了他一切,发生的每件事,你和我之间有那么多的共同之处。"

"你告诉了他?"

"嗯。他说那么听起来我应该跟你出去。"

我有点狂野地笑了。"他那么说的,是吗?那你怎么说?"

"嗯,我想我什么也没说。我的意思是,我也是这么想的,所有这些日子,过去的几个月。我不断地问自己,**为什么你不干脆就跟罗斯出去,你知道吗?**"

"那么你为什么不呢?"

她叹了口气,移开目光,看着窗外晚春的亮光。"这段时间对我来说实在很困难,你知道的。亚当明天要来看我,和一大堆高中的朋友,我得告诉他这个夏天我们不会在一起了。我不知道他会怎么反应。"

我好半天才跟上她的思路。"你是说,他认为你们会回到一起?这个夏天?为什么他那样认为?"

"这个,你知道,是我们以前的**计划**,我想。我们先分手一段时间,然后,当我们——假如我们两个人在六月份都回到布朗斯维克的话,就再回到一起。所以他是那么觉得的。"

"可是什么时候你才打算告诉我这些?那**咱们**怎么办——关于我去看你?像咱们说过的?"

"你的意思是如果咱们不约会,你就不会来看我?"她那种任性的、装作被宠坏了的语调,我一直觉得极有吸引力。

"可你不是**要去**跟另外的人约会吗?比如埃里克·斯威格特·阿伦比?"

"你知道他的中间名?"她退缩了一下说,"那有点儿毛骨悚然。"

我当然知道他的中间名!我想啐一口唾沫,**它是"斯威格特"**,

第五章 爱情故事

拜托！

"不管怎么说，"她继续道，"我只是想试试，你知道的，看看会怎么样。我是说，也许在一段时间里我不想跟任何人约会。你是那么执著认真，那么肯定自己是沉浸在爱情之中……或许那就是为什么我们之间没有发生什么，为什么我不能决定我是否要跟你约会。"

"那到底是什么意思？你不想跟什么人约会，可你要去跟另一个人约会？"

"我的确告诫过你不要太投入，是吧？再说，罗斯，你冷静地细想一下，咱们真能成吗？我是说，平心而论，想象咱们两个人在一起，我会总是出去驾帆船，你知道的，你不会真的快乐，对吧？跟我在一起，但总得说，**哦，她驾船出去了**，你会快乐吗？"

"我为什么要不快活？那又有什么关系呢？"

"不，"她继续说，似乎没有听见我的话，"如果我跟任何一个人认真地约会，他也许应该是帆船队的人。"

至此，一个痛苦的肿块堵住了我的喉咙。"但是，咱们谈过的每件事呢？关于——你说的我给了你蝴蝶，雷切尔！那又该怎么讲呢？"

"你知道的，"她若有所思地大声说，"早些时候，或许你应当把我灌醉，比如在放寒假之前？可能事情就会不一样了。"

"别跟我说这种话！哦，我的天……"

"可是，那或许是真的。"

"你会跟他性交吗？"

"跟埃里克？"

"在去佛罗里达的路上？"

"罗斯，我实在不想谈这个。"

就这么说呀，谈呀，我变得越来越脆弱，可怜巴巴，眼泪汪汪。我想要表现得干脆、冷漠和超然，可是我却哭了。我记得，我紧紧地抓住她,说什么不想失去她,不想失去同她的和睦关系。然而,她的船仿佛已经驶过了我的身边,出了这个场景,离开了一年级和我的破蒲团,进入了一个光明的、不那么杂乱的未来。

"我老是想,"最后我说,"假如我能即刻找到什么合适的语言,你会被说服的,你会理解咱们在一起是多么好。"

"根本不是么回事儿,罗斯,"她对我说,"不是的。"

就这样结束了。剩下的就是,那一夜,我用廉价葡萄酒将自己灌醉,然后在公共休息室里乱摔东西,让室友们惊愕不已;我心情郁闷地不断喝酒,直到学年结束。与此同时,雷切尔开始了她跟斯威格特的新生活,它最终发展成为稳定的大学婚姻,据我所知,甚至可能很快就要变成真正的婚姻了。在大学的最后一天,我坐地铁去火车南站,穿过查尔斯河时,看见河面点缀着熠熠闪光的白色帆船,那个肿块又涌上了喉咙。我哭了,最后一次。

是的,在那里结束了。那个漫长的、泪水满襟的夜晚之后,我没有再跟雷切尔有过真正的交谈。当然发过一些电子邮件,其中有的是醉后胡言,有的是感伤,有的则几近丧失自尊。但是,我们的友谊,就像那样,在那个春天结束了。然后,时间和哈佛人的忙碌生活发挥了作用,治愈了伤口,缓慢地将我记忆中的对雷切尔的**恋爱**转化成了它的真实性质:一年级的一幕滑稽戏,而不是古希腊的一出悲剧。

我不明白你到底看上她什么了。我的那些长期受难的朋友们在夏天说。他们显然都感到解脱,因为下一年,不再会有啜耳朵和吮手指的雷切尔给我们的房间添乱了。

久而久之,我自己也说不清楚了。

第五章 爱情故事

第六章
安全的性生活

我的朋友玛格丽特上了史密斯学院①，她讨厌那个地方。大学的第一年她一直央求我去看望她。她总是补充说，**带上另一个男孩，我想男孩想得要命，这里的每个人要么是女同性恋，要么是假装的女同性恋。**

二年级末的那个春天，我履行了诺言。我的朋友汤姆志愿陪我同去，不过，前提是我向他确认"玛格丽特的长相还不错"，而且"是的，她许诺了，在渴望男孩的史密斯人海里，我们肯定可以找到能勾搭上的女孩"。

汤姆和我借了朋友的一辆车，星期六上午出发，在新英格兰春天温柔的午后抵达了史密斯。蓓蕾吐蕊的景色令我们情欲激荡，史密斯的女孩们却没给我们带来什么感觉。玛格丽特穿着运动裤，未经沐浴，宿醉不振；她的朋友们亦无两样。我们懒散地躺在她的房间里观看西班牙语肥皂剧，心里感到很紧张。女孩们悄声议论着，时而对我们投来瞥视。汤姆不断地试图跟她们搭讪，却不奏效。于是他便开始跟我讲

---

① Smith College，马萨诸塞州西部的一所女子文理学院。

法语，耍玩精选的侮辱性词句——**她真是一头母牛，不是吗？**——他似乎觉得这是我们之间的秘密语言。

过了几分钟，女孩们全都站了起来，宛如一群骄傲的天鹅，冷淡地说再见，就走了出去。屋里只剩下我们俩和玛格丽特。

"她们想要什么？"汤姆问，"她们不喜欢我们或是别的什么？我们干了什么吗？"

"你知道吗，"玛格丽特干巴巴地回答，"她们当中有两个主修法文。"

后来，玛格丽特带我们去半空荡的史密斯食堂吃晚饭。我们是那里仅有的男生，周围有一些寂寞的、本应是迫不及待的女孩——我们来这儿是要让她们身心陶醉，或至少互相亲热一下，可是她们似乎毫不理会我们的存在。

"嗨，"晚饭结束时汤姆问，"我们什么时候出去玩点什么？晚上会有什么玩的？疯狂的派对，对吗？疯狂的同性恋派对？"

"这个嘛，"玛格丽特慢条斯理地说，"是这样，昨晚我们有个大型舞会，全校的。我直到现在还有点宿醉未醒呢，我想别的很多人也是同样。我不知道有什么派对，除非你们想直奔马萨诸塞州立大学的兄弟会。我们可以去……我想这个星期他们款待新会员。那听起来好玩吗？"

"马萨诸塞州立大学，"我不禁火了，"我们旅行了100英里，就是为了要躲开男女混合派对——躲开其他那些家伙！这是关键！我们为何要去马萨诸塞州立大学的兄弟会？"

"对不起，对不起，"玛格丽特赶紧说，"我的意思是，我肯定这里有派对，肯定有很多的派对。我只是不知道确切在哪儿。不过晚一点我们可以出去找找。"

可是一到晚上，她就犯困了。汤姆和我出去转悠了一个小时，穿过背阴的拱廊和空旷的庭院,走过路灯映照下水珠喷洒的草坪,追逐着灯光和嘈杂声。我们没有找到派对。校园里人迹寥寥。只看见了零星几个女孩,她们都回避我们的目光,紧盯着呼救电话。这简直就像是在外国,在欧洲某个都市的街上,每个人都立即认出你是美国人,可就是没人承认会讲英语,免得你问他去最近的旅馆的路怎么走。

我们俩被击败了,躺在某个女才子奠基人的塑像下,承认这回真是跌到了谷底。

"哎,我说,真的就该这么难吗?"汤姆哀怨地问我,"我们在一个全是女生的学校……那些淑女们在哪儿?罗斯,她们在哪儿呢?"

一个史密斯人恰巧路过,听见了汤姆的伤心话,她先由快走换成了小跑,最后竟至大步跑起来,奔向邻近大楼的安全处。

"嘿,你听见了!"他朝着她的背影喊道。"**淑女们**在哪儿呢?"

"干得好。"我说。

"哼,对啊,要不然她就会邀请咱们到她的住处去,还可能会把咱们介绍给她的朋友,"他叹道,"唉……还不如待在哈佛呢。瞧瞧咱们俩,基本上**就是**在哈佛——外面这么冷,校园空无一人,咱们性欲受挫,寻找不存在的派对、不存在的漂亮女孩儿。今天晚上算是白费了,整个旅行算是白费了……"

"玛格丽特总是在的。"我向他提议。

他笑了:"你真是好意。可她实在不是我喜欢的那种类型。"

回到了房间,玛格丽特在写电子邮件,已经将运动裤换成了睡裤。我们垂头丧气地倒在地毯上,玛格丽特鼓劲说:"咱们来喝'白俄'①吧。"可是没有卡鲁阿,我们只好喝斯古拽威尔;橙汁用光

---

① White Russian,一种伏特加、咖啡利口酒(卡鲁阿或提亚玛丽亚)加乳脂的混合饮料。饮时加冰块,用古色古香的酒杯。

了，我们就混制杜松子酒和奎宁水，可是也没有奎宁水，便用雪碧代替。后来，我们决定看电影，但玛格丽特只有《莎翁情史》(Shakespeare in Love)的光碟，我们就索性观看晚间节目和一大堆约会秀。然后，资讯广告节目出现，我们明白该是去睡觉的时候了。

"你们玩得开心吗？"汤姆去盥洗间的时候，玛格丽特问我。

"看我们这样子像玩得开心吗？"

"抱歉，"她说，"我的朋友们开车去蒙特·豪利亚克学院了，我想是。其他人可能去艾姆赫斯特学院了，我说过她们可能去的。假如你们昨天晚上来的话……"

"假如你**告诉了**我们昨天晚上来……"

"不管怎么说，"她骤然打断我的话，"你也没有履行协议！你答应会有好男孩跟我勾搭一下的，罗斯。"

"我给你带来了汤姆，没有吗？"

她叹了口气："亲爱的甜心，汤姆完全不是我喜欢的那一类型。"

汤姆回屋后，我们喝了睡前酒，玛格丽特躺在她的床上，我们躺在床边的地板上，在黑暗中聊天。过了午夜很久，我翻过身去，宣布我要睡觉了，可是他们俩又继续说悄悄话，我试着入睡却不能够。过了很久，屋里才终于静下来。**终于安静了**，我这样想着，翻了个身，恰巧看见汤姆滑进了玛格丽特的床，他的身影在她的被子里拱起来，然后他们就开始发出噪音。我意识到，啊，**这下**可真是跌至谷底了。

我裹紧睡袋滚到了屋子远处的角落里，这意味着离玛格丽特的负荷过重的单人床有不是半米，而是一米半的距离。我心情烦躁地蜷缩着；低语、喘息和湿漉漉的接吻吧唧声跟弹簧床垫的尖叫混为一体，时间过得格外缓慢。就在我觉得他们差不多该完事的当头，猛然听见奇怪的一声**啪**，接着是第二下，第三下。好像是击掌或打耳光的声音，或者可能是……我不禁战栗地想，**打屁股**。

于是，我弃去睡袋逃出了房间，东倒西歪地走到过道里。在刺眼的日光灯下我眨着眼，不知如何是好：走廊里是一排紧锁的卧室；在一个女子学院，对一个只穿着内裤的男人来说，公共休息室是个糟糕的藏身处。可是，愣在走廊里是下下策，我便钻进了盥洗室。我久久地站在镜子前面，盯着那个怒目圆睁的失眠者，试图认出他就是我自己，试图想清楚第二天早上我将如何对汤姆发火。

我得出了一个不愉快的答案：完全没有理由发火。说到底，喝醉了之后跟素不相识的女孩上床，这难道不就是我们大老远跑到史密斯来的目的吗？不出三个小时之前，我甚至还说他可以跟她勾搭呢，不管我现在是多么后悔。而且，我难道不会做出同样的事吗？如果不会，不就是仅仅因为我在女人面前过于害羞、自我压抑和紧张不安，而并不是因为我能够自诩有特殊的德性吗？

不过，我又打消了犹疑，倘若我想对什么发火，那就是打屁股这件事。**那**实在是无法接受的！

走廊里传来了拖鞋的吧嗒声，接着是女孩的说话声。我僵住了片刻，然后挪到最近的隔间里，蜷缩在马桶上听着流水、刷牙声和她们的柔声碎语。

"你知道吗，我觉得刚才有人在这儿。"一个说。另一个在漱口。

我小心翼翼地将脚抬得高于隔间的门沿，以避开她们的视线。

"我想是个**男孩**。"一个诡秘的回答。

"一个男孩？我奇怪他到哪儿去了？"

我无法再忍受下去，在隔间里咆哮起来："我还在这儿呢！"她们尖叫着逃走了。

确认她们不会再回来，我冒险地出去又站在镜子前面，接着又到走廊里踱步。最后，终于决定勇敢地返回玛格丽特的房间。此时，屋子里没有了噪音，她床上隆起的阴影里也没有任何动静。我爬进睡袋，躺了一会儿，竖起耳朵捕捉任何喘息和吱呀声，时刻准备再听见那拍打肉体的声音，再开始新的烦恼。

很幸运，我进入了无梦的睡乡，直到晨光划破史密斯校园。

吃早饭时，汤姆和玛格丽特拒绝互相对视，而我却表露了一点心意，说我实在为他们高兴，想象他们在一起会有光明的前途，我发自内心地希望他们为之而努力……

"你会把这件事告诉所有的人吗？"开车回去的路上，汤姆问我。

"哦，我不知道，"我撒谎说，"在我做出决定之前，可以问你一个问题吗？关于昨天晚上的？"

"不，罗斯，我们没有性交，如果那是你想问的……"

"不是，"我爽快地回答，"不是关于那个，我想知道的是**这个**。"我开始用我的左手拍打右手，仿佛在轰走讨厌的苍蝇，**啪**，**啪**，**啪**……

"你是想说……"

"昨天晚上，汤姆，记得吗？我想知道的是，你在打她的屁股吗？"

"我在**什么**？"

"你很明白，这是一个相当简单的问题，"我牢牢地站在正义的一方，"你是否在拍打，**啪**，我的朋友玛格丽特的，**啪**，屁股，汤姆，当我躺在一米半开外试图入睡的时候？"

他盯着前方的路，苍白的手腕靠在方向盘上。"不，那不确切……我没有……那是一个意外。"

"**一个意外**？"

"嗯，是的，刚开始是，但是后来，你知道，她似乎喜欢，我就想，**为何不接着做呢**？"

"这么说，你是在告诉我，"我提高了声调，好像一名检察官在做胜利的法庭辩论总结，"咱们开车100英里，来到一个女子学院，就

第六章 安全的性生活

让我躲在盥洗室里过夜,为了不必听见我的一个朋友拍打另一个朋友的**屁股**吗?"

"我想——"他刚要开始解释,突然话头一转,"你躲在盥洗室里?真的吗?为什么?"

我结巴了,失去了防御:"啊,我不得不……我的意思是,我……"

"什么,你就站在里面吗?或者你坐在马桶上?你真的**用了**厕所吗?"

"我想……我不知道……"

"有人进去了吗?有女孩儿进去了吗?她们去了,是吧!你怎么办,罗斯?你说了什么?啊,我的天,你**穿着**什么?"

他的笑声淹没了我无可奈何的叫喊。

* * *

倘若你相信所听到的,那就是,在哈佛很少有珍贵的性生活,至少对那些没有安顿在舒适的大学婚姻里的人来说。关于性生活的空白,人们有无休止的笑话和牢骚。学生们抱怨同窗没有吸引力;学监摆出一副屈尊的样子给我们发放避孕套,仿佛预料它们会被长期闲置在袜子抽屉的底层;人们一致认为,哈佛人太繁忙,太奋发,可能也是太紧张,没有工夫和精力过随意的性生活。校友科南·奥布赖恩[①]在近期的毕业班会演讲的开场白中说:

> 十五年前我坐在你们现在的座位上,**我想的跟你们现在想的**

[①] Conan O'Brien, 1963— ,美国喜剧演员、制片人、作家、配音演员和电视节目主持人,最为著名的是他的午夜谈话节目。在哈佛上学期间他曾任《哈佛讽刺》杂志社的社长。

完全一样：我的将来会是什么样子？我能找到自己在世界上的位置吗？我真的要作为一名处男来毕业吗？我仍然还有 24 个小时，我室友的老妈很性感。我发誓她曾经很有性趣地打量着我。

这话在某种程度上有欠公允。根据一项年度调查结果，只有三成的同学到四年级时仍然紧攥着自己的童贞不放。而且我愿意打赌，在毕业典礼前的狂饮日子里，这些坚守者中的大部分都将他们的童贞处理掉了。但是，科南的俏皮话几近完美地捕捉了笼罩于哈佛校园的性挫败的阴霾。在连张伯伦①都会感到脸红的整整四年的性狂热探险之后，几乎每个人都觉得被欺骗了——被他们自己，被异性，被校方或校园文化。

本不应该是这样。毕竟，我们很可能算得上是哈佛历史上最为性解放的一代，甚至比那些"做爱不作战"②的前辈们还更加开放，那个时候，他们仍然要跟持清教徒观念的校方、不认可的父母和压抑的"我—喜欢—艾克"③的文化框架抗争。今天，校方仍然为学生们的性生活担忧，但仅仅是出于自身的利益，是要**让强奸和性病减少到最低**的那种担忧。父母不认可的现象在迅速消失；整个文化氛围也同样都改变了……

从发放避孕套的教务长，到克里斯蒂娜·阿吉莱拉④，每个人都

---

① Wilton Norman（"Wilt"）Chamberlain，1936—1999，美国篮球史上最出色的运动员之一。据报道他一生中跟两万名女性有过性关系，从未结婚生子。他去世前不久接受采访时却这样说："世界上有很多男人认为一生中有上千个女人很酷，而我在一生中学到的是，跟同一个女人有上千次不同的交往是更令人满意的。"
② 原文为"Make Love, Not War"，是美国 20 世纪 60 年代反主流文化运动的一个口号，最初是用于反对越南战争，后来扩展为反对其他的战争。
③ 原文为"I—Like—Ike"，是艾森豪威尔在 1952 年竞选美国总统时的口号。艾克（Ike）是艾森豪威尔的昵称。这里泛指 20 世纪 50 年代。
④ Christina Aguilera，1980— ，美国歌手、歌曲作家。

怂恿我们去私通。颇为奇怪的是，在这么一种文化里，只有很少的性生活温暖着这里的寒冬之夜。其原因可能是学习负担、职业生涯和竞争的压力，没能给追求性生活留下多少空间。或者，可能是由于这样一个事实：哈佛的学生们基本上还是中学时代的那类书呆子、傻瓜和苦行者，没有多大改变，青春期的社交困窘和性挫败的旧模式不容易被打破。或者也可能像很多人声称的，这是校方的错，他们的清教徒式的饮酒管束，使紧张的同学们不能借助龙舌兰酒来尽情地达到性满足①。

但是，问题也可能出自于期望值。自从情窦初开，我们就一直被灌输以关于性的教义，其体系之严密、内容之深广，足以跟梵蒂冈的任何博大精深的学术壁龛媲美。高中性教育课向我们确认，性交可以同时是安全的、卫生的和有趣的；电视节目向我们肯定，在成年人的世界里，每个人都可以不假思索地跟任何人上床；流行音乐家们怂恿我们脱光衣服，以正确的方式抚摩；时尚杂志给我们提供指南——"幻觉的性生活"，"更好地达到性高潮的八种方式"，"如何让她尖叫一整夜"，以及类似的在《美绅》(*Maxim*)和《时尚》(*Cosmopolitan*)里不断重复的东西。与此同时，我们当中的较敏感者得到许诺，所有这些随便的性行为，都不会妨碍我们对深情依恋、灵魂伴侣和真正爱情的渴望。

如果对性满足的迷恋是美国青少年的鸦片，那么大学就是最后审判日，在这块上帝应许的土地上，每个梦想都会实现，每个欲望都能满足，中学时代的所有笨拙、错误的起步和父母的干涉都将永远成为历史。五花八门的媒体让入校新生们确信，老式的约会方式行不通了——当今的学生据称不搞约会，而是在男女混合学校的人堆里游

---

① 原文为"body shooting"，一种性活动。将龙舌兰酒和盐喷洒在一个人的腹部，另一个人舔舐其腹部。这种活动经常发生在聚众嬉闹的场合。

荡，相配成对，常常是在喝醉了的情况下偶然勾搭。这种浪漫邂逅的定义很模糊，其范围从亲热搂抱到更简单的所谓"走到底"（going all the way）。此外还有各种电影，例如精彩的《动物屋》（*Animal House*）及其失败的续集，将四年的大学教育描绘成欢天喜地的、温淳的酒神节。

我和同学们在大学时有很多的性机会，但是它们从未真正达到高妙的境界。我们被承诺一个乌托邦，一个情色丰盛的景观，就像在赫胥黎①的《美妙的新世界》（*Brave New World*）里描写的那样，每个人都属于每个其他人。事实上则相反，我们必须得处理人类欲望带来的所有讨厌的东西——令人困惑的关系、复杂的讯息、感情纠结、暴力、嫉妒和忧虑。性反叛者将它们归结为长期的性压迫、父权制和旧时代宗教的恶性结果，但是，尽管那些妖魔在缓慢地消亡，这些讨厌的东西仍然存在。

换句话说，我们必须面对性生活所包含的危险，我们这些高成就者对此没有充分的准备。这种危险不帮你获得好分数，不帮你在《绯红报》和学生理事会任职；它不给履历表增添内容，或在工作招聘和申请医学院时助你一臂之力；它不会将你推向我们常被许诺的光明和成功的明天。这种危险所带来的结果，就是给我们充满竞争、计划缜密的生活增加一层复杂性和不确定因素，引起感情躁动和潜在的痛苦——我们没有时间处理这些麻烦。

于是模式就定下来了。人们来到哈佛，期望获得性的满足，发现实际情况比想象的要困难许多，便迅速地撤回到主导高中时代的书本、课外活动和熟悉的生活套路上去了。不错，的确有少数幸运者结成了形影不离的亲密伴侣，他们的稳定关系提供了性的宣泄渠道，同

---

① Aldous Leonard Huxley,1894—1963，英国作家，赫胥黎家族的著名成员之一。

时对谨慎的职业生涯意识没有任何干扰。而其余的人——失恋的大多数，则各自漂流在陌生、紧张的性文化中，这种文化支配着美国年轻精英的漫长青春期，从大学时代至大学毕业后的数年。

这种文化装作是放荡不羁和风流淫荡，然而它哪一样都算不上，真正的爱神和激情被抑制了，粗俗和冷静的奇异混合体占主导。尤其是在哈佛，其中还掺杂进了一种尖刻的嘲讽。毕竟，我和同学们都幻想自己是知识分子，而在美国，被吹捧的、宣讲的、推销的性文化跟知识毫不沾边。我们太聪明，不会喜欢那些低级趣味的东西，可不管怎么说我们还是想要，要飞媚眼的杂志、喘气的歌，甚至愚蠢的色情片。于是，我们在仔细掂量的自我意识中寻求庇护，做一些社会圈子里所能接受的事：订阅《男人装》(*FHM*)或《酷品》(*Stuff*)杂志，组织"皮条客和妓女"派对，或在模拟联合国的庆典上大唱"2 Live Crew"①。一年一度在温思罗普楼举办的"淫荡舞会"上，你甚至可以脱光衣服，以性行为来交换狂欢节的串珠。不过，你要永远明白自己的头脑是清醒的，你只是有一点过头；没错，你是在进行性行为，但你是**嘲弄式的**。

在这种文化里，那些的确发生的性交往往带有交易性，而不是超越性，而且它更容易令人产生事后的羞耻感，而不是解放和满足感。实际上，现在已经没有剩下多少东西要从我们的性文化中被解放。旧的束缚已经荡然无存，出现了一个解除了所有禁忌的景观：婚前性行为、口交、同居、观看色情片、手淫、同性恋、双性恋和异性着装，所有这些过去的禁忌现在都是允许的，只要没人喊"强奸"。但是，这一现实常常令人感到性的理想主义、浪漫、激情和恋爱的兴奋也被去除了——这些东西在性压抑的时代反而似乎大量存在。

---

① 美国迈阿密的一支嘻哈乐队，其歌曲的性主题曾经引起相当大的争议。

现存的唯一戒律是：**你不应当破坏自己的职业生涯**。它给人的感觉却像一千条《圣经》戒律那么严格。

剩下的就是偶然勾搭的滑稽戏。"勾搭"如今已是一个陈腐的词，甚至我在大学时它就令人厌倦了。社会批评家如戴维·布鲁克斯①注意到了这种现象，他形容兴味索然的本科生在谈论无甚价值的性生活时，"口气好像在描述通勤路线"。汤姆·沃尔夫②在论及这个问题时指出："在2000年，这个'勾搭'的时代，'一垒'是指深吻、触摸和爱抚；'二垒'是指口交；'三垒'是指性交；'本垒'是指问明对方的姓名。"③

这类警告性的报告具有某些真实性，不过，至少在精英学生当中，随意勾搭的频率很容易被过高地估计。对单身汉来说，"勾搭"跟柏拉图式的理想④不大贴近，他们明白"勾搭"是一种真实的，甚至时而尝试过的事情，然而在大多数情况下，他们是癞蛤蟆望着天鹅肉。"勾搭"通常是一名单身汉在星期五或星期六晚上追求的目标，但是尽管数十年来高唱妇女性解放，真正愿意吃力不讨好地搞一夜情的妇女还是比感兴趣的男人少得多。哈佛的情况则更糟，在那些已经为数很少的女性中，至少有七成会在周末的凌晨两点去敲终极俱乐部的门，寻求那里的高雅品位和男孩们乐得提供的免费酒水。这样一来，成群的欲火难捱的男生，修理了发型，喷洒了香水，期望在酒吧和派对里捕捉机会，留给他们的就是一些醉醺醺的、急不可耐的、怪异鲁莽的女性。即使是这样，大多数男生还是两手空空地回到宿舍，

---

① David Brooks，1961—　，美国评论家、作家和编辑。现为《纽约时报》专栏作家和美国公共广播公司新闻时间（PBS NewsHour）评论员。
② Thomas Kennerly（"Tom"）Wolfe, Jr., 1931—　，美国作家、记者。
③ 这里的"垒"是棒球术语。"本垒"是棒球赛中跑垒的终点。
④ "柏拉图式的爱"（Platonic love）指纯真简单的、没有性交的精神恋爱。

因为这类女孩也供不应求。

偶然成功的勾搭被男生们视为珍贵的奇遇，但经常是跟那些他们认为（正确错误不好说）比自己身份低很多的女孩发生关系。这种倾向形成了一种奇特的自得和自惭的交汇。汤姆在谈及他伪装激情的那个夜晚时，总是喜欢这么说："我找到了我在寻找的那片屁股。"而好多年之后，我们只要喊出他邀请到房间里的那些丑女们的名字，就足以令他难堪。我们叫"伊冯！"他就战战兢兢地屈膝。"玛丽萨！"他便发出一声呻吟。"艾利森！"他就痛苦地哼哼。"维罗妮卡！"他就羞愧地钻到了桌子底下。

你能想象可怜的维罗妮卡对汤姆作何感想。我想是没有任何好印象吧。所有的性革命都把妇女解放得像男人那样行为粗鄙，所以这种勾搭喜剧对她们来说并不那么好玩。从某种程度上说，妇女仍倾向于期望从勾搭中得到比短暂的释放更多的东西，她们比男人更喜欢幻想从一夜情延伸出一种关系，如果没有什么结果的话，则更容易感到失望。但是，即使对不抱这种幻想的妇女来说，这里也有个陷阱。那就是，老的双重标准（假正经和乱交都让人皱眉）虽然明显削弱了，依然普遍存在，迫使妇女们局促不安地在这两者之间走钢丝。社会在为后者付出高昂的代价。在哈佛，对女孩子的常用蔑称是"终极俱乐部的荡妇"，它反映了对社会等级的怨恨和对女人的厌恶这两种心态的交集。对男人则没有与此完全对应的蔑称。说一个男人邋遢或草率，听起来不像叫一个女孩"婊子"那样有恶毒意味。

在勾搭的时代，即使将"草率"用作贬义词也颇为愚蠢。不管你是在深夜给老情人打电话求欢，或是在波士顿的一个俱乐部里醉醺醺地跟一个陌生人搂抱，或是到西面去寻求比典型的哈佛女孩更迫不及待的史密斯女生，勾搭永远是一件非常草率的交易，在其中酒是必不可少的，古怪和草率的行为是预料之中的，黎明时分出逃是必然的。

自得和自惭几乎是同等程度地交织在一起：你也许在星期六早晨离开家，不惜一切代价地去寻觅勾搭的对象，但是如果你的追求成功了，星期天早晨溜达回宿舍，仍然被视为走在"羞耻大道"①上。除此之外，还有强奸和性骚扰的幽灵飘浮在上。根据马萨诸塞州的法律和学校政策的定义，在妇女法定醉酒的情况下发生的任何形式的性行为都属于强奸和性骚扰。在哈佛，每个星期六晚上的巫山云雨中很多都可能归于这一类。

很自然，在所有这些草率行为中就发生了一些真正稀奇古怪的事：正当一个喝醉了的女孩要和情郎干事的时候，她就地出恭了；一个女孩坚持让想做她情人的男孩表演裸体杰克跳②；有天晚上，一个女孩冲进我的室友尼克的房间，宣布"我一直想干这个"。她跟他干了三十分钟，从此再也没有跟他讲过一句话。这种无结果的邂逅也常常发生在陌生人之间。比如有天晚上，我熟识的一个女孩醉得头脑发昏，成功地使得她的梦中白马王子将她带到他的住处。当他到盥洗室里去的时候，她脱了衣服，挑逗性地躺在他的床上。他走进卧室，将她扫视了一遍，咧嘴笑了。

"这么说，你要让我干你吗？"他问。

"是，哦，天哪，请……"她喘息着。

"你要让我干你……从后面？"

"啊，是的，**是的！**"

"那么，祝你晚安。"他快活地说，丢下她，转身走了。她不得不自己硬撑起来，摇晃着回家。

我最欣赏的一件怪事发生在一个空气潮湿的春夜。尼克在哈佛广

---

① 原文为"walk of shame"。英语里有短语"wall of shame"（学校或邮局的公告板上张贴的社区内的刑事犯名单）和"walk of fame"（星光大道）。
② 原文为"jumping jacks"，一种举臂抬腿的跳跃运动。

场散步，碰到了在纽约实习时认识的一个熟人，她彼时是麻省理工的学生。她见到他似乎异常兴奋，很快他们俩就一起共进茶点。她坦白说，以前见面时，她就觉得他非常亲切可爱。尼克很高兴地坦承他亦有同感。然后，在薄暮下，他们沿着查尔斯河浪漫地散步，在维克斯桥的阴影下接吻。忽然，她对着他的耳朵轻轻地说，那将会很有趣，如果我们可以……

"……一起游泳！"

在他们的身边，查尔斯河水轻轻拍打着河床，虽然平静却是污浊的，注射针管和碎玻璃被冲刷到岸边。波士顿的车流在两岸呼啸飞驰；附近的小径上，一名跑步者疾速掠过，接着又闪过一位自行车骑士。还没等尼克反应过来，他的同伴已经甩掉了她的衬衣和裤子，在沉浸于柔光的河水里径自开始了蛙泳。

"那你怎么办呢？"我们屏住呼吸问。

"我能怎么办呢？"他说，"我脱光衣服，游在她的后面，接着我们就干完了。"

"在河里？"

他有点茫然地笑了："在河里。"

我们一致认为，如果那个女孩不是别的大学的，在查尔斯河游泳的一幕永远不会发生。大概人人都知道，跟哈佛西洋镜外面的人勾搭**总是**容易一些，或者说至少对男生来说容易一些。（"投掷H炸弹"是个校园用语，指的是通过轻松地说出你是哈佛生，来引诱一个女孩子上床。）不过这里也有一个挥之不去的双重标准：聪明、有抱负以及光明的前途使得哈佛男生不可抵御；在哈佛女生身上，同样的质量却往往造成了一种成见：智力可畏、不吸引人和缺乏女人味。我们男人可以被骂为由于成功而狂妄和势利，但总比被视为性冷淡的、狡猾异常的悍妇而被人拒之千里要强得多——这即可以解释为什么女孩子更愿意掩盖她们跟哈佛的关系,而不是炫耀它。 即使在校内,有些男生也抱有不言而喻的偏见,反对跟哈佛女生交往,其理由是跟我们同样成功和有野心的女孩会令人感到不舒服。

"H炸弹"也并不是无往而不胜,即使对我们男生来说。事情并不像你愿意相信的校园传奇那样,校外的女孩似乎从来没有那么敬畏我们。不过我还是认识一些人,他们像卡萨诺瓦①一样,去卫斯理学院②招蜂引蝶。卫斯理学院一度是拉德克利夫学院的对头(老话说:"**卫斯理上床,拉德克利夫上轿。**"),近年来它也吸收了女同性恋的时髦观念,我的在史密斯的朋友玛格丽特很讨厌这个时尚。对很多更迫不及待的男同学来说,女同性恋主义反倒更增加了魅力,他们兴致勃勃地挤上被称为"性交卡车"的班车,从哈佛"院子"开往波士顿市郊的卫斯理,或者穿上女性服装,去参加一年一度的女同性恋舞会。他们在那里观看年轻女孩子们龇牙咧嘴地表演脱衣舞、互赠法式热吻。同时,又抱着一线希望能够遇到一个像特蕾莎那样的女孩。一个周末,卫斯理女生特蕾莎跟我的室友西达思勾搭上了,接下来的那个周末又打电话邀请他去校园,她许诺说有一个计划好的大规模狂欢。

"我拿不定主意,哥们儿,"那天晚上,西达思若有所思地对我们说,"我几乎想去试试。但如果我真的要去,我得很快出发——我该去吗?"

很遗憾,我给了他一个天主教的答案:"不"。其他所有人则给他《美绅》的答案:**嗨呀,兄弟,当然去!**但是,怀疑开始徐徐渗入。

---

① Giovanni Giacomo Casanova,1725—1798,18世纪意大利探险家和作家,他的自传《我生活的故事》被认为是18世纪欧洲社交生活习俗和规范的第一手资料。他以跟妇女发生复杂和精致的关系而闻名于世,以至于他的名字成为"风流坏子"的代名词。
② Wellesley College,一所女子文理学院,距离哈佛约23公里。

"你知道的,如果是个计划好的狂欢……"

"……那一类人大概会出现……"

"……会很怪异……"

"……并且丑陋……"

"……而且他们可能都是……"

大家异口同声地说:"男人!"

西达思那天晚上待在了宿舍里。

一年级的爱情大挫败之后,我自己投掷"H炸弹"的欲望在夏天达到了高潮。在康涅狄格大学兄弟会和地下室的低劣派对里,我虚度光阴,毫无斩获。我希望用一系列的征服来埋葬对雷切尔·帕雷的记忆,拼命地结识各种年轻女人——我的朋友称其中一个是"啤酒荡妇",给另一位起了个绰号叫"矮墩儿"。

有一次成功的尝试,是在一个高中朋友的父母的客房床上完成的。一个长得像里斯·威瑟斯庞①,不过比她稍微矮胖一点的女孩,醉醺醺地在我的脖子和脸颊上胡乱地舔舐一气,这还是花了好久才步入的境界。**大多数哈佛人都要花这么长时间才得到他们想要的吗**?她问,将她的舌头塞进我的嘴里。我不知该说什么,但旋即不很确定**就是**我想要的。由于喝了太多的伏特加,我口干舌燥;她的乳房从粉红色的睡衣里涌出来,令我呼吸困难。按说我应当亢奋,却反而感到兴味索然,而且有点厌恶自己,厌恶她,厌恶这整个交易……接着,对这一冒险残存的热情转瞬间消失殆尽,当她咬着我的耳朵说:"你知道的,我服了避孕药……"

---

① Reese Witherspoon, 1976— ,美国女演员、影视制片人。曾在以哈佛法学院为背景的电影《律政俏佳人》里扮演女主角艾莉·伍德。

* * *

我服了避孕药……那个女孩不是哈佛的，但是在那天夜里，在阴湿的地下室房间里，她代表了我们所有的人——整个美国的年轻精英。不是跟对方说**我爱你**，不是说**这简直太奇妙了**，也不是说**让我们走到底**，而是说**我服了避孕药**。因为，毕竟，那才是至关重要的信息。

我们受到的正式性教育充斥着各种表格、图片、统计数字和可怕的警示照片。**这就是衣原体感染的情形**，高中生物老师向我们展示阴茎下疳的图像。**这是怀孕的几率，如果你没有采取避孕措施的话；这是如何将避孕套套在一只香蕉上；这是输精管，这是泌尿管，这是输卵管，还有，这是阴蒂。**这些信息很少能够被记住。当人们在黑暗中摸索一个女人的裸体时，无人记得怀孕的精确风险或计算排卵期；在需要戴避孕套的那一刻，无人记得特洛伊香蕉①的演示。如果说性教育起到了任何作用的话，那么就是这些课程传达的潜在讯息，它们主要不是跟临床细节有关，而是涉及经济和社会的当务之急。首先是高中老师，然后是大学校方、父母甚至同辈人，全都告诫年轻精英们要记住什么是最要紧的事，记住你的职业生涯、父母的期望、研究生院的申请，以及作为一名常春藤毕业生，你在二十几岁时的收入潜力。牢牢地记住所有这一切，慎重地考虑你跟谁发生性关系、如何发生性关系。

这种性安全的文化从采取避孕措施开始，它是哈佛校方对保护学生不受伤害的主要贡献：每个宿舍和盥洗室里都放有避孕套；学校卫生所提供避孕药；如果出了点岔子，还有"事后避孕药"；假如上述方法全都失败了，还可以去波士顿堕胎。你可以做你想做的一切，不

---

① "特洛伊"（Trojan）是一个避孕套品牌。

过别忘了你的橡胶套，这就是我们这所曾经是宗教性的大学[①]传递的讯息。为了满足同学们的欲望，解除他们的焦虑，一些具有社会良心的学生组织尽职尽责，以更形象的语言来提供帮助。"同辈人避孕药咨询师"是这类组织中我最喜欢的一个。他们举办讲习班，提供咨询和紧急救助热线，张贴生动有趣的彩色海报，保证教会你如何戴牢避孕套，怎样使用牙齿坝以及其他有用的技术。他们的网站这样承诺："学会如何处理木头似的阴茎之后，你便可以随心所欲了。"

但是，要做到万无一失，还需要比采取避孕措施更进一步。毕竟我们是在大学里——人们喝醉了，失去了基本的感知，忘记服药和戴避孕套。因此，也许可以这么说，互相手淫和口交就成为了性生活的主要方式。这是年轻特权者惯用的技术，它极大地减少性病的危险，完全没有怀孕的风险，并且能够简捷地满足急迫的性欲。如果你觉得嘴唇和舌头乏味无趣了，还有其他的怪招，比如，让乳房丰满的刺激术，或是真正无聊的人使用的老式手功。

每个人都赢：你可以跟一个陌生人口交，而不必去服"事后避孕药"；你可以跟一个熟人或朋友这样做，然后对自己说这只不过是满足短暂的情欲发泄。你也可以像我认识的几对伴侣那样无限期地采用口交——或是为了消除隐约的宗教恐惧，给婚礼之夜保留些东西，或是简单地为了免掉每夜用避孕套和服避孕药的麻烦。你可以享受向上攀升的年轻美国人自信有权享受的无拘无束的性生活，而不会给社会地位的上升带来任何危险。

而比口交更安全的是性玩具。它们曾经是供权贵的情妇和孤独的家庭妇女使用的，现在则安全地进入了主流社会，所有寻求没有脏乱

[①] 哈佛虽然从未正式地隶属于任何教会，但其早期的主要教育内容是训练公理教和一体教的神职人员，18世纪后其课程和学生构成逐渐世俗化。

的性生活的人都可以得到。正如色情片带给年轻男性的好处，性玩具给年轻女性带来同样的便利：刺激而没有风险，亢奋而没有危害，获得性高潮而不必黏上一个搭档。

"喔，你们可能已经听说了，是的，本学联在近几周内要举办一个性玩具派对。"拉德克利夫学生联合会在给会员的一封电子邮件里这样开头。该联合会是我在三年级时的一个具女权主义思想的本科生组织。可悲的是，邮件作者向会员保证在活动期间"每个人都将整齐着装"。她许诺"这基本上是个展示性玩具的特百惠派对"，或者叫做"产品演示，由外面的某个以此谋生的人来做示范"——确切地说，是由当地一家"妇女经营的"、名叫"开门大吉"的性商店来陈列和演示"各类性玩具"，希望"那些对去主流性商店可能感到不自在的妇女能够通过这项活动，了解有哪些选择可以帮助她们扩大性生活的体验"。邮件解释说，毕竟"妇女自慰和妇女性欲的现实是对父权主义的蔑视和挑战"，因为"可以自我释放的妇女不需要男人来达到性满足……这样，妇女的性行为就不再被认为是仅为了再生产和满足男性了"。

发送邮件的这个自觉的女权主义者的论调落后了二十年。妇女的自慰行为大概曾经是挑战过父权主义，但我认识的大多数男性都已经快乐地接受了"妇女性欲的现实"。"跟性玩具建立良好关系"的观念有时是值得赞赏的，比方说，在二十一岁生日派对上，室友送一个振动器做礼物；大学婚姻的配偶将性玩具带到他们的卧室里，也是非常体面的；还有的情况下可能是双方商定的一种交换品：妇女期望男人允许她们将精巧的装置放在床单里，至少接受她们私自使用电动阳具或其他威胁性较小的器具。性行为的目的说到底是性高潮，而不是任何古代理想所说的"一体"①或"神秘的结合"。那么，不管什么方

---

① 原文为"one flesh"，源于《圣经·创世记》中上帝创造夏娃的典故。

法，只要是可以帮助双方达到肉体快感的高潮都是受欢迎的。尤其是未来的统治阶层很少有时间留给性生活。

当我们很匆忙时，我们通常使用振动器，我的一个朋友有次告诉我，你知道的，当我们必须得去什么地方或做什么事的时候。

作为回报，男人期望女人容许他们观看色情片，毕竟那是最安全的性行为。感谢 VCR、电缆电视和最近的 DVD，色情片已经冲击了一般美国人的生活。不过，在大学校园里，最为普遍的是猥亵图像，当今伴随着万维网长大的学生们以其网络知识，简单地按一两下鼠标就可得到即时的情色满足。今天的哈佛人了解色情电影明星，如珍娜·詹姆森①的所有作品，就像了解欧内斯特·海明威（Ernest Hemingway）或南北战争大事记那么详尽。沿着州际 95 号公路向南，在堕落的耶鲁，一群学生成立了一个观看色情录像的组织，叫做"色情和小妞"，然后他们打算使用本科生演员，自己来拍摄一部色情电影，暂定片名是《思她可死死死死》（The Staxxxx）。这个冒险计划由于缺乏演员而夭折了，但常春藤的黄色大旗最近转而被哈佛高高擎起，一个由学生经营的性杂志开始出版，它的名字，很自然地，就叫做《H 炸弹》。

色情片长期以来就存在于我们的生活当中，它的对象主要是年轻男性，但是在不久之前，你起码得离开家才能观看到猥亵图像。由于法律和习惯的制约，它们仅限于色情影院、色情书店和脱衣舞俱乐部之类的烟花柳巷。即使是随处可得的印刷品，如女模特儿海报和《花花公子》（Playboy）杂志，亦带有某种羞涩和审美的纯真。

所有这一切都改变了，取而代之的是不称之为卖淫的卖淫。眼神

---

① Jenna Jameson, 1974—   , 美国企业家，前色情演员，被认为是世界最著名的"色情娱乐节目"表演者，有"色情女王"之称。

空虚的男人和为他们（和我们）服务的做了丰乳手术的女人，通过高速网络的魔术，没完没了地展示性交和射精。对于我们这代人来说，这种赤裸的色情①是真正的性教育和卑劣的课外活动。通过它们，每种欲望都能实现，每个肮脏的刺痒处都可以被搔挠。甚至连恋童癖，最后的一个禁忌，也显示出松动的迹象。网上无处不在的横幅广告和突冒的信息蛊惑人心，许诺提供"雏妓"和"刚到合法年龄的"女孩，这些玩意儿很容易被果敢的网络玩家猎取。姑且问一下耶鲁的塞布鲁克学院前院长安东尼奥·拉萨加②，或哈佛神学院前院长罗纳德·蒂曼③吧，我在哈佛时，他们两个人都被曝光收藏有大量的儿童色情品。

阴暗多样的网络色情最终所提供的是一种性生活的整平，它大肆宣扬每个欲望都值得培育，每个男人——更强烈地断言每个女人也同样——都有权利通过DVD、MPEG和录像带，跟他们幻想中的颤抖呻吟的对象调情。色情品真正地唤醒了非常哈佛式，也是非常美国式的权利应享的意识，它道出了我们已知的事实：我们在任何时候都能够拥有我们想要的任何东西，并且不承担任何风险。

* * *

值得注意的是，至少在年轻的上层人士中，这个制度运行得非常之好，避孕子宫帽、牙齿坝、自慰、口交和色情片轻而易举地取代了

---

① 原文为"hard-core porn"，与之相对的是"soft-corn porn"，指较隐晦的色情。
② Antonio Lasaga, 1949— ，美国著名地球化学和地球物理学家，曾在耶鲁大学担任教授、系主任和院长。2001年因收藏儿童色情品和猥亵幼童罪被判刑20年。
③ Ronald Thiemann, 1946—2012，1986—1998年间担任哈佛大学神学院院长。1999年因被发现在计算机上存储儿童色情品而辞职。

世世代代管制性生活的传统家庭、宗教意识和羞耻观。新的正统观念不是告诉年轻人为婚姻而保留性生活，而是告诉我们无论想要多少都没关系，只不过在操作时要小心，免得性病和计划外的孩子妨碍了我们光明幸福的前途。这是一个成本—效益方程，最终我和同学们都透彻地理解了它，逐字逐句地遵循着它的法则。当效益巨大、成本较低时——嘴巴的工作取代传统的男上女下的姿势，一个振动器取代一个阳具，何乐而不为呢？

这个方程并不适用于每个人。如果你没有大学毕业后立即可达到六位数字收入的前景，没有分数和成绩将你提升到英才教育的档次，如果你的眼界被你所在的社区、畸形家庭和贫困限制了，那么，让你为了前途而遏制本能的欲望，听起来可能很荒谬，不真实，甚至是一种侮辱。当你毕业后的地址是在曼哈顿下城、灯塔山或圣塔莫尼卡时，你很容易记得使用避孕套；而当你所知的世界和预期的未来距离特权阶层遥不可及时，就很难记得、很难领会这一要点。

所以，属于哈佛的最性解放的一代**是**要付出代价的。但这个代价不是由我们来付。美国有将近三分之一的孩子是非婚出生，其中三分之一的母亲是二十二岁以下；在黑人社区，非婚生育率达七成。但是，哈佛的学生中几乎没有人在校生子，无论非法或合法（校方对在校生子很不友善）。我们过于小心，那种事是不会发生在我们身上的。

在美国，每年有一百二十万例堕胎，半数美国人在二十五岁之前会感染性病。但是，哈佛的学生是小心谨慎的：我的朋友里没有人堕胎（除非算上"事后避孕药"），很少有人感染性病，除了普遍存在的人类乳头状瘤病毒（**它完全无害**，我们互相欺骗说）。在这个家庭破裂（有半数婚姻在法院里结束）的国家里，哈佛学生的家庭结构似乎也明显地稳定，据非正式统计，我在大学的二十个朋友里只有两个人的父母离异。

但是，凭什么我们**应当**为我们的自由付出代价呢？毕竟，我们过的是为特权阶层的学生们量身定做的安全性生活。因为实行安全的性生活只需要有动力、自控和健康的自尊，这些在我们身上都绰绰有余。动力不是到处都存在的，而如果其他人没有跟我们一样的光明前途来提醒他们将避孕套戴紧、服"事后避孕药"，那可不是我们的错。我们生活在英才教育体制中，难道不是吗？我们配得到我们的地位，难道不是吗？相比我们的性自由，相比我们的不可剥夺的权利（想怎么做，跟谁做都行），较穷人家的一些非婚生的孩子不那么重要，难道不是吗？尤其是，我们还相当慷慨大度，在哈佛开办的颇受赞扬的课后项目里给那些孩子们当辅导老师呢。

我的同学里很少有人这样想问题，至少不是有意识地这么想。保守主义者经常想象，无节制的性革命可能会在年轻精英中产生反作用，使他们回归到求爱、贞洁、节制和骑士精神。这种想象很天真，因为我们的性生活足够绝缘，足够"安全"。无节制的问题的确存在，它不成比例地反映在妇女们身上，她们陷入堕胎的困境，她们得抚养没有父亲的孩子，她们要忍受因衣原体感染、人类乳头状瘤病毒和盆腔炎引起的不孕症和癌症。但是，精英妇女及一般所有的精英很少没有节制；**我们**不过早怀孕或结婚；**我们**不得性病；**我们**不堕胎——虽然我们安心地知道如果需要堕胎，总是可以办到的。

说到最后，我们所要忍受的痛苦，就是我已经提到过的，感到不尽人意、若有所失，感到那个文化没有真正履行它的诺言。但是，这种不温不火的绝望，几乎不会引起社会变革。我们的父母期待迎接的性涅槃距今已有一代之遥，今天，当我们翻阅亚历山大·康福特[①]的

---

① Alexander Comfort, 1920—2000, 英国医生和作家。他的插图专著《性的欢愉》于1972年出版，在"性革命"运动中影响深远。

《性的欢愉》(*The Joy of Sex*)和70年代的其他原始文本时,好像在读着来自外国的快报,在那种地方,性生活据称是超越的、虔诚的或至少是值得怀念的。可是,今天没有人还想要回到过去。

我毕业后的那年,有两个二十来岁的性问题专栏作家针对年轻一代编纂了一本时髦的性手册,叫做《大爆炸》(*The Big Bang*),号称是提供"新的性宇宙的权威指南"。它旨在附庸风雅、前卫和滑稽有趣,彻底颠覆了早期的手册。

当被问及对康福特的名著的看法时,《大爆炸》的作者之一对《波士顿环球报》说:"那些书在信息方面并没有特别过时,但是,对我们来说它们过于认真。它们的普遍假设是'做爱'应当持续数个小时,而且永远是一种人与人之间的美妙体验。"

"那可不是我们和我们的朋友们的性生活!"

第七章
自由主义者^①的内战

在我三年级春天的一个下午，一群学生从一幢新生宿舍楼的地下室跑出来，来到哈佛"院子"入口附近的一座古老的砖楼——马萨楼的一层。他们携带着睡袋、手提电脑和够吃一周的麦片，冲过困惑的校警们，经过秘书的办公桌，在校长的办公室里驻扎下来。办公室的主人尼尔·鲁登斯坦当时幸好不在。学生们拿出了手机，连接上电脑，准备就绪，开始了一场 21 世纪的静坐。

在同一天里，他们的要求传出来了：哈佛的所有工人，无论是直接雇用的还是通过中介公司雇用的，必须被付给至少每小时 10.25 美元的基本生活工资，每年根据通货膨胀进行调整，并且附加基本的健康保险。

---

① "自由主义"（liberal, liberalism）一词有多种、多层政治和哲学含义。简单概括地说，作为政治意识形态，它包括"古典自由主义"、"保守自由主义"、"经济自由主义"和"社会自由主义"。作为政治党派，它包括"自由民主政府"、"自由民主党"、"国际关系的自由主义"和"欧洲自由主义"等。在当代美国，"自由主义"可以是分别或同时指"现代自由主义"和"进步主义"。"现代自由主义"主张以社会正义和混合经济（市场和计划相结合）为支柱的社会自由主义事业，包括选举权、堕胎权、同性恋权利，以及全民教育和保健等政府项目。"进步主义"主张通过政府行为，实施政治、社会和经济的渐进改革。它在政治派别里处于中间的左翼，不同于反对渐进的激进左翼。

学校里所有的人都已经知道他们的要求是什么。这些学生是"基本生活工资运动"(Living Wage Campaign)的成员。该运动是"进步学生劳工运动"(Progressive Student Labor Movement)的一个分支。在过去的三年里,他们参加一系列不断升温的抗议活动,发表评论,举行宣教讨论会,游行示威,驻扎抗议——所有这一切的目的就是说服校方同意支付基本生活工资。开始是每小时 10 美元,后来,由于通货膨胀,提高到 10.25 美元(喊口号时这个数字不大顺口)。在这整个过程之中,学校当局几乎没有让步,其他同学无动于衷地或是厌烦地观看着这些滑稽戏。从某种程度上说,很难反驳这次静坐的正式理由。他们宣布:**我们静坐,是因为我们跟校方的关于基本生活工资的所有对话渠道都已穷尽**。这基本上是事实。他们宣布:**我们静坐,是因为跟校方对话失败后,我们的其他策略都已穷尽**。这也是事实。

我们静坐,是因为这令我们感觉酷和重要。他们没这么说,但是很多人怀疑这也是部分事实。

校园里的很多人不赞同他们的做法,感到厌倦。《绯红报》发表社论表示反对,还搞了一项争论激烈的民意调查,结果显示有三分之二学生反对静坐。校长和院长们拒绝谈判。警察站在马萨楼外跟抗议者们调侃,没有迹象表明他们要掏出警棍。由于没有淋浴,楼内开始发臭。

但是,学生们有手提电脑和手机,他们还有不少的同情者,比如"进步学生劳工运动"的成员、当地工会的一些头目,以及通常会出现在这类场合的附近居民、一些头发蓬乱的家伙——对他们来说,革命计划虽然被推迟了,但未必被取消了。各种各样的同路人聚集在哈佛"院子"里,马萨楼外很快就出现了每天的抗议活动,人们挥舞标语牌,擂鼓,高呼口号:"嘿嘿!吼吼!低廉报酬,必须赶走!"接着，在约翰·哈佛塑像前面的古老肃穆的草坪上，渐渐地出现了一个帐篷城。每年春天在哈佛"院子"里拍照的无数日本旅游者，这下子又有了新的摄影机会。

紧跟在这个静坐马戏表演的后面，媒体涌来了，大概是早有预谋。

* * *

哈佛的校园抗议有着显赫的历史。在19世纪初期，学生造反司空见惯。惹是生非的本科生们经常砸烂窗户和家具，点燃火堆，或是在"院子"里制造爆炸。造反通常是抗议某些繁重的学业要求，或是反对校方明目张胆地对某个学生的不公处置。1823年，超过一半的四年级生发誓离校，除非一名被开除的学生被恢复学籍。结果是四年级的70名学生里有43人被开除了，其中包括约翰·昆西·亚当①的儿子。1834年，一年级和二年级学生举行罢课，显然是抗议一位拉丁语教授要求他们背诵什么"赞姆夫特拉丁语法"。当时的校长是乔赛亚·昆西②（我住的宿舍楼以他的名字命名），他勒令所有的二年级学生停学一年，同时誓言将那些故意破坏学校财产的责任人提交给大陪审团，试图以此来粉碎学生们的造反。其结果适得其反，引发了更多的抗议。三年级生们戴上黑臂章，将昆西的肖像吊起来，在小教堂里制造了爆炸；还有一群四年级生递交了一份很有说服力的诉冤状。哈佛监管会在剥夺了诉状作者们的学位之后，被迫做出了一个长达47页的辩驳。大陪审团几乎没有起诉任何人，拒绝处罚触犯者。昆西的威信大跌，哈佛的注册数量骤

---

① John Quincy Adams，1767—1848，美国第六届总统（1825—1829）。
② Josiah Quincy III，1772—1864，美国教育家、政治人物，曾任众议员和波士顿市市长。1829—1845年间任哈佛大学校长。

降，1836届的学生人数是1809年以来最少的。

进入20世纪之后，哈佛变得比较有秩序，在世界大战和经济大萧条的清醒年代①里，抗议活动大大地减少了。然而从50年代开始又故态复萌：因《波戈》(Pogo)连环漫画家沃尔特·凯利②来校演讲迟到，学生们推翻了有轨电车，与警察发生了冲突；抗议用英文取代拉丁文印制毕业证书的决定，学生们整整两夜将校园闹了个底朝天。这类造反很疯狂，但同时也颇为天真和傻气。在下一年代的大灾难之后，它们就更显得幼稚了。

50到60年代的哈佛校长是内森·普西③，尽管他来自中西部，不是波士顿的贵胄，却是一个权威人物，他恰当地体现了那一代上流绅士的自由主义理想。他在50年代初期反对麦卡锡④；他在哈佛的每一个层面扩展英才教育，欢迎犹太人和天主教徒进校；他增进了与拉德克利夫学院的关系，为最终与之合并铺平了道路。而且，当一位哈佛校友主持椭圆形办公室时⑤，世界秩序井然——无论是多么短暂，在卡米洛特⑥的光辉照耀下，他受到恩宠。普西的相貌也很英俊，有一种奇异的青春永驻的面容，六十多岁时他脸上都不现皱纹。罗杰·罗森布拉特⑦在回忆录《破裂》中写道：他看起来"像警察艺

---

① 美国在1919—1933年间实施禁酒法，禁止生产、销售和运输酒精饮料。
② Walt Kelly, 1913—1973, 美国动画家、漫画家。
③ Nathan Marsh Pusey, 1907—2001, 美国著名教育家，1953—1971年间任哈佛大学校长。
④ Joseph Raymond ("Joe") McCarthy, 1908—1957, 美国政治家，曾任参议员。在50年代"冷战"期间由于对"共产主义颠覆"的恐惧所引发的反共运动中，他是一个代表人物，他宣称在美国政府及其他机构和组织里有大量的共产党人、苏联间谍和共产主义的同情者。
⑤ 指哈佛校友约翰·肯尼迪担任美国总统的1961—1963年。
⑥ Camelot, 传说中英国亚瑟王宫廷所在地，象征灿烂岁月和繁荣昌盛的地方。在美国为一历史名词，专指1961—1963年肯尼迪任总统期间的"黄金岁月"。
⑦ Roger Rosenblatt, 1940— ，美国记者、作家、剧作家和教授。长期担任《时代》周刊专栏作家。1997年他出版了《破裂：关于1969年哈佛争战的回忆》(Coming Apart: A Memoir of Harvard Wars of 1969) 一书。当年他是哈佛的一位年轻讲师。

术家勾画的漂亮男人"。普西还是一位出色的筹款人，校友们喜欢他。在他的任期内，哈佛的财力和自信都大大地增强了。

然而，到了60年代后期，对于很多教授和学生来说，普西的自由主义品牌就显得过于老派了。前者认为他傲慢无知，后者认为他脱离现实、清教徒做派。特别是在有关性的问题上，哈佛对学生宿舍的女性访客的规定，日益被攻击为不合时宜。避孕药出现了，还有蒂莫西·里雷①事件。上一年代的快乐共识正在消失——这甚至还是在人们认识到越战是如何糟糕之前。

但是，当危机进一步加剧，形势恶化，校园暴力在全国范围内出现时，哈佛自诩没有发生动乱。当然也发生了一些事件，如1966年11月，罗伯特·麦克纳马拉②到学校来辩论越战问题，学生民主社团（Students for a Democratic Society）的抗议者们打断了他的演说并且骚扰他，他不得不从学校的蒸汽管道网的通道里逃走。不过后来麦克纳马拉自己淡化了这件事，有2600名学生签名为同学们的行为向他道歉。直到1968年，普西和他的同僚都可以漠视哥伦比亚大学和加州大学伯克利分校的大规模抗议事件，仅仅将它们视为区域性的问题。普西坚称，伯克利骚乱的导火索是由于"对本科教育的忧虑"。关于哥伦比亚事件的起因，由哈佛法学院教授阿希博尔德·考克斯（Archibald Cox）担任主席的一个委员会自以为是地下结论说，哥伦比亚"缺乏将一所大学凝聚成整体的混凝土"。人们原则上一致认为哈佛应当做最坏的准备，可是似乎没有人相信真的会

---

① Timothy Leary, 1920—1996, 美国心理学家、作家，因鼓吹迷幻药的疗效而闻名。在哈佛当讲师期间他搞了一项迷幻药研究课题，用监狱里的犯人做试验，引起社会争议而被哈佛解雇。
② Robert McNamara, 1916—2009, 美国企业高管、政治家。曾担任肯尼迪和约翰逊政府的国防部长（1961—1968）和世界银行总裁（1968—1981）。

发生什么大事。

与此同时，激进学生们在自行策划行动。比如，对哈佛的课程设置发起攻击——包括《绯红报》社长詹姆斯·法洛斯（James Fallows）在内的一群人，开设了由学生自己任教的对台戏课程，称之为"反对哈佛教育的阴谋"；向道德沦丧的大公司的招聘者示威——道氏化学公司（Dow Chemical）的一个倒霉的代理人在哈佛举行面试时，被困在了马林克罗特实验室里好几个小时；再有就是请愿反对在校内开办"预备役军官训练营"①。对训练营的抗议，教授们似乎愿意让步。1969年2月，他们投票取消了训练营课程的大学学分，将之转为课外活动。不久，在同一个月里，另一个委员会提出了在两年内终止所有训练营课程的建议。

所有这些，并不足以满足学生民主协会哈佛分会的胃口。4月9日中午时分，三百名左右的学生、教师以及各类校外人士，群情激昂地冲进了办公大楼——哈佛校方的神经中枢。他们将院长和主任们从楼里驱赶出去。如果谁拒绝出去，就被推搡拽拉到外面。他们尤其强暴地对待一名孤单的黑人管理人员——一年级助理教务长阿奇·埃波斯（Archie Epps）。（埃波斯比这些人待在哈佛的年头都要长，他后来被提升为学生事务主任，我进校时他仍在为哈佛工作。）有些占领者乱翻哈佛的档案，后来在学生民主协会的报纸《老鼹鼠》（Old Mole）上抖搂出了一些津津有味的八卦。有些人玷污了办公室的墙壁和豪华的教授办公室，尽管采取这种行为的是极少数；还有的人站在台阶上或从窗口发表即兴演讲。他们也提出了一些要求，比如，立即在哈佛取消"预备役军官训练营"；将学校在剑桥市较穷社区里的

---

① Reserve Officers' Training Corps (ROTC)，一种为美国军队培训军官的大学专业，学生以成绩为基准，获得奖学金，在选修跟其他人同样的课程之外，加上军事训练和教育内容，毕业后必须去军中服役数年。2010年美国在职军官中大约有30%来自 ROTC。

房产的租金降低到从前的水平（这个与劳动阶级休戚相关的请愿，预示了后来我们这一代人对此的执迷）。但是，众所周知，当时真正的关注中心是越南战争。正如学生民主协会所说："我们认为，对世界上被美军占领的土地上的人民来说，'预备役军官训练营'是一个生死攸关的问题，美国军队在为他们的社会革命打一场邪恶的战争。"

校园里总体的情绪是反对占领办公大楼。如果校方静观其变，抗议活动可能会不击自溃。约翰·肯尼思·加尔布雷德①后来说，"十二个小时的耐心"也许就会结束该事件；詹姆斯·奎恩·威尔森②同意这一看法。但是，同前辈乔赛亚·昆西一样，普西是个权威人物，不是妥协者。而且，从哥伦比亚和伯克利的教训中得出的直觉告诉他，对激进分子要狠狠地打击，并且下手要快。

于是，4月11日早上五点，四百名市和州的警察冲进办公大楼，一举驱逐了占领者。蓝领阶层出身的波士顿警察对娇宠的常春藤反战分子没有耐心，不那么斯文（**法西斯猪**，学生们尖叫。**长发的共党**，警察们吼着顶回去）。他们用攻城槌撞开大门，朝聚集在外面的学生喷射催泪瓦斯，在楼里释放梅斯毒气，向占领者挥舞警棍。在大楼廓清之前，有五十多名学生被棒打了；数十人摇晃着走出大楼，头上脸上淌着血。60年代哈佛的形象就定格在那个早晨：披头散发、受伤流血的学生们被头戴钢盔的州警们用棍棒驱赶

---

① John Kenneth Galbraith，1908—2006，美国经济学家、政府官员和外交家，曾在罗斯福、杜鲁门、肯尼迪和约翰逊政府任职。他是极其多产的作家，特别是经济学方面的著作。他在哈佛任教多年，是美国20世纪自由主义的领袖人物。
② James Quinn Wilson，1931—2012，美国学者、政治科学家、公共管理学的权威。1961—1987年间任哈佛政府学院的教授。他跟乔治·凯林（George L. Kelling）在《大西洋月刊》1982年3月刊发表的文章中首次提出了著名的犯罪学理论——"破窗理论"（Broken Window Theory）。

出来。

媒体大肆报道了这一事件；教授们虽然对于静坐的看法分裂成两派，但大多数人对这种解决方式都感到十分震惊；在此之前，学生主体对抗议者无动于衷，之后数千人转而抗议普西的暴力手段。哈佛似乎第一次感觉到了革命的气息；大多数人预料在那个春天或接下来的秋天，新的、更强烈的抗议会接踵而来，一个激进的学生团体将在今后多年占据统治地位。"院子"里的那个流血的早晨是一道分水岭，一切都不会再跟从前一样了，抑或人人都这么认为。

一切都不一样了，但革命本身并未产生。出现了更多的示威，包括围绕建立一项非裔美国人研究专业而发生的骚乱，一名黑人学生在教师会议的门外挥舞屠刀，那个会议投票通过了设置该专业。当美国卷入越战接近悲惨的尾声时，还有各种罢课、烛光守夜和抗议示威。但是，再也没有哪一个接近于办公大楼占领事件的戏剧性和暴力程度。很多人想象那次事件仅仅是汹涌的革命浪潮的发端，结果发现它是革命浪潮的顶峰。

不久便很清楚，四月暴力事件的长远意义将是作为一个政治上的罗夏测验①，清晰地界定了 60 年代后期美国自由主义者的分歧。接管大楼是一个黑暗的日子，是幼稚的极左激进主义冒险的一个教训吗？抑或，抗议者们应该被捧为英勇地反抗全美国特别是哈佛的邪恶势力的殉道者？当最后一名尖叫的学生民主协会成员从神圣的办公大楼里被拉出来时，这个辩论就开始了，它至今也没有结束。

普西，在教授和学生中失去了信誉，地位可悲地下滑，于 1971 年退休了。他采取的暴力行动界定了他任职二十年的业绩。"预备

---

① Rorschach Test，一种心理学测验，根据被测人对不同墨迹的感受来进行心理分析。

役军官训练营"在哈佛消失了，越战在收场，和平回到了大学校园。然而，60年代裂开的鸿沟依旧存在：不是左派和右派的分歧（保守主义者"自诩"在精英大学里的势力近似于在麦加的卫理公会教徒①），而是左派和极左派、民主党人和社会主义者之间的分歧，是《新共和》(The New Republic)和《国家》(The Nation)之间的分歧，以及最重大的，阿尔·戈尔和拉尔夫·纳德②之间的分歧。

这两派人，也许可以被称为"客厅自由主义者"和"街头自由主义者"。他们至今仍在作战，为由学生民主协会发起的、内森·普西未完成的战斗而战。

自1969年春天以来有一种动向。老一代的客厅自由主义者退休了或相继逝去（或者是迅速地跟进了潮流），随之消失的某些一度是自由主义的思想，在和平与和谐世界的辉煌黎明，很快就被视为基本上是反动的了——其中最主要的是关于性的观念。在大学校园里，这意味着对访问宿舍的时间限制和对单一性别学校的看法。单性学校演变成了单性宿舍楼，单性宿舍楼演变成了单性楼层，单性楼层又演变成了单性房间。到了90年代末，甚至连单性房间也被认为是古旧可笑的了。接着是堕胎问题和罗伊诉韦德案③，每个人都明白自己应当持何种立场；然后是关于同性恋的争论，大学成为同性恋者在全国的第一个"安全空间"。在这个国家里，人们起初对同性恋是坚决地表示憎恶，接着变得不太憎恶，然后刹那间，数百万人开始观看《威尔

---

① 麦加(Mecca)是信奉伊斯兰教的穆斯林之圣地，卫理公会是基督教的一支。这是比喻保守主义者在精英大学里的势力微乎其微。
② Ralph Nader, 1934——，美国律师、作家和政治活动家，曾两次作为"绿党"提名人、两次作为独立候选人竞选美国总统。据称他曾说阿尔·戈尔跟乔治·布什的立场很接近，即间接地暗示他跟阿尔·戈尔的立场差距很大。
③ Roe v. Wade，美国联邦最高法院在1973年关于堕胎合法化问题的历史性判决。

与格蕾丝》①和《酷儿眼光》②。

也就是说，街头自由主义者在卧室里取得了一些胜利，但是在其他地方都失利了。20世纪60年代的人成年之后参加了工作，开始挣钱，从而促使他们反思：整个资本主义终归可能并不那么糟糕。这种认识在一段时间内，即在里根当总统的80年代里尚未定型，爱财也许不是什么坏事，可是1969年那一代具有正确信仰的哈佛毕业生仍然鄙视赚钱，将之与那些削减税收、炸毁政府大楼的坏透顶的共和党人联系起来。然而，到了克林顿当总统的90年代，1969年那代人在华盛顿掌了权，并在各个领域里都进入了赚钱的黄金时期，忽然间，在哈佛和全国，大多数在越战和滚石乐年代长大的学生们醒悟了。他们认识到，是的，他们相信婚前性行为、同性恋权利和要求堕胎的权利；是的，他们仍然听《橡胶灵魂》③，有心情时甚至听亨德里克斯④；但是，在其他所有的问题上，他们是客厅自由主义者，他们是掌权者。他们变成了他们的父辈，他们当上了"主人"⑤。

那个命运攸关年代里的《绯红报》社长，"反对哈佛教育的阴谋"策划人詹姆斯·法洛斯，变成了一位尊贵人物。他是现存体制里新闻界的快乐栋梁，担任过卡特⑥演讲稿的执笔人和《美国新闻与世界

---

① *Will and Grace*，1998—2006年间的一部电视系列情景喜剧，主角律师威尔是个同性恋。
② *Queer Eye for the Straight Guy*，后改名为 *Queer Eye*，是一部电视真人秀节目，里面的五个真人都是同性恋男人，他们分别以自己在时装、饮食、美容、文化和室内装潢方面的专业特长来为那些普通的异性恋男人们排忧解难。
③ *Rubber Soul*，20世纪60年代英国甲壳虫乐队的第六个唱片集，被认为是历史上最伟大的歌曲之一。
④ Jimi Hendrix，1942—1970，20世纪60年代美国著名滚石乐歌手、歌曲作家，被认为是波普音乐史上最有影响的电吉他乐手和20世纪最伟大的音乐家之一。
⑤ 原文为"the Man"，美国俚语，可指政府或其他掌权的机构和人物。
⑥ James Earl ("Jimmy") Carter, Jr., 1924— ，美国政治家，美国第三十九届总统（1977—1981）。2002年获诺贝尔和平奖。

报道》的编辑，现在是《大西洋月刊》(The Atlantic Monthly)的国家记者。

尼古拉斯·莱曼（Nichlos Lemann）接替法洛斯担任《绯红报》社长的要职。当第一份关于波尔布特杀戮场所的报告被披露时，对于是"应当以持自由价值观的美国人的立场，还是应当以印度支那人必有的立场来看待印度支那发生的事件"，莱曼感到很伤脑筋。他说，"依照我们的主张，红色高棉肯定不再能为我们所接受"，然而"按照他们自己的说法，在很大程度上，他们依旧是我们所支持的坚定的民族主义者、社会主义者和自身社会的改造者"。1975年，莱曼写道："我仍然不能解决这个矛盾……我继续支持红色高棉的准则和目标，但必须承认，我强烈地反对他们所采取的方式。"可以推定，二十年后他最终解决了这个矛盾。在繁荣兴旺的90年代里，莱曼成了《纽约客》(The New Yorker)的主要政治记者。今天，他是哥伦比亚大学新闻学院的院长。

他们当中有马蒂·佩雷兹（Marty Peretz），当年是个留长发的助理教授，激进分子的宠儿，现在是《新共和》的部分所有者。在他的执掌下，《新共和》从社会主义者的根底渐变为当今民主党右翼的喉舌、客厅自由主义的神经中枢。他后来说："我想，占领大楼的场景是我在政治上从左向右转变的开始。"

还有迈尔斯·莱帕波特（Miles Rappaport），1969年哈佛学生民主协会的成员，三十年后当上了康涅狄格州的州务卿。杰米·戈雷利克（Jamie Gorelick），当年在办公大楼的台阶上被警察喷了催泪弹，升为克林顿政府的司法部副部长，后来是"9·11"事件调查委员会的成员。甚至比尔·克林顿自己也是他们当中的一分子，尽管他不是哈佛人，而是乔治敦、耶鲁和牛津人。克林顿是个开心的、蓄胡须的、几乎爆发的革命参与者，后来演变成了让步和妥协的化身，从

"造反派的放荡不羁"转化成戴维·布鲁克斯绝妙地命名的"资产阶级的放荡不羁"①，在此过程中，他们的革命高调被美国企业界，诸如耐克、苹果以及科技浪潮中所有的顽童们收买了。而60年代抗议运动的附生物——伯肯斯道克凉鞋、有机食品、舒适的衣着和非常正宗的家具，则变成了沾沾自喜的新上层的时代潮流的要素。

不过，这种转化并不是发生在所有的人身上。不是每个人都变成了客厅自由主义者，不是每个人都变成了放荡不羁的资产阶级，也不是每个人都作出了克林顿式的妥协——恰好在椭圆形办公室里将性革命进行到底②，而将其他的革命任务无限期地搁置，放到21世纪的什么地方去了。有少数人保留了激进主义的信仰，比方说莱曼的"支持红色高棉的准则和目标，而不支持他们所采取的方式"。这些顽固分子如果不是沦落到了开破旧书店的境地的话（剑桥有一家名叫"革命书籍"的书店，离昆西楼不远，它的窗口展示着毛泽东的巨大头像），大部分就是进入了学术界。在大学里，终身教授职位的待遇冷却了市场经济的诱惑之火；不断涌入校园的年轻人持续给激进主义的火焰助燃，尽管是微弱的。

于是，现代大学诞生了——教授们的立场比大多数学生更左，学生们自己分成两类，一类是踏着后60年代先辈的足迹，信奉自由性爱和自由贸易；另一类读诺姆·乔姆斯基③、霍华德·津恩和《琼斯妈

---

① bourgeois bohemianism,简称"bobo",是戴维·布鲁克斯在《天堂里的波波族：新上层，以及他们如何成为新上层》(*Bobos in Paradise—The New Upper Class and How They Got There*) 一书中创造的一个称呼。布鲁克斯认为，在历史上，资产阶级和放荡不羁、反文化的"波希米亚人"是价值观差距甚远的两个阶层，而今日的新上层却令人惊讶地将两者融于一身了。
② 指克林顿总统与白宫女实习生莫妮卡·莱文斯基之间的性丑闻。
③ Avram Noam Chomsky, 1928— ，美国语言学家、哲学家、逻辑学家和认知学家。自1955年以来任麻省理工学院教授，被称为"现代语言学之父"，也是深具影响力的分析哲学家和政治批评家——因批评越战、美国外交政策、国家资本主义和主流媒体而闻名。他被认为是世界顶级的公共知识分子之一。

妈》①，信奉自由绝无例外！他们从每一个体系的压力下争取自由，从军队、工业和父权的巨大复合建筑的每一个拱门、墙垣和飞拱柱下争取自由。在他们看来，前辈人的崇高努力几乎没有削弱这些压迫势力。

第一类人——客厅自由主义者，即新民主党人，在目前占多数，是精英大学的政治主流。他们舒适地坐在美国政界的左翼，坚信枪械管制、同性恋权利、《平权法案》、堕胎合法化、多边外交政策和完备的社会保障系统。这类人大概到死都愿意投民主党的票。不过，他们还是有某些保守的方面。他们是自身阶层的创造者而不打算背叛它，他们对任何形式的激进主义都深感不舒服。这种不舒服感觉的对象通常是像基督教右翼②那类的怪物，但无疑也扩展到任何过于自以为是和狂热的人，那些对学校、领袖和权力机构心怀过多怨愤的人，比方说乔姆斯基、肯尼思·斯塔尔③；还有在"奥斯卡之夜"上的肖恩·佩恩（Sean Penn）和迈克·摩尔（Michael Moore）之类。客厅自由主义者终归还是喜欢这个世界和他们在其中的特权地位，他们相信，不需要太多的剧变和动荡，甚至可能都不必提高税收，就可以矫正社会中的不公正现象。

90年代是客厅自由主义者（包括年轻的和年老的）的黄金时期，在阳光普照的开阔高地上，全球化世界的统治者们似乎有可能通过"致富"来"行善"④。波士顿的一名投资咨询师和硅谷的一位互联网王子，有可能参与将民主、资本主义和辉煌的互联网推动的

---

① *Mother Jones*，美国的一个左翼政治杂志，以玛丽·哈里斯·琼斯（Marry Harris Jones）命名。琼斯是19世纪末20世纪初的美国劳工运动和社区组织家，人称"琼斯妈妈"。
② "Christian right"，指美国的支持极端保守的社会政策的右翼基督教政治组织。
③ Kenneth Winston Starr, 1946— ，美国律师、联邦法官。因被委任调查审理"白水"事件和后来卷入弹劾克林顿总统，成为相当有争议的人物。
④ 原文为"do good by doing well"。这是反用一个成语"do well by doing good"（意为通过行善事和仁慈的方式来实现财政上的成功和为社会所接受）。

"历史终点"①传播到全球的每一个角落。这个统治阶层里较年轻的成员——我的同学和朋友们,几乎倒退成为维多利亚晚期的自由主义者,再度相信"进步"②是不可避免的——在整个90年代,通过各种在焦点小组试验有效的便捷手段,比如"信息革命"、"新世界秩序"、"全球化"和"第三条道路"等,实现了"进步"。

不过,这些年对哈佛的少数派——街头自由主义者来说也不错。他们拒绝同辈精英们对世界秩序的舒适感,而坚持这样一个强烈的信念:整个该死的世界都是腐败的;所有的机构、政府和学校都是腐败的;权威人物——那些白种男人以及被他们同化、收买和欺骗的人们,全无例外。当客厅自由主义者享受着上升的道琼斯和互联网时,街头自由主义者揭示出悲惨的移民劳工和血汗工厂苦力的事实,认为黑暗势力无所不在——美国中央情报局、国际货币基金组织、基督教联盟和石油巨头、世界银行和哈佛校方,仍然在阴谋策划反对任何敢于跟他们不同的人、叛逆者或"其他人"③。街头自由主义者坚称,这个世界从来就是,今天依旧是一座监狱;现在唯一的不同就是压迫隐形了,被供奉在习惯而不是法律中,或者更糟,被放逐到第三世界去了。

正像大多数的偏执狂一样,街头自由主义者掌握着大量的事实。只要是在其选择的阵地上(劳资关系、世界银行的渎职、警察的残

---

① 原文为"end of history",源于弗朗西斯·福山(Francis Fukuyama)1989年在《国家利益》(*The National Interest*)杂志上发表的一篇文章的标题。1992年,福山将该文中的思想扩展为一本书:《历史的终点和最后的人类》(*The End of History and the Last Man*)。福山所讲的"历史终点"的含义为:民主自由是任何民族的政府的最终形式,从民主自由不会再进步到其他的形式。
② "进步"(progress),这里指历史哲学的一种理论,它认为在科学、技术、现代化、自由、民主和生活质量等意义上,世界可以变得越来越好。虽然"进步"一般是西方概念上的单调的直线变化,也有一些其他概念,比如尼采的"永恒的回报"和马克思、恩格斯的"螺旋式"辩证的进步。
③ 原文为"other",指任何非白人的族裔。例如:"你是白人吗?""不,我是其他人。"("Are you white?" "Nah, I'm other.")

暴，或美国在东帝汶和拉丁美洲的背信弃义等），你很难遇到如此充分掌握信息、大量阅读的人，好像是个大学教授。然而，他们对辩论很反感。我是指高层次的辩论，而不是简单地列举统计数字。街头自由主义者喜欢把事情简单化：如果人们的工资太低，就应该给他们提高工资；如果工人们因世界货币基金组织下令削减预算而遭受了损失，那么就应该增加开支、取缔世界货币基金组织。对于比这些简单的结论要复杂一点的论点，比方说要引用经济学的理论，涉及政治的权衡、正义的本质和政府的角色等终极问题，他们便深以为可疑，因为，逻辑和哲学长期以来被统治者用于证明自身特权地位的合法性，它们本身在意识形态上都已经被玷污了。

在街头自由主义者的偏执狂热和客厅自由主义者的轻松乐观主义之间，存在着一条巨大的哲学鸿沟。这条鸿沟是现代大学里自由主义者内战的燃料，它有力地确保，即使当校园左派的这两个分支在表面上取得一致时，河面下也肯定暗藏着旋涡。

举例说，在抗议种族歧视、性别歧视和同性恋恐惧症这三大不共戴天的仇敌时，街头自由主义者和客厅自由主义者是坚定统一的。但是，客厅自由主义者相信，事实上，只要坚持《平权法案》，种族歧视就**将会**被克服。而街头自由主义者经常影射说，客厅自由主义者自己就是潜意识的种族主义者。又如，客厅自由主义者认为反对性别歧视的主要战役已经取得了胜利，我们需要做的是缩小工资差距、打破玻璃天花板和坚持堕胎合法化。而人们都知道，街头自由主义者从各种事物里寻找性压迫的证据，比如婚姻契约和分娩的痛苦，甚至连异性之间的性关系，在他们看来，也不免含有强奸的弦外之音。

至于谈到同性恋恐惧症，无可否认，客厅自由主义者在某种程度上不很乐观，他们承认，尤其是在中西部和南方，还有大量的工作需要去做。但是他们认为，最终（较快而不是较慢地）会出现同性恋婚姻，事情会水到渠成。而街头自由主义者发现，无法抗拒的同性恋恐惧和异性恋主义①**触目皆是**：不仅在宗教、政治和军队里，而且在浪漫喜剧里，在大学的正式社交晚会上，还有，在啤酒广告、婴儿照片以及英语语言本身。

这一悬殊分歧很自然地延伸到有关大学的角色和大学教育目的的讨论。客厅自由主义者，假如他不去想政治问题，可能在原则上会将大学看作是一个职业培训场所，是为他的成功做准备的地方。假如他特别理想主义，他可能将学校看成像一座庙宇，专门奉献于学术甚或"真理"②——这个词被抽掉了宗教的含义——却保留了宗教的弦外之音。无论他属于哪种思维类型，客厅自由主义者相信，学校应当在很大程度上脱离政治，或起码跟那些可能会妨碍建造履历的赶潮流的运动保持一定的距离。

街头自由主义者可不是这样。对他们来说，大学不仅天生固有政治机构的特性，它通常**就是**现代的政治机构，它是激进运动、抗议政治和党内反对派的总统候选人的发源地——从尤金·麦卡锡③，一直到后来的霍华德·迪恩④。如果没有大学，新左派⑤就不会存在，60

---

① heterosexism，指认为异性恋是唯一可接受的、唯一有效可行的生活方式选项的一种观点。
② 原文为拉丁文"Veritas"，罗马神话中的真理女神，她是农神之女、美德之母。"Veritas"是罗马天主教会多明我会规则，也是哈佛大学的校训。
③ Eugene Joseph ("Gene") McCarthy，1916—2005，美国政治家、诗人。曾任众议员、参议员。1968年参加竞选民主党总统候选人提名，反对越南战争是他的主要竞选纲领。
④ Howard Dean，1948—　，美国政治家、医生，曾任佛蒙特州州长。尽管2004年竞选民主党总统候选人提名失败，但他被认为是在竞选运动中利用网络筹款和建立草根组织的创始人。2005—2009年担任民主党全国委员会主席。
⑤ 主要用于英国和美国的一个政治术语，指20世纪60和70年代出现的一些政治活动分子，他们的主要目的是争取在一些社会问题上实行广泛的改革，包括同性恋权利、堕胎、性别角色和麻醉药合法化等。名为"新左派"以示区别于旧的、马克思主义的左派（以更前卫的方式，专注于劳工联合和社会阶级问题）。"新左派"摈弃了劳工运动和马克思主义的阶级斗争理论。他们跟"嬉皮运动"和大学的反战运动有关。最初他们是作为民主党"旧左派"的反对派，后来逐渐成为民主党阵营的主流。

年代的事件就不会发生。没有大学，就没有 1962 年的休伦港宣言①，就没有 1964 年的伯克利和 1967 年的威斯康星，也就没有 1968 年的芝加哥、巴黎和（又是）伯克利——整个事件的高峰。在新马克思主义的神话中，学生和工人、农民并肩占据一个虚构的所在，你也许可以称之为"示威抗议的神圣三位一体"。

因此，对街头自由主义者来说，校园激进主义活动常常就是上大学的目的，所有的宿舍、公共场所和同情的教授们都仿佛是为各种活动家们搭设的一个政治戏剧的舞台。课堂严格地说是第二位的。对哈佛学生活动分子有一种荒唐可笑的描述："由于这些事业比其他事务（比方说钻研康德哲学）在情感上占据着更重要的地位，学生抗议者们会在专注学习上产生困难。"抑或如前辈人所说的：**老师，不要去打搅孩子们。**

在"去你妈的，大学教育！"的学生活动分子身上，有某种自我放纵和市侩气，这在某些激进分子身上表现得尤为突出。这些人常被准确地归为"毕业后进入美国企业界，从而自我否认内心变化"的一类。"基本生活工资运动"里很多凑热闹的孩子都属于这一类，他们参加运动是为了抗议所带来的兴奋和心理震颤，为了给他们压力巨大、高度成功的生活增添一点戏剧性。

但是，有些人没有自我放纵——那些死硬派和领袖们，那些说到做到的人，在那个春天里不洗澡、不梳理、睡在马萨楼地板上的人。他们没有背叛，至少是我看到的一些人，他们毕业之后加入了和平

---

① 休伦港（Port Huron）是密歇根州的一个城市，1962 年美国学生民主社团在休伦港附近举行大会，发表了《休伦港宣言》(*Port Huron Statement*)，以设立"一代人的议事日程"(Agenda for a Generation)。

队,或去"为美国教书"①,或上了法学院,然后成为维权律师,在他们自己的地盘上跟当权者们作战。比如进步学生劳工运动的领袖之一本·麦基恩,毕业一年后,在华盛顿特区举办的一年一度的反对世界银行的热闹活动中,我在国家广场撞见了他。他告诉我说,**我在全国旅行,协调各地学生反对血汗工厂的组织**。对这类学生来说,抗议和行动不单是他们的爱好或是接触劳动阶级的机会,也是一种生活方式。你也许可以称这些人是傻瓜,但他们不是伪君子。

* * *

然而,去抗议什么呢?这是街头自由主义者面临的难题。因为从理论上说,它可以是任何事情;而就实际操作来说,一天里没有足够的时间。于是,不同的任务就往往由校园里不同性质的组织来分别承担。女权主义者抗议父权压迫,同性恋者抗议对他们的恐惧症,少数族裔抗议种族歧视,劳工活动家抗议资本家压榨等,以此类推。其结果就是,像哈佛这样的大学里的政治生活进入了可以预料的周期,一个接一个的争论焦点占据舞台中心,一个接一个的利益集团站出来抗议某种非正义现象,其他人就在一旁提供道义支持,耐心地等待着自己亮相的机会。

有些大规模的抗议活动是提前计划的,例如每年秋天由哈佛的 BGLTSA 主办的"全国出柜日"(National Coming Out Day)。"BGLTSA"是"双性人、男同性恋、女同性恋、变性人及其支持者联盟"②的缩写。(在大学里的所有组织中,同性恋组织的缩写无疑

---

① Teach for America,美国的一个非营利组织,它征募成功的大学毕业生和教师去贫困社区的公立学校教书至少两年。
② 全称是"Bisexual Gay Lesbian Transgender and Supporters Alliance"。

是最难搞定的，因为每当一个新的性倾向从受压迫的橱柜里冒出来时，就得加上一个字母。）在很大程度上，哈佛的"出柜日"是一项相当温和的活动——散发标签，挥舞旗帜，按计划示威，庆祝的气氛大于愤怒，所有的人都度过了快乐的一天。为什么不呢？对公开的同性恋者来说，世界上很少比美国精英大学校园更轻松的地方了。

不过，我说"在很大程度上"是因为在我二年级时，该活动中出现了过激的行为。那一次，BGLTSA 决定给它的所有成员发放空白标语板，布置他们到古老森严的哈佛"院子"里去散播越界的标语。根据有些标语牌上的口号，你可以清楚地了解更激进的同学们关于性的观点。**苏格拉底**①**跟男孩们干，你也可以照样办**。我去上课时看见这么一条，这是我快意地撕掉的唯一的一条。后来我又看见一条：**我带着潮湿颤抖的阴蒂敬奉上帝**（假如我记得不错，此条附有一幅插图）。还有一条标语极力鼓吹反宗教的观点：**圣徒塞巴斯蒂安**②：**军队里的第一个粉哥儿**。"院子"里挂满了这类东西——**品尝月经**；**享受雄鸡**；还有什么**冲一个金黄色的淋浴吧**。

有些同性恋学生否认参与了这类耸人听闻的表演，为此抗议性地成立了一个组织叫做 BOND（"超越我们的自然不同点"）③。BGLTSA 的一位头目针对预料之中的反对声音做出回应，提出了街头自由主义者的性信条，他说："我作为 BGLTSA 的副主席，献身于'帮助病态的性倾向和性身份恢复健康'的事业，我不会将我们

---

① Socrates，公元前 469—前 399，古希腊雅典哲学家，西方哲学奠基人之一。据记载，虽然苏格拉底有时跟围绕着他的少年们调情（据说那是古希腊的一种风俗，跟现代的同性恋的概念不同），但是他的确结婚生子。
② Saint Sebastian，？—288，基督教早期圣徒和殉道者。塞巴斯蒂安的健美体魄和悲怆命运，使他在历史上成为艺术家们感兴趣的对象，19 世纪以后，同性恋者将他奉为偶像。
③ 全称是"Beyond Our Natural Differences"。

当中的那些不属于一夫一妻制的人重新关进橱柜里……某个人感觉是'耸人听闻'的事，常常是另一个人的愿望和生活方式。"

这是街头自由主义者观念中"所有的性都是好的"一面，即"同性恋者"的一面。认为"所有的性都是危险的"那一面的组织，也提前计划了示威。一年一度的"夺回那一夜"（Take back the Night）的一周活动，是女权主义者的新春庆典。其主要目标是制止强奸，每年组织一系列的游行、小组讨论和讲座，教导上层中产阶级的妇女们如何反抗各种阴谋破坏她们幸福和安全的势力。"家常便饭"①的目的是抗议男性主导的广告界将女性当作客观物体；柔道课教男女学生如何使对手丧失战斗力；还有"夺回艺术"运动，宗旨是反抗美国艺术界的性别偏见。有一年，在一个"促进堕胎合法化"的战略会议上，"堕胎"被诠释为是使妇女的身体免受"胎儿入侵者"侵犯的一种自卫，专家组的一位成员将这类入侵者比喻为"中央公园的强奸犯"②。

假如这些活动的组织者们干得不错的话，在"夺回那一夜"的那个星期结束时，妇女生活的每个层面就都被考察和解剖了，表明即使在当今它仍然是父权主义的奴隶，确凿证据就摆在他们的眼前。在一个为强奸受害者举行的烛光祷告会上，一位喜欢慷慨陈词的教授发问：**为什么电视上没有更多的节育广告**？无疑是父权主义的过错。**为什么我的电脑拼写检查功能里没有"母权制"这个词**？不用说，还是父权主义的过错。

就这样，街头自由主义者每年秋天"出柜"，每年春天"将那一夜夺回去"。至于事先没有计划的抗议活动，那些自然地冒出来的极端不

---

① 原文为"eat-ins"，这里指一种私人约会活动，在其中妇女可以尝试与各类性伙伴发生随意的、双方乐意的性关系。
② 指1989年4月发生在纽约中央公园的强奸和毒殴一位女跑步者的事件。

满，几乎总是由某个少数族裔感觉受到轻蔑而引发的。哈维·曼斯菲尔德将分数膨胀跟70年代的黑人学生数量增多联系起来，黑人学生协会发起了课堂静默抗议，即是一个例子。但是，更具代表性的各种愤怒情绪的爆发，是来自哈佛的易于被触犯的亚裔活动分子。有一次，在剑桥市受欢迎的坦普尔酒吧里据称发生了种族歧视，一位服务员让法学院的一群亚裔学生等了很久也没给他们安排座位。这件事几乎引起了对该酒吧的抵制运动。又有一次，是由《绯红报》刊登的一篇连环漫画引起的。该漫画的标题是《愤世嫉俗的楚先生》。那位楚先生的显著特征是：矮个子，无胡须，不爱社交，喜欢物理——这一下子引起了抗议，指责该报固守对亚裔男生的负面成见。这场争议后来达到了白热化的程度，乃至于连环画的作者——矮个子、无胡须的物理系学生楚海文①，决定将他的主人公改换成一个盎格鲁—撒克逊—白种人—新教徒，漫画的标题则改成了《愤世嫉俗的怀特曼②先生》。

对这种过度敏感的确切理解是：它反映了亚裔美国人在街头自由主义者列出的受迫害者名单中所占的特殊位置。同大多数的少数族裔群体一样，亚裔在历史上遭受过迫害和歧视，但是近些年来，由于高分数和出色的考试成绩，他们在大学里的人数"比例超高"。这往往使他们成了学生多样化政策的受害者，而不是受惠者。于是，在亚裔街头自由主义者看来，对感觉到的轻慢不敬进行反击，可能是将他们与自身的成功拉开距离，并且在校园运动中为本族裔建立信誉的一种途径，因为这种运动常常根据自称受压迫的程度来评价一个少数族裔。

我三年级时，亚裔街头自由主义者的愤慨达到了顶点。一个名叫

---

① 此为音译，原文为"Haiwen Chu"。
② "怀特曼"（Whiteman）在英语里有"白人"的意思。这里显示了连环漫画作者楚海文的幽默感。

贾斯廷·方，外号"果汁"①的学生在《十五分钟》上发表了一篇文章，谴责哈佛亚裔社区的自我隔离和结帮行为。这篇文章至少是颇具煽动性，它这样写道："哈佛的普通亚裔们"，"主修经济学和计算机(还有医学院预科，并且成绩名列前茅)；去没人听说过的波士顿的纯韩国人俱乐部消磨时光……跟亚裔人扎堆；只跟亚裔人扎堆；跟亚裔人一起去上课；在弹钢琴之外还会演奏一种弦乐器；在全是亚裔人的饭桌吃饭；在亚洲制造的手机上跟亚裔人讲亚洲话；父母都是亚裔；喜欢在波士顿的亚洲街区的亚洲餐馆吃亚洲饭，抱怨'左宗棠鸡'不够地道。"

这些话听起来十分夸张，但其实"方果汁"的文章是发自内心深处的真诚感慨，悲叹自我隔离如何"持续地固化已经存在的种族隔离和对亚裔的成见"。在文章的结尾，他恳求每个人都"友好相处"。唉！哈佛的街头自由主义者没能领会这个罗德尼·金式的结论②。他们首先攻击"方果汁"对种族问题缺乏敏感，然后，将枪口瞄准了胆敢发表他的文章的报纸。

《绯红报》经常是街头自由主义者痛恨的对象，这不仅是因为它并不对左翼事业造就的名流无一例外地表示支持，而且因为它长期以来缺乏少数族裔作者，尽管它为鼓励多样化做出了可悲的努力。但是"方果汁"丑闻是唯一的一次，哈佛的街头自由主义者在校园里举行了示威。他们挥舞旗帜，高喊口号："要新闻自由，不要种族主义！"没过多久，《绯红报》就缴械投降了。

公平地说，该报作了短暂的努力来捍卫言论自由，诸如此类。

---

① 该学生的名字是"Justin Fong"，外号为"Juice"。
② Rodney Glen King, 1965—2012, 美国的一名黑人建筑工、假释抢劫犯。1991年四名警察对他的残暴殴打被录像、公之于众后，涉案警察在1992年被起诉，但未能判定有罪，从而引发了洛杉矶暴乱。罗德尼·金后来在电视上露面，恳求说"我们是否可以全都友好相处？"

它发表社论说没有什么需要道歉的，因为该报不对观点文章的内容做编辑加工，文中表达的观点完全出自作者本人。这个令人钦佩的决心只持续了一天（抗议的那天）。第二天早上，报社社长就发表了一篇陈述。他表示，虽然"《绯红报》不回避刊登有争议的或有些人认为是冒犯性的文章"，方的文章"做出的归纳没有证据支持"，所以不符合该报的"论证的标准"。"由于在公认的敏感问题上恪守这些标准是尤为重要的……《绯红报》对刊登了一篇不符合标准的文章表示道歉。"

《绯红报》对关于"方果汁"文章的争议作出的屈服决定，很可悲地具有代表性。总起来说，客厅自由主义者（《绯红报》里聚集了很多）缺乏跟比他们更激进的同学们进行斗争的精力，尤其是在所涉及的问题显得微不足道的情况下。不过也有一些例外，我在哈佛的四年里，发生的最可笑的一件事是跟学生理事会①有关的。哈佛的学生理事会是一个学生政府，绝大多数学生不把它当回事儿，于是它就成了吵闹的街头自由主义者的理想讲坛。"学生会"（我们这么称呼它）只有一项真正的权力，即给学生组织分配活动经费。但是同时，它也提供了一个学生的"天字第一号讲坛"②，在我入校前的那几年里，学生们选举出来的代表不遗余力地利用这个讲坛，谴责缅甸暴政、美国农场移民工人的待遇等各种问题，通过了一项又一项的决议。

在美国农场移民工人的待遇问题上的做法，证明了街头自由主义者的成事不足、败事有余。为了声援穷困的摘果工人，学生会成

---

① Harvard Undergraduate Council，成立于1982年，它是一个学生自治组织，由五十名学生代表组成。
② 原文为"bully pulpit"，指鼓吹政治议题的超级平台。美国总统塞奥多·罗斯福最早使用了这个词，称白宫为鼓吹政治议题的"天字第一号讲坛"。

功地在哈佛的食堂里禁止了葡萄供应。哈佛的大多数蛰伏者由于太忙而没空留意学生政治家们的口号，一觉醒来发现激进主义造成了令人不快的后果——没有葡萄吃。

随之而来的"葡萄大辩论"是街头自由主义者的灾难，不单是学生公投的结果让食堂恢复了葡萄供应，而且它在学生会政治中引起了革命。过度狂热的激进主义造成了强烈反弹，学生们令人震惊地连续两年选出了共和党人来当学生会主席——不是因为他们的保守主义，而是因为他们两人保证要把为学生服务作为中心任务，而不是通过什么水果革命的法令。取代了跟异性恋主义做斗争、推进教授多样化（但从未在意识形态上多样化）等，学生会开始专注于那些可以带来变化的事项，比如，给那些奔走于课堂之间的学生们设立"飞行"午餐，在食堂安装冷冻酸奶机，或是设置可进入十三个高年级宿舍楼的通行卡。是的，它们都是一些小目标，但却是切实可行的。这三个目标在我毕业时都实现了。

然而，政治生活是循环运转的，哈佛这个小池塘也跟整个美国的情况类似。在为学生服务的温和的年轻共和党人领导了两年之后，街头自由主义者停止了争吵，激发了其选民的积极性，团结在了一个名叫范特蕾丝·德雷斯凯尔的黑人女孩周围。她的竞选伙伴约翰·伯顿也是黑人。德雷斯凯尔雄心勃勃，声张势厉，是个典型的要当学生会主席的人。但伯顿是一个更不寻常的人物。除了参与学生政府的活动之外，他还为《哈佛倡导者》写东西，它是一家文学杂志，曾经培育了艾略特[①]、卡明斯[②]和其他类似的声名显赫

[①] Thomas Stearns Eliot, 1888—1965, 出版家、剧作家、文学家和社会批评家，被认为是20世纪最重要的诗人之一。他出生于美国，25岁时移居英国，29岁入英国籍。
[②] Edward Estlin Cummings, 1894—1962, 美国诗人、画家、散文家、作家和剧作家。一生创作2900多首诗作，被认为是20世纪诗歌的杰出代表。

的作家。伯顿赢过不少写作奖，可能是由于他对文学的投入，这个当选的副主席很少出席学生会的会议，许多代表都不喜欢他的这个习惯。

在那次竞选中，为学生服务一派的候选人是斯特林·泼莱斯·亚当·达林。他喜爱吊裤带、蝶形领结，拥有带四个姓氏的年轻人所期望的全部尊严。斯特林是一个天生的议员，对《罗伯特程序规章》①烂熟于胸。作为学生会的秘书长，他精明能干，对法律条文和议院程序掌握娴熟；而作为学生会主席的候选人，他是个失败者。德雷斯凯尔和伯顿以压倒性的多数赢得了选举。

随后，喜剧就开场了。哈佛学生理事会的选举严格遵循约翰·麦凯恩②式的竞选财务法，它禁止任何候选人的竞选开支超出由学生会拨给的50美元。而且，候选人不许使用从其他学生组织借来的任何材料，如胸扣、标志和标语牌等，除非是每个人都可以得到的"免费可获资源"（法律术语）。对最后的这一要点，约翰·伯顿显然没有留意。在竞选的势头减弱时，他从BGLTSA的办公室偷了大约一百只空白胸扣，将它们转换成"德雷斯凯尔—伯顿"胸扣，发给了各路朋友和支持者。

从这个小污点开始，学生会很快就制造出了自身版本的刚结束的克林顿丑闻——这是历史往往重演的一个例子，第一次是闹剧，第二次还是闹剧。这出戏里甚至还有一个类似鲍勃·伍德沃德③的人

---

① *Robert's Rules of Order*，是关于议院审议程序的一本书，为美国议院组织广泛采用。作者是亨利·马丁·罗伯特（Henry Martyn Robert, 1837—1923）。
② John McCain, 1936—   ，美国参议员，2008年代表共和党竞选美国总统失败。由他和罗素·范戈尔德（Russell Feingold）为主要发起人，于2002年通过的《两党竞选改革法案》是关于竞选财务规则的最新的联邦法律。
③ Robert Burns Woodward, 1917—1979，美国化学家，他最为著名的是对有机合成的贡献，于1965年获诺贝尔化学奖。这里的意思是讽刺《绯红报》的记者捕捉丑闻的嗅觉像化学家一样灵敏。

物——《绯红报》的学生会记者派克·康拉德,一个红头发的公园大道人,长着一只专嗅丑闻的鼻子。正是康拉德,在德雷斯凯尔和伯顿赢得竞选之后,诱使 BGLTSA 的联席主席迈克·希尔抱怨伯顿的偷窃行为,并将他的话录了音。一个小石块引起了雪崩。伯顿刚一上台,就有两项提案弹劾他,控告他第一,偷窃胸扣;第二,就胸扣是否属于"免费可获资源"的问题,对选举委员会撒谎。

他的支持者做出反击。德雷斯凯尔声称,全校选举出来的官员只能通过全体学生公投来弹劾。同时,希尔和 BGLTSA(他们在选举中支持伯顿)匆忙地推翻了之前关于胸扣的抱怨,敦促学生会撤销弹劾。学生会不理睬他们的反对,安排了庭审日期。

事情发展到这一步,很明显,这个丑闻中出现的人物没有一个看上去是清白的。伯顿是个小窃贼和可能的撒谎者;派克·康拉德所在的《绯红报》呼吁伯顿辞职,显然是对捕捉丑闻饥不可耐;迈克·希尔的 BGLTSA 则是拼命抢救一个支持同性恋的街头自由主义副主席,不管他的行为是多么可鄙。同时,弹劾法案的十个发起人中,有三个是失败的候选人,七个是共和党人,这使得他们的集体动机显得不够纯洁。至于说到范特蕾丝,哦,当她发表了下述评论后,她的正义高尚就大致消失殆尽了。她对《波士顿环球报》说:"种族歧视在哈佛是个非常微妙的问题……不可以轻易谈论,但是,我们开始产生怀疑。"

我们开始产生怀疑。根据范特蕾丝的这句话可以确认,围绕这个丑闻的官司不会是关于胸扣和撒谎,或是要争回一个失败的竞选。不,正如伯顿的一名支持者对《绯红报》说的,它将是关于种族和种族歧视,关于**一大群保守的白种男人弹劾一个黑人副主席**。于是,毫不奇怪,全国有色人种协会哈佛分部、黑人论坛和黑人学生联合会的成员,突然全都出现在通常很冷清的学生会会场上。穿着粗花呢外套、戴着眼镜、有点浮夸的伯顿，变成了一个不怎么像的殉道者，街头自由主义者的迫害妄想的化身。

学生律师的发言，没完没了的议会争吵，加上哗众取宠的演讲，使得本来应当是二十分钟的弹劾投票过程延长到近三个小时。倒霉的明星证人迈克·希尔（有人悄悄地对我说，他是"哈佛的加藤·克林"①）在作证时结结巴巴地改了口，否认了自己早先关于盗窃胸扣的指控，而且不具说服力地说，所有的候选人都可以随便到BGLTSA去拿"一个胸扣"（"但是一百个呢？"有人当场叫道）。也许没有料到希尔的作证会失败，控方律师看上去成了可怜的不称职者；而辩方律师穿着笔挺的西服，不断抛出咄咄逼人的异议，似乎把萨威尔厅当成了一个真正的法庭。

伯顿自己保持着沉默，但他的一大群支持者佩戴着黄色丝带，挥舞旗帜标语，其中一条写着"打倒胸扣门！"每当有人提到《绯红报》，他们就发出嘘声。（派克·康拉德坐在后面的座位上，只是笑着，不断地在手提电脑上打字。）斯特林·泼莱斯·亚当·达林发表了一篇慷慨激昂的演说，令人难以置信地说这些多余的胸扣可能帮助德雷斯凯尔和伯顿扭转了选势。他受到了质问和起哄。范特蕾丝·德雷斯凯尔处在一个不可思议的位置上——主持审判她自己的副主席，而凭着常春藤的兰斯·伊图②具有的风度和威严，她控制住了混乱的局面。

投票结果，学生会以41比38弹劾伯顿，这意味着他逃脱了惩罚，因为没有达到法定通过的三分之二的多数。尽管没有获得信任投

---

① Brain Jerard（"Kato"）Kaelin, 1959—　，美国的一名广播电视工作者，在1995年辛普森杀人案开庭审理中他是公诉方的证人，却不能按预期作证，被公诉律师称为"敌意证人"（hostile witness）。

② Lance Allan Ito, 1950—　，洛杉矶县最高法院法官，曾主持审判著名的辛普森杀人案。

票，德雷斯凯尔和伯顿的确得以在他们的任期内奋战，最终通过了劳工、环境、警察残暴和性暴力等一系列决议。他们还搞了一项民意调查，它是对哈佛人的一种全面疯狂的侵扰。他们假定该调查将有助于学生会更好地了解它的选民所关心的事项，其实都是一些胡扯。举例说，有一个问题是：**从学年开始，你是否在喝醉了以至于无法表示同意的情况下进行过性交**？学生们对这类问题可能不大感兴趣，很多人都不理睬这项调查。另一次选举到来时，他们不理睬德雷斯凯尔和伯顿指定的继承人，投票选举了一个热情友善的人，名叫保尔·古斯莫里诺。

他的平台？自然是为学生服务。

* * *

但是，无论是"出柜日"还是"方果汁"事件甚至胸扣门，都无法跟"基本生活工资运动"相提并论。在某种程度上值得注意的是，基本生活工资问题竟没有被早一些提上议事日程。我刚入校时，比起那些长期的运动目标来（比如，迫使哈佛切断跟榨取工人血汗的制造业如耐克和阿迪达斯的关系），给餐厅服务员、保洁工和保安人员提高工资，并不是校园活动人士优先考虑的问题。没错，停止血汗工厂也许值得称道，但那些被剥削的悲惨工人们远在雅加达、曼谷和吉隆坡，眼不见心不烦，而哈佛的雇员们**就在**这里，每天为我们擦地板、扫厕所，挣取"基本生活工资运动"称为的"贫困工资"。我们呢，却靠着父母的钱袋生活，计划着六位数字的"钱途"。如果工人们受压迫，我们就是压迫者之一。

哈佛的孩子们从来就是被人伺候着的。早年的学生们是清一色的白人男性,那些贵族子弟比现在的"全国优秀生"①要富有,常常是带着家庭佣人来上学的。我的少数同学似乎把现在当作是1895年,把为哈佛服务的工人看作是穿制服的佣人,站着随时听我们使唤。有些学生毫不在乎地污损学校的财产;有些人喝醉了跑到食堂里寻衅;还有的人认为奶酪汉堡做得不尽完美,或蔬菜烤面有过期肉的味道,就责骂工作人员。

但是,这类学生是罕见的。大多数同学都是有礼貌的甚至友好的。我们试图去结识餐厅服务员和每天路经两三次的保安人员,不过我们和他们的攀谈是停留于表面的,好像双方都很清楚两者之间的生活鸿沟。不过也有例外:尼克,我的长期室友,跟昆西楼食堂的一个收款员成了好朋友。他们同是希腊血统,四年级时互赠圣诞节礼物。萨莉·马多克斯的父母每年都要请温思罗普楼的一个保安出去吃饭,对他保护他们女儿的安全表示感谢。不过在大多数情况下,学生们和哈佛的服务人员就像夜里的航船,无声地擦肩而过。

然后就发生了"基本生活工资运动"。据说,哈佛的雇员们生活在破产的边缘,餐厅服务员得干三份工作,学校将保安外包以避免跟工会谈判开支。活动人士的战术令人生厌:他们侵占了大学办公室,召集困惑不已的秘书们开宣教讨论会;他们举行喧闹的示威,很快就不可避免地蔓延到剑桥市的外围激进分子;他们还拉来名流校友,如马特·戴蒙②。马特跟本杰明·阿弗莱克③一同发表演讲,然后乘豪

---

① 指"全国优秀生奖学金"(National Merit Scholarship)的获得者。
② Matthew Paige("Matt")Damon, 1970— ,美国演员、编剧、制片人和慈善家。因电影《心灵捕手》,他和本杰明·阿弗莱克一起获奥斯卡和金球最佳原著剧本奖。1988—1992年他在哈佛读书,但是未及毕业便去好莱坞发展了。
③ Benjamin Geza Affleck, 1972— ,美国演员、编剧、导演和制片人。

华轿车离开,据说车里还坐着腼腆的格威妮丝·帕特洛①。非激进的客厅自由主义者倾向于不赞同这些做法。正如他们不赞同抗议"方果汁"和动辄叫喊"种族歧视",他们也不赞同动物权利捍卫者的某些行为——在春天的一个晴日,那些孩子将自己关在笼子里,从奥邦佩恩连锁店前面的街上经过。

可是,在一旁受到诱惑的是工人本身。他们早上五点就开始擦地板,中午清扫盥洗室(那里**很脏**,我们再清楚不过),下午五点给我们供应晚饭,几个小时之后刷洗碗碟,就为了挣得我们夏天打工可能都不屑一顾的那点工资。是的,客厅自由主义者信奉资本主义、市场智慧和"新经济"中效率的重要性,他们还知道(很多人似乎不知道),哈佛的 190 亿美元捐赠基金的大部分都被捐赠人指定用于学术目的,不能用于给保洁工涨工资之类的开支。毫无疑问,他们讨厌抗议者吵闹的策略和笼罩于"基本生活工资运动"之上的"进步事业"的大阴影;他们讨厌"释放缪米亚"②的一派胡言,也讨厌沃尔夫·内德的蛊惑和乔姆斯基之流的观点(认为对美国外交政策的最好诠释是"一系列日益扩大的法西斯主义的权力攫夺")。但是,尽管如此,客厅自由主义者目睹工人们辛劳受苦,听着校方无休止地重复宣称已经"研究了这个问题","绝大多数"雇员每小时挣 10 美元(外包的没关系,他们不算哈佛的雇员)等,他们发现很难不得出这个结论:可能,只是可能,抗议者是对的。

我也很难不得出这个结论,而我根本不是一个自由主义者。

---

① Gwyneth Paltrow,1972— ,美国演员、歌手和美食评论家。因《莎翁情史》获奥斯卡和金球最佳女主角奖。
② 缪米亚(Mumia Abu-Jamal)因在 1981 年杀死一名警察被判处死刑(2012 年减为无期徒刑)。被捕前他是一名政治活动分子、广播记者和出租车司机。对他的死刑判决引起了广泛辩论和国际瞩目,他成了一个有争议的文化偶像。

* * *

在这里，值得简要地谈一谈大学里的珍稀物种——保守主义者。对校园里自由主义者的持续不断的内战，他们大多数时候是困惑的旁观者。精英大学里的年轻保守主义者往往分成两种阵营。一种阵营是源于出身和被培育成的共和党人，来自南方和西部各州的、吃玉米长大的彪悍孩子们。他们的保守主义，是从骨子里坚信降低税率、良好的商业意识和家庭价值观念（通常是来自新教徒背景，有的是摩门教徒）。这一类人如果没有被大学生活的流行风气拉到左翼的话，他们最终可能会被卷入当地的政党政治，组织学校的共和党俱乐部，自诩献身于**提高共和党在校园的影响力**，或是**支持乔治·W. 布什在 2004 年连任**！在哈佛，这类终身的共和党人往往被筛选进学生理事会，正如我们所见；或是进入政治研究所，在那里他们讨好并将履历递给共和党的各种半大人物，如比尔·贝内特[①]，或是兰马·亚历山大[②]——他跑到常春藤联盟这个外星球来传布那个伟大的老党[③]的福音。

另一个阵营是那些转化思想者，大多是学究气的叛逆孩子，如我在少年时代那样，反抗那种条件反射的自由主义环境（它是顶层阶级孩童的襁褓），将自己沉浸于右翼思想体系之中，类似其他傻瓜少年忘我地迷上计算机编程、另类滚石乐或"丹哲思与龙"游

[①] William John ("Bill") Bennett,1943— ,美国保守主义评论家、政治家和政治理论家。20 世纪 80 年代曾担任里根政府的教育部长。
[②] Andrew Lamar Alexander, Jr., 1940— ,美国政治家、参议员，曾任共和党会议主席和老布什政府的教育部长。
[③] Grand Old Party，简称"GOP"，美国共和党的昵称。

戏。这类共和党人很可能成为热诚的改宗劝导人，他们对赢得竞选不大感兴趣，更热衷于赢得改宗者。而且，转化思想者深信，他可以给所有的自由主义者朋友们开上一剂清醒药，那就是让他们了解一点密尔顿·弗里德曼①、查尔斯·默里②、诺曼·波德霍雷茨③，甚或伊夫林·沃④——因为自由主义者的一个分支已经变成了假托利党⑤的附庸风雅者，喜好白兰地、蝶形领结和《重访布赖兹赫德庄园》。大概是因为酷爱思想的战斗，转化思想者往往出现在学校的保守主义报纸上，瞄准精英大学通常提供的一些容易下手的目标，大写抨击文章。《哈佛卓越报》就是这类的报纸，我最终成为该报的编辑。

客厅自由主义者和街头自由主义者之类的人对上述两类保守主义者都深为鄙视。**你在共和党人里不算是个坏家伙**，人们总爱这样对我说。我的朋友也经常低声议论，**罗斯并不真正相信他写的所有东西**。我认为，就信奉马克思主义的街头自由主义者来说，这种鄙视可以理解；但是客厅自由主义者对保守主义同学的鄙视，是更不理性的，它主要不是出于真正意识形态上的异见，而是出于文化上的偏见。在客厅自由主义者的头脑里，共和党人是跟南方、跟公开的宗教信仰和直言不讳的爱国主义，以及各种文化标志（全国赛车协会、电视福音布

---

① Milton Friedman,1912—2006,美国经济学家，"芝加哥经济学派"的领袖人物。因支持货币主义和反对政府干预经济而著称。
② Charles Alan Murray, 1943— ，美国自由主义政治科学家、作家、专栏作家和评论家，现在是保守主义思想库"美国企业研究所"的成员。
③ Norman B. Podhoretz, 1930— ，美国新保守主义理论家，曾任《评论》(*Commentary*)杂志主编。他生长于一个左翼家庭，在 20 世纪 60 年代是自由主义者，70 年代转向右翼，成为新保守主义的主要代表人物。
④ Evelyn Waugh, 1903—1966,英国小说家、游记和传记作家，也是多产的记者和评论家。他的著名小说有《重访布赖兹赫德庄园》(*Brideshead Revisited*)，又译《故园风雨后》。
⑤ Tory, 17—19 世纪初期英国的一个保守党派。

道、枪支、约翰·阿什克劳夫德①）相联系的。共和党人令自由主义者忧惧的终极缘由，不是因为他们在公开辩论中所讲的东西，而是因为他们是谁以及他们的生活方式。

事实是，当你暂且撇开关于堕胎的争论（不可否认这是一个很重要的症结），主流左翼和主流右翼之间在方针政策上的真正差距非常之小，不过就是着重点、百分点和微幅移动的问题。在过去的三十年里，保守主义者在道德和文化方面（同居、离婚、同性恋、色情）放弃了阵地，而自由主义者在社会和经济方面（税率、福利政策、监狱、犯罪和枪支管制，甚至环境问题）做出了让步。这些妥协和让步达到了如此程度，可以这样说，克林顿政府和乔治·W. 布什政府之间的分歧，其实比极左或极右派所声称和相信的都要小得多。不过请注意，这并不是说以下列举的这些辩论不重要或没有价值：上层阶级是否应当交纳39%或34%的所得税？是否应当允许在黄石公园驾驶雪地机动车，或在鲜有美国人造访的荒漠地带开采石油？是否应当在没有联合国同意的情况下入侵伊拉克或在没有联合国同意的情况下仅仅轰炸伊拉克（当然还有塞尔维亚）？但是，这些辩论并不反映美国政治生活中的巨大哲学鸿沟。

事实上，假如哈佛的客厅自由主义者多花一点时间来跟共和党俱乐部的主流保守主义者或是《卓越报》里的新保守主义者（我刚进校时他们掌控着该报）交流思想和进行辩论，他们就会发现，尽管校园里的保守主义者比自由主义者更具宗教意识、对政府权力怀有较多的疑心，这两种人都坚信企业自由、言论自由、性选择自由和整个资产阶级—英才教育体制（这一点最接近于哈佛人的大众哲学）。

---

① John Ashcroft, 1942—，美国政治家，曾任参议员、密苏里州州长、乔治·W. 布什总统第一届任期内的司法部长。

第七章 自由主义者的内战

这当中的侧重点有所不同：客厅自由主义者现今带着疑虑支持《平权法案》，而保守主义者反对它；客厅自由主义者起码是支持合伙家庭，通常支持成熟的同性恋婚姻，而保守主义者反对后者，仅是逐渐地令自己习惯于前者。但是，就总体上的乐观主义来说——关于民主，关于资本主义，关于进步，关于美国——客厅自由主义者和保守主义者之间，远比他们各自与街头自由主义者之间有着更多的共同点。

为什么不呢？假如马克思主义者一度被看作是步履匆匆的社会主义者，那么，美国的保守主义者，在很大程度上，是腿上灌了铅的自由主义者。

正是出于这种认识，我最终不知不觉地对哈佛的街头自由主义者产生了同情，尽管我憎恶他们的绝大部分想法和几乎所有的做法。他们至少跟我分享一种感觉：在哈佛，在整个英才教育文化、成就和快乐的资本主义里，有什么地方**出了差错**。某种东西跟贪婪、野心和腐败有关，跟麦肯锡和贝恩公司的招聘会上为我们准备的丰盛酒席有关，跟那些眼窝凹陷、疲惫不堪的移民妇女有关（在我们去酒吧寻欢作乐并入睡很久之后，她们还在清扫垃圾）。

"基本生活工资运动"对这些差错的纠正方法是静坐，是要求提高最低工资和增加健康福利。我同意提高工资（而对公民抗命①的做法保留意见）；但是，我经常觉得他们是试图往一个大伤口上贴橡皮膏。这个伤口不是哈佛的坚守经济利益底线的心态，而是整个自私自利的制度，我们学校只是大齿轮带动的一只小齿轮。当然，个人利益

---

① "civil disobedience"，又称"不合作主义"，指公民拒绝遵守某些法律、规章和政府或外国占领者的命令而采取的行动，它通常（但不总是）被定义为"非暴力抵抗"。美国超越主义作家梭罗（Thoreau）在1848年写的《公民抗命》一书，对后来的非暴力抵抗运动的袖人物产生了深刻影响，包括甘地和马丁·路德·金。

的法则坚信——追溯到约翰·洛克①的理论,上帝赋予世人去"运用勤劳和理性"(而不是让狂热和捣乱分子将人类事务搞得一团糟),已经将这个世界建造得非常舒适。在这个世界里,仅新英格兰的一所大学就可能价值 190 亿美元②,它的学生可能会挣上数百万美元。甚至这个自私世界里的许多明显的受害者——它的保洁工、餐厅服务员和保安人员也都拥有彩电、立体声、CD 播放器和电子游戏,远比从前的佣人阶层要富裕得多。

然而,在大学中期的某个时候,迷失在校园的幽暗树林中,我发誓:我希望有一个不同的世界。我没有革命计划,没有造就现代马克思主义者的那种追求平等的狂热。我仍然自称是保守主义者,但跟我在高中时期的保守主义不一样了,那时候的共和党似乎给我的不满提供了答案。我发誓,我想要一种比美国的政治所能提供的更崇高、更浪漫的东西,它比传统基金会③更高尚,比福克斯新闻④更传统。或许是一种新形式的骑士制度——但是,不,像所有真正的保守主义者一样,我读过埃德蒙·伯克⑤的《法兰西革命反思》,我知道那个时代的骑士死了,一去不复返了。伯克哀叹道,生在"诡辩家、经济学家和计算家"的时代,我们的劫数到了。这是你大概能找到的对 20 世

---

① John Locke,1632—1704,英国哲学家、医生,最有影响的启蒙主义思想家之一,被认为是"古典自由主义之父"。
② 据 2013 年 6 月的财务报告,哈佛大学的捐赠基金数为 327 亿美元。
③ Heritage Foundation,美国的一个重要的保守主义思想库,创立于 1973 年,其使命是"根据自由企业、有限政府、个人自由、传统的美国价值观和强大国防的原则,制定和推行保守主义的国家政策"。
④ FOX News,美国福克斯娱乐集团下属的一个有线电视新闻频道。批评家认为它"推销保守主义的政治立场并做出带有偏见的报道",该频道则声称它的政治评论和新闻报道是各自独立的,否认其新闻报道带有偏见。
⑤ Edmund Burke,1729—1797,爱尔兰政治家、作家、政治理论家和哲学家。移居英国后,成为辉格党成员,多年担任英国下议院议员。他的《法国大革命反思》(*Reflections on the Revolution in France*,1790)一书是最有影响的批判法国大革命的著作。20 世纪以来,伯克被认为是古典自由主义的代表和现代保守主义的奠基人。

纪 90 年代哈佛的贴切描述。

托马斯·佩恩①曾经嘲讽伯克说:"他为脱落的羽毛悲泣,却无视奄奄一息的鸟儿。"这句话提醒我们,骑士的世界实际上是一个充满疾病和死亡的悲惨世界,数不清的人由于出身和生理原因而遭受不幸。像我这样一个瘦兮兮的普通人,在古代能活过婴儿期就算是很幸运的了,正如我的一位教授在中世纪历史课上指出的。他对二十几个学生说,**环顾一下你们的周围,要知道,在 1330 年,你们当中只有四个人能够活到你们现在这个年龄**。我的愿望,最终落得跟街头自由主义者关于革命和乌托邦的幻想一样地不真实和自我放纵,只不过是以它自身的方式——回到过去。不过是去除了贫困和残忍,仅留下美好和高尚的过去。或许,那些美好高尚的东西在过去也并不比在今天更真实。过去和现在的唯一不同是,牧师、诗人和历史学家发明了圣人、英雄、殉难者和统治者,直到时间流逝,世界把牧师冷落到一旁,拆穿了历史学家的真面目,发明了《纽约客》让诗人们保持安静。

然而,在 90 年代后期,当互联网推销者被赞颂为我们时代的巨人时,很难相信更美好和更英雄主义的东西不曾存在过,或是在通往当今的英才教育田园生活的过程中消失了。在哈佛,我不是唯一抱有这种想法的人。当时哈佛有个社交圈子,以蒂姆·沃勒克为核心,他是佛罗里达州人,我二年级时他是《卓越报》的出版人,后来成为该报的社交主席。蒂姆住在艾略特楼的一个大房间,里面有木地板、高天花板和一只迷人的壁炉。他发起在周末的晚上举办聚会。《卓越

---

① Thomas Paine,1737—1809,出生于英国,政治活动家、政治理论家。他支持并亲自卷入法国大革命和美国独立战争。他在 1776 年出版的《常识》(*Common Sense*)是支持美国独立的专著,立刻在北美殖民地成为最畅销书,销售了约 50 万册(当时的自由人口总数约 200 万)。

报》圈子里的人、朋友和其他一些追随者聚在一起，喝着无名的德国啤酒，醉醺醺地、无休止地争论哲学和政治、文学和艺术、性、上帝以及其他一切问题，直到凌晨才蹒跚地各自返回宿舍。人们讨论了所有的问题，却没有解决任何一个。

定期参加蒂姆聚会的有各色人等。考琳·麦格劳是个粉红脸蛋的爱尔兰天主教女孩，一个罕见的出身于蓝领阶层的哈佛人，她的父亲是纽约市的锅炉装配工，哥哥是西点军校学生（这就可以绕一个大弯来解释她跟哈佛的自由主义者善意地保持距离的原因）。杰克·考哈尼是来自明尼苏达州的路德教徒，主修应用数学，在被拉进我们这个更怪异孤立的圈子之前，是个铁杆的里根派。预科学校男孩莱德斯劳·科尔瓦斯基，波兰移民的儿子，从前热衷于艾恩·兰德①，想信奉宗教却被尼采迷了心窍，即使在剑桥最冷的天气，他也将衬衣扣子解开到肚脐。（当我戴上围巾手套时，他会大叫：**像个男人，罗斯！**）虽然还有很多其他与会者，包括我们屈尊称呼的一些"明智的自由主义者"，但是真正让聚会感到圆满的常客是我的老朋友、施特劳斯 B 单元和波斯联的佛斯·谢尔比。如同很久之前在一年级跟尼克和达米安辩论时一样，他仍然沉醉于历史。

我们半开玩笑地，以苏格拉底著名的会饮②来命名我们的聚会。蒂姆是每次聚会的北斗星，他博览群书，毫不教条，随时准备考虑天底下的任何观点。几年后有一个较固执的朋友对我说，**自从那天晚上蒂姆说 18 世纪的西西里大概算是人类的理想社会，我就决不再把他太当回事儿了。**然而，这恰恰是那些夜晚和蒂姆的严谨哲学头脑的美妙之处。蒂姆并不是多么相信西西里的氏族制度和族

---

① Ayn Rand，1905—1982，美籍俄罗斯小说家、剧作家和哲学家，客观主义哲学的创始人。
② symposium，这是古希腊上层社会男性成员社交的一种重要形式。后来常译为"专题讨论会"。

间仇杀（混合着天主教的信条和地中海的烈日）是世间所能提供的最美好的东西。他也未必很相信，例如他有天晚上说的，**同性恋之爱是厄洛斯的最高形式。**或是，**在 30 年代，我们可能都会加入共产党。**不，是他愿意抛出这些问题，列举出这些论点，供我们争论直到深夜。

蒂姆在我三年级的期末毕业了，"会饮"便未能幸存下去。我本打算在秋天主持一个类似的聚会，但是在哈佛四年级的喧嚣和压力下，这个想法未能实现。也许这是最好的结果。因为，蒂姆是提供思想火花的人，他的房间，有壁炉和木地板，挂着爵士乐时代①的海报，书籍堆满书架，备有充足的饮料，是我们对现代社会抒发不满的最佳场所。我自己的那个 60 年代的地毯和煤渣砖的房间，将会毁坏那种体验和回忆。

对，最好是让"会饮"保留它应当被记住的样子：蒂姆房间里壁炉架上的挂钟指示已过了午夜很久，一大堆空瓶子和红酒杯撂在桌上，有一个人在醉醺醺地侃侃而谈，其他的人在全神贯注地凝听。让我们假定这个谈话者是佛斯吧，他在描述他心目中的英雄雪古拉斯②——一位被迦太基（Carthage）关进监狱的罗马将军。他被释放出狱去跟敌人签订和约。可是，他敦促乡亲们反对签订和平协议，然后光荣地回到了迦太基，虽然他明白自己这样做将被施以酷刑而死。让过去成为今天，让神话成为现实吧，让现代大学的浮华庸俗远离——让我们不去想昙花一现，光阴似箭，稍纵即逝……

从某种程度上来说左派是幸运的，他们有革命。右派所有的只是怀旧。

---

① Jazz Age，指 20 世纪 20 年代的美国。
② Marcus Atilius Regulus，约公元前 307—前 250，古罗马执政官，第一次布匿战争中的将军。

***

不过,革命的成功不是一件轻而易举的事,哈佛的"基本生活工资运动"参加者体会到了这一点。静坐的第一个星期毫无成效——《绯红报》抨击它,学生理事会也谴责它,校方则不予理会。但是,他们坚持不懈,终于获得了大范围的支持。这得部分地感谢赞助人的涌现:罗伯特·赖克①来到剑桥向哈佛民主党人发表讲话;劳联—产联(AFL-CIO)的主席约翰·斯威尼②打电话表示支持;接着是泰德·肯尼迪③现身校园,佩戴着"基本生活工资运动"的胸扣,试图进入马萨楼给抗议者打气(他被哈佛的校警拒之门外了)。而真正推波助澜的自然是全国的媒体。在第一个星期里,除了波士顿的地方报纸之外,其他媒体对静坐基本上没有什么反应。但是,随着事件拖延,帐篷城变大,记者们便开始搜罗故事,大肆报道了。

"基本生活工资运动"很幸运,他们的主要对手是尼尔·鲁登斯坦,否则他们不会有胜算的机会。抗议者静坐、睡觉、打手机时所在的校长办公室,不属于乔赛亚·昆西或内森·普西,而是鲁登斯坦,一位优柔寡断的英国文学学者,极度谦逊地坐在这个有几百年历史的高位上。他是一个十分不起眼的人物,寒冷的"院子"里的一个弯腰弓背的影子,讲起话来吞吞吐吐。他只关注哈佛的筹款,很少就其他事宜提高嗓门。即使抗议者有可能被驱逐出去,鲁登斯坦显然也不是

---

① Robert Bernard Reich, 1946— ,美国著名政治经济学家、教授、作家和政治评论家。曾在福特、卡特和克林顿三届政府任职。
② John Sweeney, 1934— ,美国工会运动领导人,1995—2009 年间担任美国劳联—产联主席。
③ Edward Moore ("Ted") Kennedy, 1932—2009,肯尼迪兄弟中最小的一个,是美国最资深的参议员之一(在职近 47 年)。

能够担当此任的人。

我仅见过鲁登斯坦一面,那是作为新生参加"校长烧烤餐会"时偶然地见到他。烧烤餐会是由他和拉德克利夫的校长共同主持的(到那个春天,拉德克利夫的办公室就不复存在了)。那天,甚至在跟一千名左右的哈佛人握过手之后,鲁登斯坦仍然保持彬彬有礼、面带微笑。但是我记得他那满脸皱纹的谦卑样子,即使在对着优秀学生兴高采烈地露齿而笑时,也显得那么疲惫不堪。

就某一点来说,鲁登斯坦是一个可悲的角色。他的家住在康涅狄格州的丹伯里,父亲是一名狱卒,母亲一辈子都在餐馆当服务员。他爬上了空气稀薄的学术高峰,成为一名英国文学学者,精研菲利普·悉尼(Philip Sydney)爵士的晦涩迷人的诗歌。他的头脑显然极其敏锐。我的一个朋友曾在《绯红报》连续两年负责追踪校长信息,他后来写道:鲁登斯坦"熟知几乎任何学术领域的最新动向……他不仅阅读莎士比亚研究的最新成果,而且浏览基因科学的进展。他说他每天至少花上一个小时有选择地阅读各类学科的文献"。当哈佛的神秘老板们选中鲁登斯坦来为驶入 21 世纪的哈佛大船掌舵时,大学的本科教育迫切需要当时的美国总统喜欢说的"远见卓识",以鲁登斯坦具有的杰出人文学者的天赋,人们期望他能够承担这一重任。

但是鲁登斯坦所做的,或是在那个年代的体系里他被允许做的全部似乎就是筹款、筹款、再筹款,直到大学的赤字消失,捐赠基金不断扩大,整亿整亿地跳跃式增长,将对手远远地抛在身后。到了 90 年代末——对投资组合来说最神奇的时代,哈佛的捐赠基金增长到惊人的程度,乃至于在学生中传为笑谈,令外界产生困惑。**哈佛怎么搞到了这么多的钱**?他们问。

然后是——**他们要这么多钱干什么用**?

我愿意这么想,或许,在迎宾和筹款将他的精力耗尽之前,在卸

特权:哈佛与统治阶层的教育

下哈佛的拜占庭式官僚机构的重担之前，鲁登斯坦能够回答这个问题。我愿意想，关于大学是一所学校而不是一个商业实体，鲁登斯坦自有他的远瞻；除了去取悦任用他的人，除了在烧烤餐、茶会和招待会上讨好潜在的捐赠人之外，他一度想要做得多一些。但是，没有任何证据来支持我的这种想法。事实上，他参加的非筹款性活动如此稀少，以至于《绯红报》和其他报刊上的长篇欢送词只能提到一项官僚政治的革新——鲁登斯坦设立了一个教务长办公室，这就是他在任十年的显赫政绩。

鲁登斯坦的角色是微妙的。一位学生在毕业典礼致词里的话成了报纸头版的大字标题。这可以算作是一种表述吧。

因此，从静坐的大胆发起到胜利结束，不存在发生冲突的问题。鲁登斯坦是个劝服者，而不是动武者。我想他是汲取了1969年的教训。在哈佛的大楼里拉拽、踢打尖叫的激进分子，对任何企图如此尝试的愚蠢校长来说，其结果都不可避免地会适得其反。事实上，那大概是一个教训。是的，这次可能不必使用瓦斯和警棍；我无法想象"基本生活工资运动"的抗议者能够像学生民主社团的成员们那样英勇无畏地应战。不过，当年普西召来警察的目的，既是为了捍卫爱国主义的原则（诚然这样说有点勉强，因为"预备役军官训练营"无论如何终究会离开校园），也是为了捍卫一项重要的理念，即哈佛的历史和命运是同整个美国的历史和命运交织在一起的。可是，鲁登斯坦能够依据什么正当理由调来警察呢？或许是为了促进使用廉价劳动力的公用事业？

每天经过帐篷城，听见大肺活量的马克思主义者高呼"无正义，无和平！"一直持续到春天的夜晚，令我这样的保守主义者很难做出抉择。我想反对他们，我想站在鲁登斯坦和哈佛校方一边，反对抗议者的自以为是和粗野行径。然而，当被质疑的校方的指导原则似乎不

第七章　自由主义者的内战

比坚守利益底线更高尚时，我怎么能够站在校方一边，站在时代、智慧和统治集团一边呢？在唯一要保守的就是哈佛宝贵的数百亿美元资产，而不是任何其他东西的情况下，我还怎么能**做**一名保守主义者呢？是的，一方面我想让鲁登斯坦将那些抗议者从大楼里驱逐出去，严厉地惩罚他们（就卫生来说，要求他们刮胡子和洗澡）。但是，更多的我想让他给工人们提高工资，给那些为我们打扫盥洗室的、在擦地板和洗马桶时相互低声讲西班牙语的妇女们改善生活。

鲁登斯坦一样也没做，只是依赖时间来替他解决问题。他也许低估了抗议者。这些人每天早上不到七点就起来召开策划会议，连续数周忍受没有空调的高温；他们在盥洗室的池子里洗头发和衣服，轮流探出窗口去晒到一点太阳，并且跟支持者和媒体聊上几句。（他们明白如果警察将盥洗室锁住，静坐运动就会受挫，所以总是很小心地保持有人待在里面。）鲁登斯坦肯定是低估了静坐诉求的感染力，从帐篷城的追随者扩展到了其他的同情者：餐厅服务员给想当他们救世主的人送去食品和饮料；一些研究生教员们在马萨楼外授课；一些教授们原谅学生们缺课和延误作业，教士和牧师们还在校长办公室外边的草坪上举行各种宗教仪式，包括天主教的弥撒。

更糟糕的是，否决了以对抗或有条件的投降来解决问题的方案，哈佛缺乏明确的解困战略，仅寄希望于考试或暑假会最终迫使抗议者撤出去。不过，校方决定对抗议者不予理睬，不等于全世界也不予理睬。

一个星期之后，《纽约时报》报道了这一事件，一旦它开了头，其他主要媒体就迅速跟进了，包括有线电视新闻网（CNN）、《华盛顿邮报》（*Washington Post*）、《洛杉矶时报》（*L. A. Times*）等，甚至国际媒体也开始卷入。五月初，当《华盛顿邮报》记者抵达现场时，一名抗议者刚刚跟意大利国家广播电台通过电话。一旦媒体闻到了哈佛的血腥味儿，无论校方发表多少次变换措辞的声明：**我们信奉的原则跟学生们的是一致的，我们只是不同意解决问题的方式**；无论校方多少次坚称，只有**非常非常少的**工人工资低于基本生活工资，全都无关紧要了。媒体所需要的全部就是有一名这样的工人愿意对记者讲话。比如六十岁的合同保洁工弗兰克，他每天在上班路上要花去一个小时，挣每小时 10 美元的工资，不得已而挪用退休金来补贴家用。又如莫利，刚刚辞退了在超市打包的第二份工作，因为他每天只剩下四个钟头的睡眠时间。当《邮报》问及对于基本生活工资运动参加者的看法时，他爽快地回答："没有他们，我们早就完蛋了。"

跟这一两个故事相联系，哈佛的充沛资源不可避免地要被提及。《华盛顿邮报》冷冰冰地说，**由于静坐发生在该校宣布 20 亿美元的筹资活动胜利结束之后不久，哈佛的处境显得尤其尴尬**。另外还有几个感情用事的专栏作家，怀念着自己举行抗议的往事，跑到剑桥来朝圣，炮制文章，什么《哈佛的最聪慧头脑将伪善暴露在镁光灯之下》、《哈佛学生显示了同情心》等。《时代》周刊的鲍勃·赫伯特(Bob Herbert)写了一篇夸大其词的报道《你想要英雄吗？马萨楼内一瞥》。所有这些加在一起，哈佛，这个丑恶的、富有的公司大学，竟然不能付给它的保安人员每小时 10.25 美元的工资，绝不可能在这件事上保全正面形象。

鲁登斯坦和哈佛公司最终所坚持的是经济的论据，而抗议者所坚持的是道德的理念。即使在人们似乎将这两者混淆的情况之下，这也不是一场公平的战斗。

最后是由劳联—产联出面充当调停人解决了争端，它表明了抗议者的声势是多么浩大（至少是大于他们应有的自知之明）。尽管未能大获全胜，谈判的结果仍然是"基本生活工资运动"的胜利：虽然哈佛没有默许正式的基本生活工资，但是它承诺召集一个由教师、学生、管理人员和工人组成的委员会来重新评估哈佛的劳工政策。此外它宣布，在等待该委员会报告的结果期间暂停工作外包。校方还允诺提前跟保洁工工会就新的合同进行谈判。总而言之，相比三个星期前抗议开始时的情形（学校发言人一口咬定"**只要他们占领办公大楼，我们就不会跟他们对话**"），这个结果是相当不错的了。

在那年的秋天，委员会成立了，进步学生劳工运动的本·麦基恩是两名学生代表之一。它在十二月份公布了调查结果，要求立即给服务人员提高工资，付给直接雇用和外包工人同等工资，增加福利，还有一项"公平交易条款"——要求工资与通货膨胀保持同步。该报告没有提出正式的基本生活工资数额，但是建议哈佛支付给工人每小时10.83—11.30美元的工资——这个数字似乎证实了关于学校吝啬地对待有些雇员的论点。静坐之后的第一项主要的合同谈判结果也表明了这一点，在该合同中，哈佛的保洁工的工资提升到每小时11.35美元，高于剑桥市的基本生活工资和委员会的建议。

"基本生活工资运动"对这一明显胜利的反应，透露了真情。在保洁工工会以270票比8票接受了新的工资额之后，抗议者们立即宣布：不仅每小时11.35美元不能令人满意，任何低于每小时14美元的工资都无法被接受。该运动的一位学生领袖对此在《绯红报》上解释说："随着'基本生活工资运动'的发展，通过跟工人们的交谈，我们越来越清楚地认识到，剑桥市定出的基本生活工资数是不够的，它只是作为提升工资的一个基点。"这即是说，进步学生劳工运动不是致力于基本生活工资，而是更高的工资，没有看得见的封顶，就是这么回事儿！该学生领袖继续写道，更重要的是，我们"从来就不是仅仅致力于基本生活工资的一个组织……而是献身于工人和学生团结一致的原则，为了更加正义、民主的大学和社会而奋斗"。

对更加美好世界的正当渴望，连同浮夸的辞令、不断移动的目标和手段强硬的策略——这就是对街头自由主义者的总括。让其他人为哈佛工人每小时 11.35 美元的工资而庆祝吧，在这些学生社会建筑师的眼里，这实际上只是（他们总是有意识地将它当作）一块通往乌托邦的踏脚石。

"**我们在搞一个运动，**"本·麦基恩在静坐开始之前说过，"**运动都会结束。**"但是，跟所有真正的街头自由主义者一样，他没有说什么时候结束。

不过，所有的不愉快都还是将来的事。在静坐结束的那天，数百名同情者聚集在"院子"里，观看静坐者们从马萨楼的古老大门里走出来，他们未经梳洗但精神不屈。毫无疑问，他们是不会静悄悄地离去的：胜利出门之后是持续两个小时的游行，教师和工人们轮番发表演说称颂抗议者，大量的气球升上春日的天空，甚至还通过公共喇叭播放了泰德·肯尼迪的庆贺电话。在马萨楼里，占领者们清扫了垃圾，试图将楼内恢复原状。（警察局局长惊诧道："他们甚至还使用了吸尘器！"）楼外，人们向警察们欢呼——他们顺利地完成了每天 15 个小时监视静坐和帐篷城的轮班任务。1969 年事件中警察的所作所为是个遥远的记忆了。

终于，他们的吸尘工作结束，这一天的英雄亮相了，在同情者的夹道中穿过，像是红地毯上的明星，或者完成太空使命凯旋的宇航员。人们拥抱，流泪，齐唱《我们不会被动摇》（*We Shall Not Be Moved*），将红玫瑰献给坚持了静坐全过程的二十三名学生。他们在楼内待了 21 天 3 小时 52 分钟。其间，四名参议员、四百名教师，以及当地所有值得一提的政治家们对他们表示了声援。他们看起来很苍白，也很快乐。在那一刻，我对他们生出一丝艳羡。

鲁登斯坦的工作人员也举办了自己的庆祝活动。一旦抗议者离去，秘书和助手们便手拉着手，大摇大摆地回到他们的办公室，摘掉褪了色的为保洁工要求正义的标语，打开窗户放进春天的空气。抗议者残留的气味飘走之后，他们开启了香槟，"为年轻的美国干杯！"一个人举起酒杯叫道。

外面，派对终于开场了。在"院子"的长草坪上，数十个蓬头垢面的宿营人收起帐篷，卷起了睡袋；凯旋的学生们列队回到宿舍，重新睡在哈佛提供的床铺上；教授们返回了办公室；工人们回到了拖把间和厨房；记者们返回了新闻室。经过数个星期的鼓声、口号和喧闹之后，"院子"里出奇地宁静，唯有旅游者的低语和"唰——唰——"的飞碟声。新英格兰令人困倦的春天回到了马萨楼。你能感觉到，校园生活重新找回了平稳的韵律，恰巧是在期末考试到来之前。

那天夜里，喷水器启动了，一个月以来第一次，将哈佛"院子"冲洗得焕然一新。

第八章

最后一个夏天

夏天的每个星期四，驻纽约的耶鲁俱乐部都要举办晚会，为在曼哈顿工作或居住的年轻精英及其他常春藤之类的人们提供快乐时光，与会者济济。据我所知，这一活动不做广告，不发邀请，在俱乐部的大门口、前厅或者那排金色的电梯旁也没有"欢迎年轻的常春藤盟员们"或"餐饮请上三楼"的指示。这个活动没有正式的排他规定，从理论上说，街上的任何人只要衣冠得体，都可以走进去，付上5美元服务费，在堆满桌子的开胃菜和穿梭的侍者中信步。但是实际上，只有特定的人（**我们这类人，前辈人可能会这么说**）每个星期四出现在俱乐部里，人们带着仲夏的汗气，不顾弥漫的古龙水、香水和浴液的味道，挤满了纵长的开放式房间。

那里有一些高大魁梧的年轻人，金发修剪得扫过前额，身穿夹克和细条纹衬衫，松开了领带，在短暂地午休。他们是参加高盛和摩根银行连轴转实习的未来投资银行家们。一些有艺术气质的男士在人群里推搡，穿着新潮衬衣和名牌牛仔裤，不修边幅，他们是在纽约大学或亨特学院上电影课的影迷。还有在"村子"①里忙碌的一些附庸风雅的艺术家，以及在法兰克福和拿骚的旅途中停留的欧洲垃圾们。在男人的一连串笑声和诅咒声中，一些女孩正在安排晚会之后的计划，扭转着身体，对着手机大喊：**我们要在一个酒吧碰面，但我忘了酒吧的名字，不过斯宾塞会到那儿去的，你认识斯宾塞，是吧？**她们是佳士得（Christie's）和苏富比（Sotheby's）拍卖行的暑期实习生；还有一些在时尚杂志实习的热情女生，她们拥有健美的大腿和完美的笑容；再有就是未来法学院的奋斗者们，他们身穿套装，手握掌上电脑，在跟一些衣冠不整的实习生们攀谈。这些新闻电视网的实习生工作过度且无报酬，只是靠着父母的资助或自己的勇气来支撑。

四年级前的那个夏天，到纽约的第一个星期四，我碰见了这类实习生当中的一个：雷切尔·洛文斯坦，一个进取心十足的漂亮的加利福尼亚人，她正在美国广播公司（ABC）实习。她很讨厌那个公司。**我的老板非常古怪而且刻薄**，早些时候在数条街开外的哈佛俱乐部喝酒时她告诉我。她的另一个朋友持有哈佛俱乐部的夏季会员卡，是为在校生保留的较便宜的那种。哈佛俱乐部冷漠僵化，里面到处是绯红色的帷帘和厚重的地毯，墙上挂着鹿角，没有一个我们的同龄人在那儿，只有一帮紧握着罗伯·罗伊②不放的老朽校友。于是我们就跑到耶鲁俱乐部去，因为那里有较多的新鲜事儿，还可以跟从未相遇的耶鲁人交往一下。

在耶鲁的晚会上，我见到了一些哈佛的学生，比如高个子的卢西

---

① Greenwich Village，纽约市曼哈顿下城西部的格林威治村，主要居民是上层中产阶级。19到20世纪中期它是"艺术家的天堂"、"放荡不羁者的首都"。也是第二次世界大战后"垮掉的一代"中代表作家和诗人的诞生地。
② Rob Roy，1894年在纽约发明的一种鸡尾酒，以一部同名的轻歌剧命名。

安妮·罗思，丰满地包在紧身裤里，留着钱德拉·利维①式的发型，挥着手机向我们微笑。她当时在《时代》周刊实习，那个夏天的主要新闻是钱德拉·利维和加里·康迪特（Gary Condit）的纠葛，还有汉普顿的利兹·格鲁伯曼②和上了封面的鲨鱼攻击事件。萨莉·马多克斯的朋友玛蒂尔达·卡特斯比跟卢西安妮在一起，瘦削的她穿着名牌服装，看起来怪怪的。她暑期在苏富比拍卖行工作，该公司不久即爆出丑闻，尽管没人在乎那些富人欺骗另外一些富人的事。后来安然（Enron）公司的丑闻则不同，是更大的罪恶，受害者是可怜的穷人。

不过，当时这一切还有待发生。玛蒂尔达告诉我们，前一天晚上她参加了一个鸡尾酒会，是拍卖公司为它的年轻雇员举办的一个正式宴会。

"我们都到场了，只是想会有吃的和饮料而已，你知道，"她说，"没料到，我们正玩得开心时，他们打开门，走进来一大群人，个个都是西装革履、高视阔步，仿佛是从电影《华尔街》（Wall Street）里冒出来的，特别80年代。"

（新到达的实习生、学生和夏天的投资分析师们在我们的周围，互问老生常谈的问题。**你要到哪儿去工作？什么时候开始？你喜欢它吗？他们付你工资吗？哼，那么少？**）

雷切尔问玛蒂尔达："他们都是些什么人呢？"

"我正要说呢。他们全是些投资银行家，苏富比邀请来的。我想是我们跟两个投资银行安排了交际活动，我们举办派对，他们派来夏

---

① Chandra Levy，2001年5月在华盛顿政府部门实习时失踪，一年后她的尸骨在附近的公园里被发现。死之前她跟众议员加里·康迪特有暧昧关系，因此康迪特成了该案的主要被调查对象。
② Lizzie Grubman，1971——，美国公关名流，2001年她因一个撞伤多人的事故而招致公愤和媒体的大肆报道。

第八章 最后一个夏天

天所有的雇员。"

（你住在什么地方？真的吗？租金多少？那么贵？哇！）

"不管怎么说，"玛蒂尔达接着说，"我跟一两个人闲聊，我问其中一个人'你们在那儿做些什么？'他回答：'我们是你们的未来。'——仿佛这是世界上再清楚不过的事。"

我笑了，众人都笑了。玛蒂尔达说："我的意思是，他竟有胆量说那种话——**我们是你们的未来！**"

（你在写论文吗？你八月份到什么地方去吗？你意识到咱们明年就要毕业了吗？我知道，真是太恐怖了！）

时间过得很快，外面，夜幕在降临，不，天已经完全黑了。玛蒂尔达在跟其他人谈些什么，鲁西安妮不见了。入场券包含的免费饮料票用完了，我们便开始按纽约市的高价付费——7美元一杯啤酒，10美元一杯混合饮料。没过多久，侍者们也不再穿梭往来给我们添加小菜点心。我身边的人们开始大声地（因为实在太嘈杂）嘟囔着该走了，到布鲁克林，到村子、上城、下城或其他任何什么地方去吧。

我发现自己又跟玛蒂尔达在一起。"你跟萨莉联系了吗？"她边问边在手提包里不耐烦地翻找东西，"她不久也会到这儿来，是吗？"

萨莉·马多克斯夏天在肯塔基，七月末她会去汉普顿跟她的室友艾丽斯·特里尔待上一个月。艾丽斯为《南汉普顿新闻》工作，跟她妹妹一起住在该报一名编辑的凌乱房子里。我跟艾丽斯不熟，但那年夏天我对她至少可以说是有一点迷恋——迷恋却没有指望，因为她有男朋友。

"我会在八月的某个周末去看她们，"我告诉玛蒂尔达，"我是说，等我在这里的工作结束之后。"

"是吗？两个星期之前我跟一些人去了一趟汉普顿……躺在海滩上，你熟悉那些事儿。那里真美，你觉得呢？"

"噢，绝对是棒极了。"我装作十分肯定地回答。我从未去过长岛。

这时，用过的塑料杯堆在桌子和窗台上，侍者们在走廊里吸烟，不时地瞟着挂钟。然而，活动结束得还是显得有点突然：刚才还是热闹非凡，这会儿我们已经在往楼下走了。出了锃光瓦亮的电梯间，穿过灯火辉煌的大厅，旋转门将我们推进了黑夜和曼哈顿渐渐消退的暑气之中。

人们拿着手机道再见，有人打起残存的精神，提议再去逛几个酒吧，延续这个夜晚和常春藤的友情。可是众人都醉得犯困了，这个建议未被采纳。交谈结束了，大家分了手，各自坐上出租车或地铁，开始暑期工作的另一天。

"下个星期四再见！"有人大声地道别。我转身朝北走，穿过中城空荡的狭长街道，耶鲁俱乐部里的不同寻常的、过腻的香味很快就消失在都市的刺鼻气味里了。

我最后听见的是远处传来的雷切尔·鲁文斯坦的声音，几条街开外都听得见，当然也就是因为街上空荡无人，白天的嘈杂都停止了。

"不，不……我现在**回家**。"她的声音在我的身后渐渐减弱。"不，如果有可能我会的，你知道我会的，但是我明天还要**上班**……"

* * *

是的，**上班**——暑期工作，大学后生活的短暂尝试。这类的暑期实习经验是哈佛教育极为重要的组成部分。对于进取心十足的年轻精英来说，哈佛的夏天是没有时间玩乐的，没有怠惰的六月和七月，不是去沙滩上休闲放松，也不是在家乡做熟悉、舒服的工作。

这是"建立联络"和"缔造关系"的时段,从二年级开始,暑期的每一项选择都跟未来的职业紧密相关。比方说,你打算毕业后到美世、贝恩、贝尔斯登或摩根去工作,那么你最好在前一年的暑期,或再前一年的暑期就开始为他们工作。我的朋友尼克在三年级的春天应聘时发现了这个问题。每个公司的招聘人都有点暗讽地问他,为什么二年级夏天他在华盛顿实习,选择为联合国工作,而不是为**他们**工作?他真的想要**投身**金融业吗?他**确实**想当一名投资银行家吗?

但是,除了未来前途的考虑之外,暑期工作还是为了要跟同学们保持同步。同学们个个都在暑期干了不起的大事。去纽约或华盛顿,这是未来的政治家、律师和银行家们的安全选择;去加利福尼亚,这是未来的娱乐大亨和电影剧本作家的大胆选择;或者,到危地马拉去建造低价住宅,对于街头自由主义者来说,这是出于政治意识的选择。因而,获得一份好的实习工作是精英地位的标志。每个人都问,**你暑期做什么**?没人想被发现自己是回老家去当游泳池的救生员。

从这一点上说,我在 2001 年漫长夏天里的工作完全够得上档次,只要没人过分追究它的细节。首先,工作地点是在曼哈顿——它依然沐浴在 20 世纪 90 年代末的阳光下,本·拉登(Osama bin Laden)的乌云还没有遮蔽它那灿烂辉煌的空中轮廓;虽然道琼斯已经达到高峰点,还没有人承认眩晕时期已经结束。更为理想的是,我是为一份重要的政治杂志——《国家评论》(*National Review*)工作,它可以给我的履历添上耀眼的一笔。而且,当人们问及我的暑期工作时,《国家评论》听起来十分响亮。比起在前两个暑期里我做的事,这无疑是上了一个台阶。那两次我只是住在父母家里,撰写在线学习指南,或给懒惰的高中生讲解莎士比亚和埃斯库罗斯的精髓。

所以，生活在一定程度上是美好的。没错，我是在曼哈顿，不过我住在哥特式教堂圣文森特·费雷尔附属的一个小修道院，它隐没在上东城的褐石楼群里。在一个辉煌的大都市里，那是你所能想象到的亮光最少的地方。这个住处是通过老家纽黑文教会的一位牧师找到的，租金比曼哈顿的绝大多数房费都低，可以说是个省钱的好地方。但是，小修道院是一座由铺着地毯的厅廊和空荡房间构成的迷宫，一个充塞着古老和可疑物件的遗迹，怪异、孤落，弥漫着忧郁和衰微的气息。寂静的厅堂、憔悴的教士和教会危机的迹象，对任何天主教徒来说，它都是个令人精神委靡的栖息处；对一个二十一岁的大学生来说，它简直就像一座坟墓。

《国家评论》无疑是个一流的杂志，但它是带有学术味道的政治刊物，毫无魅力可言：没有社会名流涌来做封面照，甚至连一位失落的参议员或副部长的造访都没有。而且，它是一个保守主义杂志，这在我的朋友和邻居的心目中，分量大打折扣。我的一位同事正确地点破：**在蒙大拿州**①**的某个地方有个孩子，他会不顾一切地到《国家评论》去当实习生**。而我的同学里很少有人会跟这个孩子有同样的情操。

不管怎么说，这份工作有一个大亮点，那就是让我有机会见到了伟人小威廉·F. 巴克利——右翼的教父，保守主义阵营的温文尔雅的顽皮王子。巴克利于 20 世纪 80 年代末期退休后，不再正式参与编辑工作，但他的影响经久不衰。该杂志的每一期都重印他的辛迪加专栏，他还保留了一个"注解和题外话"栏目，热诚地跟读者讨论疑难

---

① 美国西部的一个"红"州——多数选民支持共和党。这里的意思是说来自保守的州里的年轻人才会愿意为保守主义杂志《国家评论》工作。

词汇和语法要点。他偶尔也会给杂志撰写一篇较长的文章，比如有一篇是纪念惠特克·钱伯斯①，另一篇是对"阿伯克龙比和菲奇"的隐晦色情的轻松巡览。他在列克星敦大道的大楼（处于编辑部和营业部的半途）里也保留着办公室和一位助手。书架上到处都陈放着他的著作，熟悉的书名有《上帝与人在耶鲁》（*God & Man at Yale*）、《麦卡锡和他的敌人》（*McCarthy and His Enemies*）、《超离自由主义》（*Up from Liberalism*）。这些著作引导了右翼在漫长的半个世纪中从废墟到权力的崛起。

现任编辑们——巴克利挑选的接班人，固定在每个月的第二个星期一跟他共进晚餐。作为一次特殊待遇，我上班的第一天就和另一名实习生——哥伦比亚大学的保守主义者杰姆·斯奈德，一起被邀请去了。我是第一次见到杰姆，但从那天晚上起我们就成了好朋友。巴克利在曼哈顿上城的巨大"巢穴"令我们俩瞠目结舌：眼光锐利的调酒师，低声讲西班牙语的厨师和侍者，豪华的客厅，富丽的挂毯和精漆桌子，桌上每个餐位都摆着玻璃香烟杯。当巴克利亲自走过来迎接时，我们不禁再次愣住了：他目光炯炯，充满好奇；他的机智略显乏怠但仍然淘气顽皮，他的举止因年长而有些迟缓，但体魄依然坚实，蕴藏着潜在的活力和能量。他的妻子派特也在场，她身材瘦削，气度专横，彬彬有礼却又尖刻，说起话来不紧不慢的英国腔跟他丈夫的很匹配。巴克利非常宽厚，对他的名人地位掌握得恰到好处：既默认接受，又视为身外之物。他那快活的情绪和著名的迷人笑容，让我们彻底地放松了。

葡萄酒，精美的食物和悠闲的交谈。我们当时认为，那天晚上就是我们唯一的一次近睹巴克利的机会了。工作了一个半月后，我仍然

---

① Whittaker Chambers, 1901—1961, 美国作家、编辑。

这么觉得。可是没想到，七月中旬我接到了一个电话，对方是巴克利的助手，说话十分短促简练。

"比尔想请你和杰姆跟他一起去航海，这个星期五，"她接着说，"你可以去？妙极了。那么，六点钟在萨姆佛德市有人接你。是的，在火车站。太好了。祝你今天愉快。"

杰姆和我乘着沿康涅狄格海岸线的火车，抵达了萨姆佛德。巴克利在车站接我们，他戴着一顶别致的帽子，开了一辆丰田"陆地巡洋舰"。驶离车站时他说："咱们先到我家去一下。"我们兴致勃勃地到了他的家——长长的碎石车道尽头的一幢夏日别墅。一片新修剪过的草坪在几株大树的阴凉下憩睡。房子的面积很大，有个毗连的车库，巴克利告诉我们那是他的书房，他将车停在了它的前面。房子的一侧有道门廊。房子的背后，一大片斜坡草坪穿过花园和一个小游泳池——白色瓷砖映着浅蓝的池水。再往远处，便是礁石和长岛海湾，沐浴在闪闪发光的云霭之中。

进了屋子，巴克利向我们介绍他的"船伙计"——蓄着胡子的耶鲁学生本恩，他夏天被雇来在帆船上帮忙。接着，在一间面朝大海的房间里，我们跟派特一起喝酒。地板上铺着一块巨大的虎皮毯，我们坐在深陷的扶手椅里闲谈着，一只小狗跳到了派特的膝上。

"他是新来的。"她说。可爱的查尔斯王长毛垂耳狗嗅着她修长的手指。"他的名字是塞巴斯蒂安。但我们喊他塞比。"

大家一致赞同塞比是很优秀的。然后，派特隆重地宣布该是收看新闻的时候了，摁了一个按钮，一块屏幕便从天花板上降了下来。投影仪呼呼作响，巴克利笨手笨脚地捏着遥控器，调到了全国广播公司（NBC）的节目频道。我记得，那天没有什么重要的新闻，但是几乎无所谓，因为跟巴克利夫妇一起看新闻的半个小时里，主要是听他们两个人轮流互相取笑，基本上是巴克利先提出各式各样的主张，然后派特吸一口香烟，挥挥手，轻率地逐一予以否决。

"不，不，小鸭子，你又全弄错了。"她说。巴克利就耸耸肩，朝我们现出他那有名的笑容——露出满口牙齿的嘴一直咧到两耳。

然后，我们就去了码头，船伙计和巴克利的船"帕提透"①已经等候在那里了。我是初次登上这么大的帆船。我们驶出了港口，将萨姆佛德市的游艇、帆船和机动船都抛在身后，我被指派去掌管舵柄——这对我来说也是第一次实践。巴克利和船伙计已经整理好了船帆，老家伙下命令、系缆绳和导航，年轻人在甲板上灵活地奔来跑去。

我奋力地干了一阵活儿，然后稍事休息，由杰姆换班。我问那个耶鲁生："你每年夏天都干这个吗？"

"不，不，"他答道，朝巴克利点了个头，"他每年春天在《耶鲁每日新闻》（The Yale Daily News）上登广告，招人在夏天给他当船员，今年我就应聘了。"

过了一会儿，当他的第一助手在船头忙不迭地修理一根缆绳时，巴克利向我们透露说，"他不像我所期望的那样具有足够多的航海知识，不过他按照要求做得还算不错，他也负责一些其他的事情……说到这个，"他提高了嗓门，"本恩，那些小吃呢？"

于是本恩下到舱里去，拿来了香槟和抹了鲑鱼酱的脆饼干，那都是陆地上的厨师事先准备好的。过了一会儿，他又调好了一些马提尼酒。那是他真正的长处所在，巴克利大声说，**是马提尼，本恩，不是航海！**

我们喝着马提尼，太阳渐渐西沉。结果杰姆和我陷入了一场无休止的争论——关于宗教或是政治，我记不清是哪个主题了，只记得我

---

① 船名为西班牙文"Patito"，意为"小鸭子"。

们使劲地卖弄,听起来既有知识又执著认真,试图让主人对年轻大脑的深度和广度留下深刻的印象。巴克利似乎很注意地听着,他的头随着我们的争辩左右转动。终于,他从舵旁站起来,握着马提尼,清了清喉咙。

"你们的争论非常精彩,"他说,"不过,或许我也可以在这里加进一丁点儿智慧?"

"当然,"我们连忙答道,全神贯注地等着他的警言妙语,或是什么惊人的真知灼见,"请说。"

"嗯,先生们,"他突现的笑容几乎吞没了脸颊,"我想,你们现在也许应该穿上厚运动衫了。太阳已经落山,你们知道,在水上一旦感觉冷了,是不容易再暖和起来的。"

我们在牡蛎湾下了锚,那是一个狭窄的小港,还有一些其他的船停泊在那里。太阳躲到了大地臂膀的后面,海湾岸边的幽暗树林随风摇动。主舱里,在环绕沙发中间的一张折叠桌上,晚饭摆放就绪。厨师准备了牛排,本恩不知用什么方法给加热了,另外还有沙拉和烤土豆,最后是一道时尚甜派。我当时想,这顿饭也许比四星级餐厅的正餐档次还要高一些,虽然我的这类经验只限于跟萨莉·马多克斯一起吃过的几顿饭。我对晚饭的好感也可能跟船上的大酒吧有关系,它储藏丰富,足以令一个终极俱乐部的酒吧艳羡不已。

巴克利喝得最多,不过我未觉察出他有任何醉意。杰姆和我却都醉得够呛,我几乎记不清当时的谈话内容了。我们大概是聊到了红袜子队,是的——主人正在写一本书,内容设定在 1946 年前后,那年佩斯基掌球[1];还谈到有关艾恩·兰德的逸闻。杰姆问巴克利,那天晚

---

[1] John Michael("Johnny")Pesky, 1919—2012,他在 73 年的棒球生涯中有 61 年跟波士顿红袜子队有关,因此被称为"红袜子先生"。

上,当米泽斯①称艾恩·兰德为"犹太小女孩",以至于将她气哭了时,他是否在场。(巴克利没在场,我们都很遗憾。)我们还谈到了哈姆登——我上高中的地方,巴克利刚从耶鲁毕业时住在那里。他告诉我:"我在**那里**写了《上帝与人在耶鲁》。"我听了顿时感到无比地骄傲,不觉把酒都泼洒出了杯子。哈姆登给我留下的那种沉闷乡郊的印象,即刻由于这一历史的巧合而转变了。

用过甜点之后,本恩去收拾清扫,巴克利从椅子里站起身来,低头望着我们说:"我通常吃过饭后要游个泳。当然,也欢迎你们跟我一起游。"

他已经这么说了,现在似乎**就是**该去游泳。(我想象,在那一刻,任何事情听起来都像是该做的事。)但是我思索了片刻,遗憾地叹了一口气。

"我愿意去游泳,先生,"我说,"**我想**去,我真的想去游。可是,恐怕我没有带游泳裤。"

我迟疑了太久才得出这个结论,巴克利已经开始往梯子上爬了,他望着我,掩饰不住笑意:"唔,我也没带。毕竟天已经相当黑了,而且我们都是男人,你知道。"

他走了。杰姆和我默默地坐了一会儿,食物在胃里蠕动,酒力冲上了头。

"你不是真的要去游泳吧?"他问我。

"你呢?"我反问。

"嗯……"

---

① Ludwig Heinrich von Mises,1881—1973,哲学家、奥地利学派经济学家、社会学家和古典自由主义者。据美国记者和作家亨利·黑兹雷特回忆,在一次派对上,艾恩和米泽斯发生了争执,艾恩说:"你把我当成了一个无知的犹太小女孩。"黑兹雷特插进来打圆场说:"哦,艾恩,我肯定米泽斯不是这个意思。"米泽斯立即跳起来叫道:"我就是这个意思。"

"嗯什么?"

"总的来说我就不怎么喜欢游泳。"

"不过,杰姆,"我郑重地说,"说实话,我也不怎么喜欢。但你知道,我想,在一个人的一生中,有时候会碰到一个机会,他将来可以告诉他的孙子:**我曾经跟小威廉·F. 巴克利一起裸泳**。而现在,杰姆,现在就是**那个**机会。"

不知怎么就那样决定了。我们喝干了杯里的酒,走到船的上端。巴克利正从船头纵身跳起,白色的肉体在黑暗中一闪,垂直落下。杰姆和我迅速脱掉了衣服,大叫着,跟在他的后面跳了下去。在跳的过程中,我看见巴克利已经在往梯子上爬,去拿他的浴巾。冷水的刺激醒了酒,我方才记得自己的游泳技术实际上是多么拙劣。

"我在下沉,多塞特!"当我浮出水面并吐出咸水时,有人在我的附近大叫。听起来隐约像是杰姆的声音,可是我手忙脚乱,自顾不暇。

"往梯子那儿游!"我勉强稳住自己,对着他喊。我一边拨拉开水母,一边像狗一样拼命地刨水,心里嘀咕着鲨鱼是否经常访问牡蛎湾。"朝**梯子**游,杰姆!"

之后,巴克利下到舱里的卧铺去,显然是要去睡觉了。杰姆和我跟本恩坐在船头,望着岸上的灯火逐渐变暗,天上的星光灿然亮起。

"你多长时间干一次这活儿?"过了一会儿我问本恩。

"多长时间一次?"他说,"我六月份刚开始干;八月份我得回家一段时间。这么说吧,基本上也就是两个月的每个周末。这是份好差事,每个周末我都有机会去户外,平时可以做论文研究。"

"通常只是你和他吗?"

"啊,不,不——我是说,有一两次吧。几乎每个周末他都有客人到船上来,通常是'颅骨和骨头'的老朋友,前驻外大使之类的人……我听说有时还有欧洲的贵族、被废黜的罗曼诺夫王朝的成员等。"

"他写关于航海的书，"杰姆说，"我想，有的就是在这下面，在船舱里写的。我父亲以前读过那些书。"

"是的，"本恩说，"他曾经有一条更大的船，我想是。他驾船去加勒比，去欧洲，去环游世界，我不知道具体是什么地方。今非昔比，他不再像过去那样远航了。但他决没有罢休的意思，仍然每个周末出海，从三月一直到九月或十月。我回学校以后，他几乎每个星期五晚上还是会驾船出海的。"

我向后仰坐着，感觉着船体的摇荡和海浪的翻滚。"谁又能责怪他呢？"

正在这时，下面传来了瓶子的碰撞声。转眼间，巴克利出现在夜色里，穿着睡觉的短裤和汗衫，头发有些纷乱。他手里拿着一瓶酒和三只塑料杯。

"不过是一杯晚安酒，"他快活地说，"有谁想来点白兰地？"

杰姆和我睡在舱里的沙发上，黎明时分醒来，感到睡得很少。不过，明媚的晨光还是令人精神焕发。早饭是英式松饼和果酱，饭后，我们就起锚向东，朝着萨姆佛德市和家驶去。天气棒极了，长岛海湾闪闪发光。我们一起玩"幽灵"字词游戏，结果很自然是词汇丰富的诡计大师巴克利赢了。然后，他叫本恩去找来他的手机，打通了家里的电话。

"我们正在回家的路上，小鸭子！"他对着电话那头的派特大喊。海风吹拂着他的白发，船身划破海面。"对，我们要回去吃午饭！"

按计划抵达码头，我们泊了船，开着"陆地巡洋舰"回到家。在好似岩洞一般的地下室里，有一间更衣室、一只凹陷于地面的浴缸和一个热水池，巴克利在热水池里泡着，杰姆和我冲了淋浴，换上衣服。接着，我们躺在靠近大海的草地上，消磨了大约一个小时，蜜蜂在近旁的花园里嗡嗡地忙碌。然后，在一个环形厅廊里，我们跟一个身材魁梧的神父（巴克利称呼他"派德拉"①）一起吃了午饭。派特头戴一顶黑色的大遮阳帽，抽着烟，谈论着电影《制片人》(The Producers)，以及跟基辛格夫妇和林博②夫妇在拉瑟克餐馆吃饭的事。

饭后，巴克利带我们去车库看他的书房。里面空间很大，墙上挂着无数的书架，地上散放着小黑板架、桌子和成堆的杂志（我注意到其中一本的封面上是年轻优雅的派特·巴克利，身穿名牌服装）。有些书架上全是巴克利的著作——政治类、航海类，还有以布莱克福德·奥克斯 (Blackford Oaks) 为主人公的间谍小说。他说："你们喜欢我的什么书，尽管随便拿。"于是我们各自拿了好几本，他在书上签了名。之后，他便开车将我们送回萨姆佛德火车站。那天是星期六，阳光刺眼，我们在车站上对他深表谢意（可能表达得有点过头，但不管怎么说，他总是宽厚的），然后就登上了返回纽约的火车。

我们颓倒在座席上，火车开始移动。"哎，你说，刚刚发生的一切都是**真的**吗？"我问。

"我仍然无法相信你竟鼓动咱们两个人游了泳。"杰姆说。我们不禁咯咯地笑起来。火车拉着我们向西朝纽约飞驰而去，将巴克利、派特、船伙计本恩和萨姆佛德市都抛在了后面。

*　*　*

就这样，长时间的平静之中穿插着突冒出来的梦幻，那是一个奇

---

① Padre，意大利语"神父"。
② Rush Hudson Limbaugh Ⅲ, 1951—　，拉什·林博三世，美国保守主义政治的观点领袖，"拉什·林博节目"的主持人。

特的夏天。我干的活跟所有实习生的工作一样乏味，全是些琐碎的杂事——复印，传真，转录，归档，递送和分发。后来，我终于从干杂务毕业，升格为传播流言。在那个夏天里，加里·康迪特的纠葛达到白热化，我被分派给网页撰写关于该丑闻的每日摘要，题目是"康迪特监视员"。在列克星敦大道写字楼的格子间里，我仔细地钻研关于情人和礼物的细节、可疑的否认和离奇的谣传，以及公之于众的康迪特家的耻辱和利维家的痛苦。城市在我的脚下被烈日灼烤着。

工作之余的大部分时间里，我一个人独处。亲近的朋友们都分散到各处去了，或在白宫工作，或在巴黎做论文研究。曼哈顿有很多潜在的新朋友，但我结交上的只有杰姆。我们一起吃午饭，争论电影，分享右翼圈子里的小道消息——谁因为发表反犹太主义的观点被《国家评论》炒了鱿鱼，谁正在戒毒，谁跟安·库尔特[①]睡过觉等，不一而足。像很多年轻的保守主义者一样，杰姆曾经是个客观主义者[②]，有的时候，当我们一起去吃午饭时，走在第三大道上，他会像疯狂的酒神节里的一个偶像崇拜者，朝着摩天大楼咆哮。然后他就笑笑说，**对不起，你知道艾恩·兰德是多么钟情于摩天大楼**[③]**，是吧？**

通常，我跟城市和我自己的思想独处。有的早晨我去参加弥撒，跟老年妇女们一起坐在积满灰尘的暗影里。牧师在圣坛上拖着步子走来走去，将红酒变成人血，把面包化作肉身。几个闲荡的商业人士，

---

① Ann Hart Coulter, 1961— ，美国律师、政治评论家和辛迪加专栏作家。因右翼保守的政治观点而著名。
② 客观主义（objectivism）是由美籍俄罗斯哲学家、小说家艾恩·兰德创建的哲学。客观主义的中心原则是现实存在独立于意识；人类能够通过感知直接接触现实，通过形成概念和归纳逻辑的过程从感知获得客观知识；一个人生命的道德目的是追求自身幸福或理性的私利，符合这个道德的唯一的社会制度是充分尊重个人权利的自由放任的资本主义；艺术在人类生活中的作用是，通过对现实的有选择的再创作，将形而上学的思想变成实物的形式——人可以理解并回应感情的艺术作品。
③ 指艾恩·兰德在她的著名小说《源泉》中对摩天大楼的描写。

身高体壮,穿着西服套装和翼尖皮鞋,在那个场合里显得很不协调。黄昏时分,我穿过中央公园,在滑冰场的水泥池旁看书——有时是读劳伦斯(Lawrence),更多的是读斯蒂芬·金(Stephen King);有时候,我看着鸽子们在地上打转或从公寓大楼向下俯冲。薄暮下,在中央公园的动物园里,我还看见正式装扮去参加派对的人在吠叫的海豹群中转悠。在人们放风筝的草坪上,我听见几个七八岁的小女孩特别老练地尖声吊嗓,比赛谁的声音最像布兰妮·斯皮尔斯(Britney Spears)。

在那个夏天,有的时候,我感觉自己站在世界最中心的一个固定点,四周所有的一切都围绕着它旋转。在那种时刻,我因顿悟而充满自豪,我理解了哈佛的成功之奥秘——它不随着大学的结束而告终,它仍然存活于更广大的世界之中,我的全部成年生活,我可能认识的所有的人,我可能做的工作,我可能征服的世界,都将不过是我在剑桥四年的延伸,一生的长河即发端于大学这个源头。

还有的时候,暮光下,独自在上东城漫步,我问自己:这些是否真的是我想要的东西。哈佛使我热望成为精英,广交人脉并取得成功。跻身**其中**——你也许会这么说。现在,我在曼哈顿,为一个全国性的杂志工作,跟巴克利一起吃晚饭和航海。四年级即将开始,之后,更大范围的成功在等待着我。然而,我所有的恐惧,我对自己在世界上的位置的所有怀疑,依然存在。我凝视着中央公园四周的公寓大楼,它们皱眉蹙额,像一座座雉堞;它们的门仿佛对我紧锁着,我仍旧被关在**外面**。那个时刻,我就想,这是不是哈佛的另一个奥秘,即不管你走得离世界的中心多么近,那里总是有另一道门,另一个**里面**——一个你不能进去的地方,一个你得不到的奖品,一个你不能满足的欲望。

那个夏天里,我走了很多的路。绝大多数早晨我步行去上班,在列克星敦大道向南走三十个街区，经过克莱斯特大楼、通用电器大厦和中央火车站。我注意到了更古老的摩天大楼的一些细节：饰边和雕花，从五十层楼上向下睨视的滴水怪兽和石雕面孔。向北，在哈林区，我在一家破旧的理发店剪了头发，老头儿讲西班牙语，用一把锃亮的剃刀刮我的脖子。向东，我走到河边，在慢跑道上溜达，或坐在长椅上，眺望罗斯福岛和皇后区。

我也到最南面去了一两次，一直走到格林威治村以及更远处的交错巷陌——曾经很时髦的布利克街酒吧、唐人街、市政厅和白特利公园、小意大利城和运河街、布鲁克林大桥，还有世界贸易中心。

* * *

八月初的一天，我结束了工作，从纽约市内出发，冒着大雨赶到了东面的汉普顿。萨莉正在那儿拜访她的室友艾丽斯。艾丽斯是那年夏天里经常呈现在我脑海里的一个女孩，她绝顶聪明美丽，远远超出我所在的档次。

上一年秋天，我在约翰·皮克尔教授严苛的哥特文学课上认识了艾丽斯，她是班上唯一得"A"的人。我甚至还带她参加过一次舞会，那段时间她和男友暂时分手了，但我只是作为萨莉自愿推荐的、临时补缺的一个热心朋友。艾丽斯是我有生以来带出去过的最漂亮的女孩，我在舞会上度过了异常美妙的时光，但是我不能肯定她是否玩得快活。我心中交织的陶醉和焦虑迫使我一个劲地喝酒（"他实在**太紧张**"，艾丽斯的室友在那天晚上见到我之后对她说)，可是艾丽斯因为第二天有个考试，几乎滴酒未沾。最后，我们俩坐在舞池上方的桌子旁，我喋喋不休地空谈关于爱情、上帝的存在，或其他在约会时绝对不宜提到的话题，忘乎所以地把饮料都泼溅在了自己的衬衣上。她一直耐心地听着我讲；就我所知，从没有举止不当地瞥过一眼她的手表。

舞会之后不久，艾丽斯和她的男朋友又言归于好了。不过，春天里我和她一起喝过一两次咖啡，主要是谈论文学。她当时已经开始写四年级的论文，让我看了其中的一章，是关于人类和她童年时代的金鱼的一篇散文，充满了难以忘却的回忆。我投桃报李，给她看了我在秋天写的一篇戏剧性的短篇小说，讲的是一个类似罗斯的哈佛新生，他发现自己对计算机、电视机以及一般所有的科技玩意儿过敏，结果跟一群有暴力倾向的尼采浪漫主义者搅到了一起，后来——哦，我还没写到那儿呢。

艾丽斯的家离纽黑文只有四十分钟的车程。学期结束，暑期工作开始之前，她邀请我和萨莉去庆祝她的生日。在诺沃克市的一个酒吧里，她和萨莉都建议我在夏天去汉普顿访问她们。当然，我说，我会去的——暗自憧憬着散布的乡村别墅、沙滩上的派对、闪光的沙子和简约的比基尼，而且，没有任何令人扫兴的男朋友。

现实情境是更加潮湿和冷清。大雾笼罩着海滩，别墅隐没不见，套头衫取代了比基尼，热可可取代了啤酒。我在那里度过的唯一的一天，从早上到下午一直是大雨瓢泼。于是我们便开车去东汉普顿血拼，这也就是意味着，艾丽斯和萨莉频频出入一个又一个的商店，我来替她们拎包；在她们挑选各种衣服时，让我来提出不可救药的愚蠢建议。

"你不觉得领口有点儿，嗯，松懈吗？"当萨莉举起一条特别昂贵的连衣裙时，我对她说。

"松懈？"她扬起眉毛，表示怀疑地反问；艾丽斯和一个路过的销售员咯咯地笑了。"你是说**松懈**？"

我承认我是这么说的。

"罗斯,它是有意**做成**这样的,它是这条裙子的**关键**。"

夜幕降临,雨消停了一些,我们就开车去她们的一个朋友家吃晚饭。那是一幢饱经风霜的老房子,坐落在一片大草场边上,房子的后面是苹果树、田野和森林。"海滩安迪"(她们这么称呼房子的主人)显然感觉自己跟汉普顿的其他各类安迪不同。他是康奈尔大学的学生,跟多诺万·福克斯是高中同学。多诺万是我们的哈佛同学、艾丽斯的朋友,那个夏天他在汉普顿当海滩救生员。

我很快就意识到,安迪把萨莉和艾丽斯当成**他的**女孩儿,很不乐意款待哈佛的一个不速之客。他的另外两个以圣经人物命名的朋友也来做客,其中一个我记不清是伊萨克(Issac)还是以实玛利(Ishmael),他不理睬我,却大夸安迪的怪异笨拙的烹饪法——那是事先精心策划的,目的是要给女宾客们留下深刻的印象。

晚饭后,我们坐上耶利米(Jeremiah)或是以西结(Ezekiel)的卡车,上面载着木柴,到达了海滩。据说要有雷阵雨,却并没有下,只是湿气弥漫,大雾壅积,天昏浪啸。我们把木柴从卡车上卸下来,瞳孔逐渐适应了黑暗,看见距离约百米处的沙滩上铺着几条毯子,安迪的朋友们捡了一堆浮木,正在徒劳地试图点燃潮湿的木头。

多诺万·福克斯在那儿,他身材魁梧,紧密卷曲的黑发顶在一张强犷的长马脸上。我猛然记起来我很鄙视他。他讲话的声音沙哑刺耳,带着一种自命嬉皮士的造作。他的朋友们说话一律是那种腔调,相互呵斥,对着手机讲一种怪异的黑话——夹杂着来自不同年代的俚语,刻意炫耀他们可能认为的顶酷,假使他们有任何思想的话。

"嘿!我的人儿在哪儿?"有的人没能按时到场,福克斯大声诘问。

"他们会来的。那些酷猫狂得很,嘿!"福克斯的一个留着长绺辫的白人伙伴说。

我们把木柴堆高，找到了易燃物。火终于噼啪噼啪地燃了起来，啤酒也拿过来了，一个所谓的披头士①拖出他的吉他，开始唱迪伦②和亨德雷克斯，歌声很不入调。我跟多诺万闲聊了几句，然后就和女孩们趴在地上，一边喝酒，一边望着篝火，打着寒战。

"这实在太恐怖了，"大约过了一小时，萨莉嘟囔着，"是吧？"

"也不是太糟，"艾丽斯说，"假如天气好一点的话，我们可以游泳，像那天晚上那样。"

"可是我们不能。"萨莉断然说。她的漂亮鼻子猛烈地抽搐着。

我们许久没再说什么，四周却一点也不安静，嬉皮士们在谈天，海浪冲撞着岩石，我们的歌手在低吟《沿着瞭望塔》(All Along the Watchtower)。我朝艾丽斯瞟了一眼，她在注视大海。

在她身旁，萨莉大大地叹了一口气。"你们怎么**受得了**这些？"

此时我已经灌下去了三瓶啤酒。"喝醉了就会感觉好些。"我有点居高临下地说。

萨莉没有喝。"我想回屋去了，"她说，"我们有《欲望都市》(Sex and the City)的光碟。"

于是她走了，艾丽斯却留在那儿。我也没走，因为怀着朦胧的想入非非，觉得我和她之间也许会发生什么事，虽然它肯定不会发生。过了一会儿，"海滩安迪"走过来挑逗艾丽斯，却是徒劳无功。不过我还是很羡慕他有胆量一试。我灌下一杯又一杯的啤酒，默默地坐着，只是偶尔说上一两句毫无意义的话。

自封的迪伦呻吟着，开始唱《郁结如麻》(Tangled up in Blue)。我看着艾丽斯眺望大海，她的眼睛在火光下闪烁，纯洁美丽。人们走

---

① Beatles，英国最重要的摇滚乐队之一，又译"甲壳虫"乐队，成立于1960年。
② Bob Dylan，1941—　，美国音乐家、歌曲作家、艺术家和作家，是半个多世纪来对美国流行音乐和文化具有重要影响的人物。

第八章　最后一个夏天

到黑暗中去方便，又回来围在篝火边，喝酒谈天。远处有辆吉普车陷进了沙子里，轮子拼命地打转，一群人连笑带喊着试图将它拉出来。我们营地上的一些人也跑过去帮忙，离开时踢动了沙子，等他们回来的时候，多诺万发现他的手机不见了。我们四处翻找，多诺万还借了吉他手的手机给他自己的打，试图听见铃声。他叫我们闭嘴，又诅咒海浪的啸声和远处吉普车的噪音——它已经被从沙里拉出，绕着圆圈和八字开起来。

"谁听见手机响了吗？"他一边问，一边将耳朵贴到沙滩上，嬉皮士的矫饰不再，"有谁听见什么吗？ 我必须找到它——我不能失去我的**手机**，你们知道！"

就这样，那是一个凄凉的夜晚：劣质的啤酒，飘摇的火光，我不喜欢的一群人，我想要却不能拥有的一个女孩。不过，在记忆中，我有时将它转换为一个不同的情境——既像田园牧歌，又令人感伤。因为，我们当中没有任何人意识到，在大海的巨浪和篝火的烟雾之中，一个年代正在结束；火光之外，黑暗在悄然蔓延，随之而来的是坍塌的塔楼、崩溃的股市、掷落的炸弹……

但是，实际全然不是那样。我喝得很醉，又冷又乏。终于，我们离开了海滩，带着"海滩安迪"和他的狐朋狗友一起回到了艾丽斯的住处。我们做了煎饼吃，接着醉醺醺地闲谈，直到他们不情愿地被我们轰出房子。萨莉在沙发上睡着了，艾丽斯睡在她的床上，我摇摇晃晃地走到客房里，也进入了梦乡。

第二天早晨起来，我发现床上尽是沙子。早饭吃的是剩煎饼。湿风夹着细雨，萨莉和艾丽斯开车送我赶火车回纽约，然后我将回纽黑文，两个星期之后再回到哈佛，我们大学生活的最后一年即将开始。

夏天结束了。

第九章
之后的日子

"9·11"恐怖事件那天,我坐在破旧的环绕沙发上,看见了世界贸易中心塔楼的坍塌。那是在昆西街616号,我们四年级八人套房的公共休息室里。前一天——9月10号,我们从救世军商店买了那套旧沙发,装在尼克的旧旅行车后面拉回来,像抬着猎获物似的搬进了宿舍。我们将沙发和新电视放在已有的吧台旁,吧台上方的墙上贴着《辛普森一家》(*The Simpsons*)、《印第安纳·琼斯》(*Indiana Jones*)、《教父》(*Godfather*)和演员吉尼斯①的海报。我们在吧台旁拍了照,又喝了一点希腊茴香烈酒,便去校园散步。天气很暖和,课还没有开始,学生们都在外面转悠到很晚才回宿舍。我们管这第一个星期叫"哈佛营",因为此时这一学年的压力远未到来,人们可以装作哈佛是一个派对比履历更要紧、酒桶跟职业生涯同等重要的地方。

还没到午夜,新生们在"院子"里参加无休止的定向活动。我们

---

① Sir Alec Guinness, 1914—2000, 英国著名演员,因《桂河桥》(*The Bridge on the River Kwai*) 获奥斯卡最佳男主角奖。

在人群中穿行，冒充初次见面的新生，互相发问：**请再说一遍，你是哪里人？你说你住在哪个宿舍？**我们还主动跟新来的女生搭话，故意模仿她们既热切又害怕的样子——对这种心境我们仍然记忆犹新，甚至颇为怀念，感觉到大学生活的最后日子在渐渐逼近。 当我们坦白自己是四年级生时，女孩们先是睁大了眼睛盯着我们，然后故作老练地宣称她们早就看出来了。

晚些时候，我们到河边买了比萨，回来坐在昆西楼的阴影下，喝着希腊茴香烈酒，用水烟袋吸草莓烟，那是尼克去年到黎凡特（Levant）旅行时学回来的。一个校警巡视经过，使劲地朝我们嗅了嗅，想发现是否有大麻，然后低声吼道：**你们必须在我下次回来之前离开这里。**我们觉得这实在可笑，但还是恭敬从命地收起水烟袋，回到了六楼的套房里。这个宽敞的大套房是过了三年拥挤不堪的日子之后得到的奖赏。我们微醉地、心满意足地仰卧在沙发上，望着下面的"哈佛营"进入梦乡：娄威尔楼和温思罗普楼、斯币和凤凰俱乐部的会馆、"希勒尔"①和《讽刺》杂志社城堡的灯全都熄灭了，只剩下蒙特奥伯恩街的路灯闪烁着黄光，为最后的夜行人照亮回家之路。

* * *

第二天早上是尼克叫醒了我。大约不到十点，他猛敲我的门，将睡眼惺忪、穿着睡衣的我拽到了楼下的公共休息室里。阳光直泻进屋内，电视开着，画面上是世界贸易中心的双塔楼在燃烧，屏幕的下沿

---

① Hillel，大学校园里犹太学生的宗教组织，以公元前1世纪时的犹太宗教领袖希勒尔而命名。全世界有五百多所大学有希勒尔组织。

显示着爆炸性新闻的红色滚动字幕。

我过了很久才反应过来。播音员的嗓音有点歇斯底里，报道说"空中还有更多的飞机"；电视上快速切换着五角大楼浓烟升腾的镜头；总统不见踪影，权威人物都不见踪影。看电视的人们被麻木的沉默紧裹着，唯有尼克在对着手机拼命地大喊，试图联络上他的哥哥。他哥哥在曼哈顿的金融区工作，后来我们知道他的工作地点离世贸中心相当远，并没有危险，可当时我们只知道曼哈顿下城正在发生的事，没有更多的信息，也不知道还会发生什么。

如果有足够的时间，我想，最初的震骇大概就会减退，仍然困倦的大脑就可以内化和接受我所看到的一切，将起火的塔楼和惊惶的播音员都纳入一个令人放心的情景之中——在一个有秩序的世界里，**大楼起火了，已经死了很多人，但是在起火的楼层之下的人们可能正在撤出，也许可以派直升飞机去解救在塔楼高层的人，然后再想办法将大火扑灭……**

然而就在此时，第一座塔楼坍塌了。

人们描述恐怖的每一个企图都只是递减了恐怖的程度。"9·11"没有结束讽刺（如著名的荒唐说法①），而是挑战了文学艺术，打破了隐喻和明喻。在那个恐怖时刻，不管你是在曼哈顿、布鲁克林，还是在哈佛的宿舍，每件事看上去、听起来都是它本身。

飞机撞进大楼里（那个著名的手持相机拍摄的瞬间镜头，摄影者站在画面之前，眼睛错过了飞机俯冲下去的一刹那，只看到难以置信的火球），看上去正是飞机撞进了大楼。

人们跳楼身亡（那个镜头如此真切，那天早上之后便很少再播放了），看上去正是人们跳楼去死。

---

① 指"9·11"事件之后，有一些著名的评论家和作家宣称"讽刺的时代结束了"。

至于烈焰、烟雾和塔楼最终的坍塌，我们只能这么说：那天早晨之前，我们不知道这样的事会发生。

之后，我们知道了。

大约中午时分，西达思出现了，跟他父亲一起开车刚从华盛顿回来，他是室友里最后一个返校的。他夏天在白宫的环境政策办公室工作，关注全球暖化的问题，直到 9 月 10 号晚上他才清理了自己的办公桌——这意味着，我们后来意识到，只是早了一天，只是由于联合航空公司 93 号航班上的英勇乘客们①，他才得以和死亡擦肩而过。

"我看见了它们②。"西达思对我们说。他的爸爸拖着一只台灯和洗衣筐走上楼来，西达思麻木地站在箱子和装衣服的垃圾袋中间。"我们早上四点离开特区，经过纽约时大约八点……在高速公路上，从远处，我看见曼哈顿的空中轮廓，我看见了**它们**。"

"我看见了它们，"他重复着这句话，疑惑大于悲哀，"它们耸立在那儿。"

9 月 11 日那天恰巧是哈佛的注册日。选课阶段已经结束了，我们应当到"院子"里去领取学习卡，填写秋季课程。高高在上的校方做出了决定：这天的注册活动不予取消。他们的考虑大概是**如果学期不按时开始，恐怖分子就赢了**。于是我们从命，离开电视机，走到踞伏在"院子"角落里的一幢名叫萨维尔的红砖大楼。九月的阳光明媚，那天跟通常的注册日没有什么两样，除了时而有喷气式战斗机从头顶猛

---

① 2001 年 9 月 11 日，美国联合航空公司 93 号航班从新泽西州的纽瓦克机场起飞，目的地是旧金山，中途被基地组织恐怖分子控制，强行飞往首都华盛顿，目标是撞击国会大厦或白宫。机上的乘客与劫机者展开了激烈的搏斗，飞机最后坠毁在宾夕法尼亚州的石溪镇附近，机上四十名乘客与四名劫机者同归于尽。
② 指纽约世界贸易中心的双塔楼。

然掠过，人们聚在一起不安地仰望着天空。

那天的天气不可思议地好，晴空万里，骄阳灼烤着红砖墙，浓绿的树叶刚刚开始泛出绯红的斑点。那天早上的风也很大，扫掠过我们窗外的大树，席卷校园，"院子"里的旗帜哗啦啦地飘，查尔斯河面被搅起了层层波浪。前一天新生集市上的一些标语还残留着，在风中可怜地嘶喊："加入哈佛剑道班"，或是"领导世界：参与模拟联合国的实践"。

萨维尔楼内，在摞着信息袋和信封的折叠桌后面，坐着一些老前辈，他们每学期两次为哈佛服务：一次是给学生们注册，一次是监考。我们通常觉得他们很讨厌。他们是些小专制者，在注册时摆出一副自以为是的官僚派头，在考场上动辄对着我们暴躁地尖叫：**考卷收走前，不准离开座位**。似乎他们的规矩是抵抗野蛮人的最后一道防线。但是在那天，这些老前辈们似乎显出了某种特殊的睿智。他们见过航天飞机爆炸和总统被刺身亡；他们经历过"冷战"和世界大战，其中有些人还亲身参加了大战。如今他们老了，在尘埃飘浮的教室里小声地谈论着新闻，他们的明眸罩上了阴影，目睹另一代人认识他们已经懂得的真理。

回到昆西楼，暮色渐浓，我们吃了晚饭，进到自己的房间里，交替地收看电视和互联网上令人悲伤的画面和苍白无力的话语。从第四架飞机坠落的宾夕法尼亚乡间传来了一点最新消息。电视里仍在谈论关于失踪的飞机和进一步攻击的传言。尽管有很多关于基地组织的揣测，尚不清楚劫机者是些什么人。总统保持着沉默。据称他将在晚上发表讲话，但他身在何处依然是个谜。在纽约世贸中心，另一座大楼——从早上就一直在燃烧的世贸七号楼，也坍塌了。烟雾仍然笼罩着曼哈顿下城，人们估计死亡人数将高达几万人。

夜幕降临之前，萨莉和艾丽斯来到了昆西楼，默默地跟我们一起坐在沙发上。艾丽斯后来说，我们宿舍里的人具有的政治知识——能够分辨电视上不同的内阁成员，令她感到些许安慰。唐纳德·拉姆斯菲尔德[①]是内阁成员当中给人印象最深的一位。当我看见他趾高气扬地跟记者们周旋，以及他在这种混乱时刻表现出来的镇静自若的男子汉气概时，我觉得，拉姆斯菲尔德一辈子的职业生涯大概就是为了这一天，他也许是美国人当中仅有的一个。

无疑对布什不能给予同样的评价。那天晚上大约八点半的时候，他发表了讲话。他慌张地四处逃窜了一整天，刚刚从"空军一号"里钻出来。我希望他表现得好一点（我们宿舍的八个人中，当初只有我一个人将选票投给了他），但是，布什的讲稿似乎是仓促写成，他从头到尾念得结结巴巴，看上去惊恐胆怯而且力不从心。你也许会说，他体会到了我们大家都感受到的痛苦。可是移情的时刻已经过去了，至少暂时被推迟了。我们不是在期待一位分享焦虑的总统，而是需要一位站得更高的领袖，奉献他的热血、汗水和眼泪，告诉我们：没有任何东西值得我们恐惧，除了恐惧本身。

布什后来在国家大教堂、众议院特别是在世贸中心废墟的演讲中表现得好了一点。或好或坏，"9·11"将重新塑造他的总统职业生涯。但是，那天晚上没有人感受到这一点。我们所见到的就是一个偶然当上了总统的人，一个无用的长子变成了得州州长，又变成了最高统帅。我们看到的是一个整天都在逃跑的人，他对前途知道得不比我们更清楚。

[①] Donald Henry Ramsfeld，1932— ，美国政治家、商业家。曾担任福特政府的国防部长（1975—1977）和小布什政府的国防部长（2001—2006），分别是美国历史上最年轻和最年长的国防部长。

* * *

那天过去了,好多天过去了,但恐惧不安继续存在。有些人是害怕高层建筑和公共场所;有些人是害怕空中旅行和公共交通;对读了很多书和想象力丰富的人来说,则是害怕瘟疫流行、放射性污染和核战争。人们惊恐地料想将有更多的攻击,而且会来得很快。既然基地组织能够实施这般惊天动地的恐怖行动,他们肯定可以发动一连串其他的攻击,用较小的行动来继续滚动黑球,不断给我们的臆想和恐慌提供原料。

我预料会有很多的汽车炸弹,甚至是自杀炸弹。每次走过哈佛广场,我就想象着会发生一个爆炸:报刊亭被炸得稀烂,街头音乐家和顽皮孩子们被炸得飞散,红砖墙被溅上去的鲜血染得更红;在破碎的玻璃、散落的报刊和弥漫的烟雾中,警笛尖啸。只需要几个这类的攻击,就可以将我们全都吓唬住,就可以摧毁美国人最后的信心,将内在的一切都暴露无遗。在某种程度上,我至今都很惊讶,这类攻击没有出现。基地组织给了我们时间来修补崩溃的神经,重新找回正常的感觉。这或许表明他们并没有我们的恐惧心理想象得那么强大。

但是,即使没有出现另一次攻击,恢复正常也是一个很缓慢的过程。我在昆西楼的卧室面对着一条繁忙的街道,每天都可以听见救护车、救火车和警车尖啸着穿过蒙特奥伯恩街和纪念路。以前我从未真正留意过这些声音,只是把它们当作一个喧闹的校园(它的河对面是一个更为繁华的城市)的背景噪音。但是那年秋天,每当警报声在窗外响起,我就会感到一丝忧惧。有时候我会走到窗户前面,目光越过剑桥街区的房顶,向波士顿的方向望去。普天寿和汉考克这两座摩天大楼仿佛不大看得见,我是想确认它们仍然耸立在那里。

第九章 之后的日子

"9·11"事件的一个星期之后,波士顿发生了一场规模不小的恐慌。起初是司法部长约翰·阿什克劳夫德对政府官员们发出了一个警告,说机场枢纽可能是被攻击的一个目标,结果很快就演变成了各种谣言,说什么地铁里有神经毒气,水里被施放了毒剂,还有天知道的什么其他可怕的东西。我妈妈打电话敦促我只喝瓶装水。我后来意识到,在那个周末,许多焦虑的母亲都给他们在哈佛的孩子打过这类电话。人们纷纷逃出了城;星期五晚上我没有如常去芬威棒球场。人们对我说**它是一个"高危目标"**——这是那年秋天发明的一个字眼。后来人们才得知,波士顿的这次恐慌源于情报系统对阿拉伯文的一些翻译错误。然而,没有人嘲笑那些在周末失踪、星期一才胆怯地回到课堂上的学生们。

接着出现了炭疽粉末信。现在人们几乎忘记了那个事件,其来源至今还是一个未解之谜,但是在那年秋天,它似乎必定是基地组织行动的升级。邮局里摆放了很多橡胶手套,打喷嚏和发烧的人要接受详细检查,人们还研究如何使用防毒面罩。昆西楼里的怪人之一,一个不刮胡子、披着拉斯塔发辫①的白人男孩,在食堂里竟戴着手术口罩。有人将一种白色粉状物寄给了哈佛的"希勒尔",尽管后来验明该物质并没有毒,但从此就总有一名警察站在"希勒尔"的台阶上,往手上呵着气,怀疑地注视着过路的行人。

人们说,**现在我们体会到以色列人是什么感觉了**。这并不是事实,距离事实其实很远。但是,就我们的新恐惧来说,就我们坐在不可预测的深渊边沿的感觉来说,这也就是所能够找到的最恰当的类比了。

---

① 将长发编成数十条辫子的一种发式,源于20世纪30年代牙买加年轻黑人的一个精神运动——拉斯塔法里运动(Rastafari movement)。

然而不可否认，那个秋天里也有某种令人兴奋甚至激动的东西。既有恐怖气氛，也有希望。人们感觉到，上一个无意义的十年结束了，某种新的、美好的东西正在诞生。恐怖攻击让我们增长了见识，让我们认识到历史并没有终结，每一件被认为是理应拥有的东西实际上都是脆弱的。即使是在这里，即使是在美国，即使是在哈佛。

在那几个月里，我自身的空虚无聊、我对逝去的旧日荣誉和虔诚的向往，大部分都消失了。在目睹了基地组织的中世纪式狂热的后果之后，我的怀旧，说得好听是自我放纵，说得不好听就是逆天悖理。更确切地说，我想起了我们自己的社会中在九月屠杀的深坑里留下的许多美好的东西。党派之争烟消云散了：政治家们手拉着手，齐声高唱《上帝保佑美国》(God Bless America)，在国家大教堂一起祈祷，在参议院的会议厅里互相拥抱。第四种权力①好像服了莲花迷幻药之后大梦初醒，甩掉了90年代毫无意义的丑闻和怨恨，重新发现了理想主义和豪言壮语。我们的总统立足于打仗，开始谈及牺牲和奋斗、善与恶——几十年都没有听见过这样的话了，可是我们觉得很入耳，至少在一段时间之内。

在哈佛，人们朗诵奥登②和豪斯曼③等人的诗，齐唱爱国歌曲；到处都挂着国旗——汽车上、房顶上、宿舍阳台上和衣服翻领上。后来有些评论家小看这一现象。比尔·马厄④轻蔑地说：**买一面国旗，是你起码能做的事**。不过，这在哈佛可不是一件小事。校园里多年前

---

① Fourth Estate，指新闻媒体，它是行政、立法和执法三权之外的另一种权力，是民主社会的重要组成部分。
② Wystan Hugh Auden, 1907—1973，出生于英国，后入美国籍。很多批评家认为他是20世纪最伟大的作家之一。
③ Alfred Edward Housman, 1859—1936，英国古典学者、诗人。最为公众熟知的是他的诗集《一个什罗普郡的少年》(A Shropshire Lad)。
④ William ("Bill") Maher, Jr., 1956— ，美国单口笑话演员、作家、政治评论家和晚间节目主持人。

就禁止了美军训练营,学生们对褪色的纪念碑和爱国主义的劝勉早已不再留意。至少在一段时间里我是这么认为的,我们挂的国旗是一个深刻变化的象征,象征着我们开始告别痴迷于成功的 20 世纪 80—90 年代以及之前的激进年代。它表明,我们猛然意识到了,伟大的事业将有待于我们这一代人去完成,"9·11"将是我们的决定性时刻,我们成熟的开始,我们可能有机会成为我们的祖父母那样的人,成为新时代的英雄。

"9·11"事件的两个星期之后,乔治·布什在参众两院联席会议上的演讲中说:**在悲痛和愤怒之中,我们发现了自身的使命和机会。我们的民族,这一代人,将会扫除对我们的人民和前途的暴力威胁。我们将努力地、勇敢地团结全世界为这个事业而战。我们不会倦怠,我们不会畏缩,我们不会失败。**

我们的民族,这一代人。虽然在哈佛几乎没人喜欢这个总统,我想,人们还是被他的激昂言辞打动了。**你认为会征兵吗?**人们发问。倘若他们的声音里透着担忧,却也包含一丝兴奋。我们现在能够体会 1860 年、1917 年和 1942 年的哈佛人是什么感觉了——恐惧与热情同在,对前途的不确定感交织着对行动的渴望。 那年秋天我跟室友内特(他现在预备军官训练营任职)去参加派对,看见女孩子们向他连珠炮式地发问,很像在南北战争之前姑娘们跟一个穿蓝色或灰色军装的男孩子调情。玛蒂尔达·卡特斯比屏住呼吸地追问内特:**毕业后你会被派遣到海外去吗?**前不久的夏天,曼哈顿的一个投资银行家还在向她殷勤示爱呢。

是的,投资银行家热门的日子似乎过去了。人们讨论着去政府服务,去参军;在十月份的招聘会上,人们挤满了中央情报局的柜台;人们还谈论学习阿拉伯文。寻找这类爱国的职业也并不完全是出于无私奉献,因为缓慢地下跌了几个月的股票市场此时已是自由落体,虽然投资银行在校园里的招聘展示搞得还是很漂亮,繁荣的牛市显然已经结束,至少是暂时告一短落了。只修了两个学期经济学的英语专业毕业生,不再像前几年那样能够轻松地在华尔街找到工作。那年的就业市场将明显地萧条,即使对哈佛毕业生来说也是一样。

然而,这是不是上天的旨意呢?那年秋天我在想,主宰历史的神祇们仿佛在关闭从前的那些舒服轻松的选项,它们仿佛在和蔼地对我们说:拿原则作交易的时代已经过去了,一个新的、严酷的时代开始了。

* * *

当然,即使在最初的几个星期里,也不是每个人都分享这种心情。不过,"9·11"事件似乎还是提供了强效的道德清醒剂。当"无正义,无和平"让位给了不惜任何代价地争取和平的呼声时;当"基本生活工资运动"快乐地收起摊子,加入了一个进步的大运动(称之为"哈佛争取和平正义的倡议",其基本目标像要是反对尚未开始的战争)时,我对哈佛的街头自由主义者一度产生的同情便不复存在了。我去了其中一个抗议活动的现场,它枯燥乏味,挂满了绿色和平丝带和愚蠢的标语。昆西楼的一名辅导员对着疯狂鼓掌的人群大喊:是的,塔利班可能是窝藏了基地组织,但是美国自己就没有窝藏民兵组织吗?事实上,难道不正是我们自己曾经窝藏了蒂莫西·麦克维①吗?我们究竟是谁,跑到海外去搜寻敌人,却在国内容忍如此多的邪恶呢?

他们的眼睛里闪烁着极端愚昧的火花,对这些白痴来说,"9·11"

---

① Timothy McVeigh,海湾战争退伍军人,美国"民兵运动"(Militia Movement)的同情者。1995年4月19日他在俄克拉荷马市的联邦大楼外引爆卡车炸弹,炸死168人,炸伤600余人。这是"9·11"之前在美国本土发生的最严重的一次恐怖主义事件。

事件只是给他们提供了又一个发偏执狂和装腔作势的戏台；这种时候不是去哀悼，而是去游行和演讲，去援引甘地（昆西楼挂的一条横幅上写着"以眼还眼令世人全盲"），仿佛圣雄的话便足以解决任何争端。他们发送冗长的恶毒邮件（乃至于堵塞了昆西楼的公共邮件列表），将迸发的爱国主义热情形容为法西斯主义的接管，或者更坏，暗示说"9·11"事件或多或少是美国咎由自取——因为我们拒绝认可《京都议定书》，拒绝支持国际刑事法庭，或"同一世界者"[①]极力鼓吹的任何其他项目。仿佛恐怖主义者是联合国的一群愤怒的官僚，而不是企图摧毁自由政治的秩序、根基和分支的杀人不眨眼的狂热分子。

是的，道德醒悟是那段时期的最显著特征，而且不仅是保守主义者感觉到了这一点。在整个美国的精英界，从哈佛到好莱坞，客厅自由主义者大梦初醒，重新审视美国极左派散布的一派胡言，对他们表示了恰当的失望和厌恶。在那个短暂的有希望的一刻，美国的左派和右派发出了一致的声音，一齐挑战国际的野蛮行为，同时也对国内的野蛮人表示鄙视——无论是像杰里·福尔韦尔[②]那样的穴居人（他指责同性恋者应当对曼哈顿的惨剧负责），还是像苏珊·宋塔格[③]和戈尔·维达尔[④]那类腐朽的偶像（他们抱着陈年积怨、对似乎抛弃了他们的世界大叫"是，这是个悲剧，但是……"）。

[①] 源于美国自由主义共和党人温德尔·威尔基（Wendell Willkie）在1943年出版的一部旅行记录《同一世界》（*One World*）。20世纪50年代初期的麦卡锡主义之后，美国的右翼和极右组织开始使用"同一世界者"（one-worlder）一词攻击自由主义者或任何赞成由一个统一政府来管理世界的人，因为他们惧怕"新世界秩序的阴谋"——导致出现一个极权主义的世界政府。
[②] Jerry Lamon Falwell, Sr., 1933—2007，美国南方浸礼教会牧师、福音派原教旨主义者、电视福音传道者、保守主义政治评论家。
[③] Susan Sontag, 1933—2004，美国作家、电影制片人、教授、政治活动家和文学偶像。1964年因散文《关于"忸怩造作"的笔记》成为国际文化和知识名人。
[④] Eugene Luther Gore Vidal, 1925—2012，美国作家，作品包括散文、小说、电影剧本和百老汇剧作。作为一名公共知识分子，他还因贵族行为方式和机智格言而闻名。

因此，对街头自由主义者，对各类终身激进分子，对他们多年来培植的有害的学术观点来说，那是一个收成不佳的秋天。爱德华·萨义德[①]为巴勒斯坦的苦难申冤的市场大大缩小了，当红的伊斯兰教学者是萨义德的宿敌、顽固守旧的东方学专家伯纳德·刘易斯[②]。外交政策分析家中的"首先归咎于美国"派，就像是"没穿衣服的皇帝"，硬撑了很短的时间；乔姆斯基和霍华德·津恩虽然几乎没有遭到什么打击，却暂时被推到文化精英圈的边缘去了（不过他们的书在反美的圈子里畅销，暗示着激进主义的复兴将会到来）。事实上，人们广泛地认为后现代主义本身已经丧失了信誉，甚至已被"9·11"的现实摧毁了，以至于斯坦利·菲什感到不得不抢占《纽约时报》的评论版，去捍卫后现代主义的持续的相关性。这凸显了一种下滑的迹象，如果它确实存在的话。

甚至哈佛的最高层也显示了新的严肃态度。十月底，鲁登斯坦的跛脚任期到了尽头，一位新校长接管了，或更形象地说，他夺取了缰绳，开始让马奔腾疾驰。他就是拉里·萨默斯。萨默斯曾在克林顿政府担任财政部长，年前他被任命为哈佛校长时，很多人对此不以为然。他毕竟是一名经济学家，一位主张平衡预算的温和派，他的资历被认为主要是在管理方面。而且，他那富态的仪表似乎是上一个十年缺乏好奇心的资本主义的具体化。我们以为，萨默斯被选中是为了继承前任的事业，经管机构运作，保持资金周转。

真正的萨默斯跟我们预料中的完全两样。是的，他是自由市场论者；他是克林顿民主党人，很难接受学生激进分子以及他们对社会正

[①] Edward Wadie Said，1935—2003，美籍巴勒斯坦人，文学理论家，曾任哥伦比亚大学英语和比较文学教授，是在美国为巴勒斯坦人呼吁政治和人权平等的主要代表人物。
[②] Bernard Lewis，1916—，美国历史学家、东方研究学者、政治评论家和公共知识分子，普林斯顿大学近东研究教授，专长是伊斯兰历史以及伊斯兰和西方的关系。

义的强烈索求，但同时他又是个大嗓门、好动和充满好奇的人。他带着问题和要求在校园里到处奔忙。人们逐渐意识到，萨默斯显示出了大刀阔斧实行改革的强烈愿望，这令教授们疑虑，令其他所有的人欣喜。他有时候在学校食堂里吃饭，跟学生们聊天，深入探究和辩论各种问题，他的衬衣上沾满了调味酱和面包渣。这种行为在极为彬彬有礼的鲁登斯坦的任期内是很难想象的。甚至萨默斯的大块头体型也不是久坐不动、自我满足的象征，而是更多地体现了他那无限大的胃口，包括对知识和领悟，以及对行动和变革的热望，当然，也包括对比萨的酷爱。他的赘肉暴露了出来，他的个性也同样毫不遮掩：一只长着利喙的迅猛小恐龙，有一对炯炯发光的慧眼。

在"9·11"之后发表讲话时，萨默斯就定了新调子，大胆地提出了哈佛大学应当对国家承担道德责任的问题。他坚称，这个责任跟任何美国公民的责任是一样的。在条件反射地反美国的学术界，这种观点可谓激进；而他对美国军队和学生从军的大加赞许就更为激进了。哈佛早已取消了预备军官训练营，选修训练营课程的学生得去麻省理工上课。最初的原因是跟越战有关，在1969年时激怒了学生民主社团；近来则是因为军队对同性恋士兵的"不问不说"法令与哈佛的非歧视性政策相违背[①]。多年来，哈佛的一些校友和校内的保守主义者一直要求解除对训练营的禁限，但是毫无结果；不管学校管理层如何考虑这个问题，这是教授们的决定。每当"爱国

---

① 哈佛是最早建立预备军官训练营的大学之一，始于1916年。到1952年，四成的一年级学生注册了训练营的课程。反越战期间的1969年，哈佛将训练营的课程降为课外活动，之后的四十余年内，哈佛允许它的学生去麻省理工上训练营课程。2010年，现任校长德鲁·福斯特（Drew Faust）承诺，一旦"不问不说"法令被废除，就可以允许训练营回归哈佛。2010年12月国会通过废除克林顿总统在1993年签署的"不问不说"法令，2011年3月，哈佛校长与海军部长签订了合同，同意在哈佛设立海军预备军官训练营。2012年3月，哈佛与陆军也签订了类似的合同。

主义"和"性别认定"这两个问题被竞相提出时,人人都知道哈佛教授们所持的立场。

但是现在却来了个萨默斯,不顾攻击,发出了挑战。他赞扬参军服役,要求允许训练营的毕业生将他们的课程列在大学年鉴里,年终还到他们的服役典礼上致词——哈佛的校长很多年都没有这么做了。"每个哈佛学生都应该为我们当中有人加入预备军官训练营而感到骄傲。"一次讲话中他这样说。另一次讲话中,他直截了当地哀叹"越战后东西两岸的精英和一些主流价值观之间的裂痕"。他提出了一个期望:不太具有"越战的道德模糊性"的反恐战争,或许可以对实现学术界与整个国家之间的"价值观的和解"产生积极的作用。

萨默斯的言论风格受到了政治右翼的称赞。学校里的保守主义者热切地聆听他的演讲;《旗帜周刊》(*The Weekly Standard*)和《华尔街日报》(*Wall Street Journal*)对他大肆赞扬;甚至一度传言他跟右翼的性感尤物劳拉·英格拉哈姆①有关系。然而,萨默斯远不是一个保守主义者;他,如果属于什么主义的话,是一个十足的客厅自由主义者。在那年秋天,美国的自由派主流似乎重新获得了自信;颓废和激进似乎在退出舞台,未来属于严肃的理念以及勇于挺身捍卫这些理念的人们。萨默斯就是那个时期的一个理想人物。

萨默斯认真考虑的问题之一即是改革哈佛的课程设置。在课程设置的"歌门城堡"②的走廊和地下室里,可以听见人们在悄声地谈论关于改革的传闻。《绯红报》在秋季报道说,萨默斯正在召集"学校的高层领导"开会,讨论对本科教育的"重大改革"。有迹象

---

① Laura Anne Ingraham, 1964— ,美国保守主义政治评论家、畅销书作家、脱口秀主持人。
② 原文为"Gormenghast",出自英国现代作家默文·皮克(Mervyn Peake, 1911—1968)的小说《歌门鬼城》。

表明，一年级的研讨课（由资深教授讲授的小型课程）将会增加，去海外学习将会更加现实可行，而且，学校还在讨论大量增加教授数量的问题。萨默斯对聘用尚在孕育未来硕果的年轻教授感兴趣，而不是那些已经取得终身教授职位、多年啃老本的人。他还打算进一步加强本科的学术研究，较少地将注意力放在课外活动上。他提示说，我们在无休止地学习"求知方法"的同时，还应当了解一些事实。我们明白，这句话只能意味着一件事：对"基础课"这个可怕的泥沼实行改革。

我觉得所有这些都令人欢欣鼓舞，可是，不少教授对校长的观点并不感冒，且不说他的大刀阔斧的行事风格。我毕业后，萨默斯在一次毕业典礼的讲话中最贴切地描述了教授们的这种情绪。当作一件逸事，校长提到了他同一位艺术史学家的对话。他问，那门在哈佛教了许多代人的"纯艺术13"选修课怎么没有了？那位史学家的反应是"傲慢和哑然失笑的混合"，他奇怪萨默斯如何能够"期望任何一位有自尊的学者，在一个学年里，像发射炮弹一样向学生们灌输从'洞穴壁画到毕加索'"。

我想，在一个绝大多数教授都变得过分专业化的世界里，对萨默斯的这种反应是很平常的。在这个世界里，学术研究是至尊，通才被嗤之以鼻，综述课程散发着古代经典、腐朽的白种男人和其他过时的学院遗迹的气息。相对来说，来自学校管理层的抵制比较容易处理（比如教务长哈里·路易斯，他在哈佛的资历相当老，毫不掩饰对新校长的不屑，不出一年他就下台了），教授们的根深蒂固的偏见则不那么容易克服。关键是，教授们**就是**大学，他们既是大学里唯一的永久成员，又是大学的至关紧要的资源。去招惹教授们，是一件很危险的事。

* * *

那年秋天，最著名的一场招惹风波是关于卡那尔·韦斯特①，他当时是哈佛的十七位大学级教授之一。具有这一崇高身份的学者超越例行的官僚程序，单独对校长负责，并且可以在自己喜欢的任何系里任教。韦斯特是个花里胡哨的非洲裔，惯常穿着三件套西服，个性张扬，具有高超的演说才能——通常是用来服务于跟激进主义事业有关的无论什么项目。他讲授的文学综述课"非洲裔美国人研究10"，是学校里最受欢迎的课程之一。他是黑人学术超级明星"梦之队"的成员，被慷慨大方的尼尔·鲁登斯坦和极具说服力的小亨利·路易斯·盖茨②拉到了哈佛。盖茨政治头脑敏锐，是"非—美研究系"的主任。90年代后期，韦斯特成为哈佛的公共知识分子里最知名的人物。他轻松自如地穿梭于各种事务之间，例如，比尔·布拉德利③的总统竞选，杀死警察的缪米亚—阿布—杰玛尔的监狱冥想活动，还有，录制饶舌音乐光盘——韦斯特更愿意借用尼采的术语，称之为"适于舞蹈的教育"④。他的个人网站"谦逊地"称该光盘为"音乐史上的分水岭"。

当时的情况是，他的文学产品不见得衰减了，但他的出版物不

---

① Cornel Ronald West, 1953— ，美国哲学家、活动家、作家和公共知识分子，"美国民主社会主义者"组织的一个突出成员。现任普林斯顿大学和纽约协和神学院教授。
② Henry Louis Gates, Jr., 1950— ，美国文学批评家、作家、教育家和公共知识分子，哈佛大学教授。他是获得安德鲁·梅隆基金会研究职位的第一位非裔学者。因对黑人文化研究和教学的贡献，他获得众多荣誉和褒奖。
③ William Warren（"Bill"）Bradley, 1943— ，美国篮球名人榜成员，曾连任三届参议员，2000年竞选民主党的总统竞选提名失败。
④ 尼采曾说："各种形式的舞蹈应是所有杰出的教育系统的组成部分。用脚跳舞，用思想和语言跳舞；我还要加上一个：用笔跳舞。"

是以前出版过的东西汇编，便是跟思想接近的学者（例如拜尔·胡克斯①和迈克尔·勒讷②）漫谈和热烈讨论的记录。"黑人兄弟韦斯特"（他喜欢人们这么称呼他）的最后一本著作《美国人的哲学规避》(*The American Evasion of Philosophy*)，是早在1989年由一家大学出版社出版的。

  对有些人来说，这更加提高了韦斯特的偶像地位。他们认为，与出版乏味迂腐的大部头著作相反，韦斯特是在探索学术演讲的界域，给比大学所能提供的更大范围的听众带去他称之为的"预言式的基督教视角"。而在另一些人看来，这确证了韦斯特在学校里的地位是一个笑柄：《平权法案》的一个令人瞩目的受益人，具有戏剧化自我表现的天赋，而他的学术产品，正如利昂·威斯尔蒂尔③在对90年代中期的评论里毫不留情地指出的，"几乎是毫无价值……喧哗，冗长，含糊，褊狭，全无幽默，卖弄和自恋。"

  不管他是个偶像还是个冒牌货，众所周知，韦斯特的课给的分数很高，即使按照哈佛人文学科里膨胀的分数标准来看。据说，在帮助布拉德利竞选期间，他在教学上有所失职。几乎所有了解他的人听说此事后都不过一笑置之，可是这一情况传到了拉里·萨默斯的耳朵里，很显然，在十月份跟韦斯特会面时，他就将韦斯特的教学失职连同分数膨胀以及学术产品匮乏的问题一齐提了出来。直到今天也没人知道那次面谈中到底发生了什么，只是听说萨默斯离开时觉得一切都很正常，而韦斯特离开时非常生气。后来韦斯特声称，萨默斯当时责问他关于假定的讲课缺席问题，攻击他录制音乐光盘，最为恶劣的

---

① Bell Hooks（Gloria Jean Watkins 的笔名），1952— ，美国作家、女权主义者和社会活动家。
② Michael Lerner, 1943— ，美国政治活动家、犹太教教士。
③ Leon Wieseltier, 1952— ，美国作家、批评家。自1983年起担任《新共和》杂志的文学主编。

是，坚称要在今后几个月里检查他的教学工作。

萨默斯愤怒地否认了最后一项指控，不过是在韦斯特去普林斯顿另谋高就之后。最初，当明星教授韦斯特的愤懑开始见诸媒体时，萨默斯公开表示"无可奉告"，而且他一直坚持这个态度，甚至当街头自由主义者跑来表演老一套闹剧时也没有改变。杰西·杰克逊[①]风卷哈佛校园，专找麦克风发表演说；阿尔·沙波顿[②]威胁说，如果不允许韦斯特参加他的总统候选人提名的竞选活动，他就发起对哈佛大学的抵制运动。还有谣传说大多数非裔美籍教授都计划跳槽。标语遍布校园，其中一条写着："在马萨[③]萨默斯的庄园里自视高贵"；另一条是："自命不凡者热爱拉里·萨默斯"。

这个争议最初可能始于一些无甚恶意的小事，比方说，萨默斯来哈佛之前在政府部门任职，那里的下属对他俯首听命，而韦斯特是一个受宠的系里的一位受宠的教授，习惯于被捧为珍宝。然而，由于种族和学术政治的原因，事情就变得错综复杂了。萨默斯下决心取消非—美研究系在鲁登斯坦担任校长期间受到的特殊待遇，这使得他在韦斯特的同僚中赢得了很少的同盟者，那次灾难性的面谈则被认为是这一冲突的爆发点。更为糟糕的是，有一位教授声称，夏天在跟该系的教授们开会时，萨默斯对《平权法案》表示了怀疑的态度，说"这还是个悬而未决的问题"。假如这是真的，此言论十分愚蠢：它触及了大学的政治"电轨"，不会为他赢得任何支持者。当韦斯特事件令这一言论曝光后，萨默斯必须赶紧修补篱笆，重新申

---

① Jesse Jackson, Sr., 1941— ，美国民权运动活动家、浸礼会牧师。早年他追随民权运动领袖马丁·路德·金。
② Alfred Charles（"Al"）Sharpton, 1954— ，美国浸礼会牧师、民权运动活动家和电视脱口秀主持人。
③ 原文为"Massa"，是蓄奴时代黑人对白种主人的称呼。

明他的自由主义诚意。

那年一月韦斯特发火之后,萨默斯公开表态对《平权法案》、高等教育领域里的多元化,以及对非—美研究系的支持。新年后不久,他会见了韦斯特,为自己的行为多次向他道歉。 当时韦斯特似乎消了气,不再提及要挂冠而去的事。可是,因道歉而改善的关系很快又破裂了。据后来韦斯特所说,是由于萨默斯对《纽约时报》发表了不可调和的言论,以及后来在韦斯特做了前列腺癌手术之后,校长没有给他打电话。(相比之下,普林斯顿的校长和教务长每星期都给韦斯特打电话。)

四月里,韦斯特拒绝了萨默斯的太迟太少的争取重新对话的努力,正式宣布跳槽。另一个非裔明星阿皮亚①也要去普林斯顿,尽管他说这个变动是出于个人原因。五月中旬,在接受国家公共广播电台(NPR)的塔维斯·斯迈尔利的采访时,韦斯特明白地暗示,小亨利·路易斯·盖茨很可能也要和他们一起去普林斯顿。韦斯特还利用接受采访的机会指责萨默斯"与一些不良者为伍";他称哈佛的新校长是"美国高等教育领域里的阿里埃勒·沙龙②……他像是冲进瓷器店里的一头公牛;在一种十分微妙和险恶的情形下,他的行为举止像个恶霸"。

美国高等教育领域里的阿里埃勒·沙龙。 韦斯特说这话的那年春天,正值巴勒斯坦起义的高潮,沙龙被全世界的街头自由主义者戴上了恶魔的犄角。韦斯特的这一评论是蒙着面纱的反犹太主义③吗?还是《绯红报》判定的"幼稚"和"明显的荒谬"?(该报在此之前还是一直支持韦斯特的。)该报的社论补充说:"在上个星期他

---

① Kwame Anthony Appiah,1954— ,加纳裔美国哲学家、文化理论家、小说家。
② Ariel Sharon, 1928—2014,以色列政治家、退休将军,曾任以色列第十一届总理。
③ 拉里·萨默斯是犹太人。

的不光彩行为之后,哈佛社区将不会因为少了卡那尔·韦斯特而感到寂寞。"

无论怎样,当拉里·萨默斯将韦斯特这位大名鼎鼎的人物输给了一个竞争对手——普林斯顿大学时,是韦斯特,而不是校长,显得幼稚和过激,甚至很多为他辩护的人也这么看。此后事件的发展皆是预料之中的:盖茨依然留在哈佛,"梦之队"的成员们也继续跟他在一起;关于《平权法案》的吵闹平息了;韦斯特不见了,到普林斯顿为他准备的一个安全舒适的位置上去了。

一月份时,韦斯特在争议期间发表的少数几次公开陈述中曾说,**重要的是,哈佛的宝贵传统高于萨默斯、我和我们当中的任何人**。不过,当我们毕业时,只有萨默斯在发扬这个传统。他被争议事件打得头破血流却毫不屈服,仍然坚持他的宏伟计划以及"瓷器店里的公牛"的行为方式。韦斯特带着他的预言声音去了新泽西的荒郊野外,仿佛也带走了整整十年——招摇过市、华而不实、精巧制作如同他的三件套西服,但最终只是空洞无物的十年。

* * *

就这样,哈佛感觉到了新的开始,我私人的世界也因为新的希望、新的开端而感到充实。秋天,为了满足枯燥的"基础课"关于"社会分析"的要求,我和艾丽斯·特里拉一起上一门语音课。我们坐在演讲厅的高阶上交换笔记,嘲笑着课堂里的怪现象。周末我们一起做习题。我爱上了她,尽管直到十月份我才坦承我对她不是一时冲动的迷恋,又过了好几个月之后我们的关系才有了实质性的进展。与此同时,我产生了一种去拥抱同学们和整个学校的强烈愿望。一二年级时追求雷切尔·帕雷和波斯联的失败带给我的阴影似乎消散了。正当毕业的隐隐刺痛添加了一点伤感的时候，我对哈佛的感情——吝啬了这么久，复苏了，变得纯洁了。

甚至我的政治倾向，它长期以来一直是造成我不能完全融入大学生活的一个因素，此刻也将我跟同学们的关系拉近了，提高了他们对我的评价。这并不等于说，在"9·11"之后的惊恐日子里人们认为保守主义者是正确的了，而是人们感觉到也许我们的声音至少应当被倾听（这在哈佛不是一件容易做到的事）。实际上，由于我撰写的右翼文章，我居然被《十五分钟》提名为该年度十五名最有趣的四年级生，跟可悲的、厄运将至的苏珊娜·帕美一起——她迷人的日子只剩下几个星期了。

《十五分钟》把这十五名学生请到哈佛广场的一家最时尚的法国酒馆。我们每个人需要当场表演一个节目，来抒发自己内心深处的感受。我引吭高歌《小美人鱼》（*The Little Mermaid*）里的主题曲《成为你们世界的一部分》（*Part of Your World*）：

> 我想去人类的世界，
> 我想去人类的世界。

我引导同学们一起唱下去：

> 聪明的年轻姑娘，
> 厌倦了在水里游逛，
> 打定了主意，
> 要去站立在陆地上……

那年秋天还有其他的一些小胜利：伴随着国鸟秃鹫和《上帝保佑

美国》的歌声,精彩的全美棒球赛扣人心弦,扬基队在决赛中的惊人溃败满足了我这个新英格兰人的报复心。到了冬天,我们又有爱国者队①,一支不大有希望的队和一个不大有希望的四分卫,给昆西宿舍带来了欢乐。我和室友们观看了整个赛季的全部比赛,直至最后对奥克兰队的鏖战。比赛结束,爱国者获胜,我们全都跑到楼外,高叫着冲进雪地,扔雪球,做雪天使,跟仅在 50 英里之外的爱国者队一样狂欢。

两个星期之后,他们又赢得了超级杯冠军。那天晚上,爱国者队的老板宣布:**今年,我们都是爱国者**。这句话原本也许会是一种冒犯,当时听上去却十分贴切——虽然对公羊队的球迷来说可能不大悦耳。

同一个月里,《指环王》(*Lord of the Rings*)第一集上映了。我不顾艾丽斯宣称她不喜欢魔幻片,硬拉着她去看。坐在黑暗的影院里,我猜想她是否会喜欢这部电影(她会的);我问自己是否会鼓起勇气告诉她我爱她(我会的,不过是直到春天她跟男友分手后,在经受了一些痛苦后,她才成为迄今为止我的第一个和唯一的女友,我的第一个和唯一的爱人。这是一个很重要的故事,不过暂时是题外话)。我听见凯特·布兰查特②扮演的精灵盖拉德丽尔(Galadriel)轻声地道出了电影的开场白:

> 这个世界已经变了。
> 我感到变化在水间。
> 我感到变化在土里。
> 我感到变化在空气中。

---

① New England Patriots,大波士顿地区的橄榄球队。
② Catherin Elise("Cate")Blanchett,1969— ,澳大利亚女演员,三次获金球奖,两次获奥斯卡最佳女主角奖。

第九章 之后的日子

这个世界已经变了。

* * *

回忆起来，我不想说当时这些都是幻觉。世界的确在那个秋天改变了。我们国家开始打仗，经济繁荣结束了。哈佛有了一位有魄力的新校长。早在那时就很清楚，"9·11"事件的涟漪会从此扩大、持续很多年。

但是，在某种程度上，我期望这种涟漪效应比它实际上产生的更大，对哈佛、它的学生和最近的毕业生，对我们所处的整个精英文化产生更强烈的影响。我一度想，90年代哈佛的风气（过分填充的履历、不付出牺牲的特权、没有理想的野心）可能已经受到了致命的打击，我们这代人的前途将会更加光明和坚实，宛如冬日之光下的钢铁。我和同学们从来都很成功，至少是我们的世界所定义的成功，然而在那一刻，我们仿佛被赋予了一个短暂的机会，有可能去成就一番伟大的事业。

幻灭到来得相当快。随着毕业后开始进入社会，我们逐渐地意识到了：哈佛人不会去打仗。华盛顿没有召唤，没有征兵，甚至连当志愿者的呼吁都没有；我们被告知回归正常的生活，不必穿上戎装。于是我们就如此做了。尽管花了很多时间检索中央情报局的信息、谈论征兵问题，但是并不急于参军、跻身于情报服务甚或政府工作。无论拉里·萨默斯任意发表多少次讲话，预备军官训练营也不会回到哈佛校园了，即使没有同性恋问题的障碍。简单地说，即没有足够的军校生来组成哈佛旅，"9·11"之前、之后都一样。

我有少数几个朋友的确加入了志愿服务，但他们属于无论有没有

"9·11"都要去服务的那类人。比如内特，他加入了空军；又如佛斯·谢尔比，他进了国务院，眼下正在伊拉克，帮助整顿巴格达的贫民窟。佛斯在格罗顿和波斯联的好几个朋友也去了不同的服务机构，仿佛是残留在这些学校和社团里的古老的贵族责任落到了他们的肩上。

然而，对我们其余的人来说，参军、加入中央情报局或去海外服务的风险太大，不仅威胁到我们的生命，而且干扰我们追求个人抱负、名利和权力的目标。我们在成长过程中，一直被鼓励要对自己照顾周到，要拼命竞争在精英世界里被视为成功标志的奖品、荣誉和成绩。我们被培养成了奋斗的利己者。经过这样的教育，我不知道，即使总统召唤从军，是否能够说服我们将国家的需要放在个人的目标之上，是否能够让我们舍弃自我，不顾建造自己的履历，而到步兵排、大使馆、兰利①或巴黎岛②去默默无闻地服务。

也许，一场真正的世界大战能够让我们投笔从戎，但实际上发生的是间歇的冲突、迅速的军事胜利和混乱血腥的善后。这些战争，"9·11"之后的战争，或许被视为我们这代人的决定性时刻，却不是我们这代精英的。年轻的美国人在远方的土地上作战和牺牲，我们却不在其列；他们大部分出身于中产阶级和蓝领阶层家庭——这一阶层在哈佛毫无疑问只占很小的比例。假如像拉里·萨默斯在那个秋天提出的那样，"9·11"提供了一个让美国的精英与军队重建良好关系的机会的话，那么，这个机会转瞬即逝了，正如那个秋天里的党派团结和道德醒悟，也是迅速瓦解了，变成了党派之争和相互指责，变成了狂热的新保守主义者和愤怒的霍华德·迪恩支持者的盛宴。

---

① Langley，在弗吉尼亚州，是美国中央情报局总部所在地。
② Paris Island，位于美国南卡罗来纳州，驻有海军陆战队的一个训练基地。

我们没有去打仗，而是踏上了为我们事先准备好的人生道路。震骇减退之后，教育灌输给我们的心态迅速恢复了。在毕业典礼那天即能够观察到这种现象。大院子里的典礼结束之后，在雨水浸泡的昆西楼庭院里，我们正式地领取了毕业证书。戴着湿漉漉的学士帽，我们鱼贯地走上台阶，昆西楼的一位辅导员一口气也不歇地将奖状、职称、荣誉证书和成绩单发给我们，同时提到我们每个人下一步的去向：牛津！耶鲁法学院！美世咨询公司！我们的父母欢呼着，交换着掩饰不住的竞争眼神。（**是，这是我们的孩子——哈佛医学院，你知道！**）对于那些还没有找到工作或选定职业的学生们，辅导员的声音就抱歉地放低了，仿佛感到有点难堪似的。我往台上走的时候心里暗自庆幸，在五月底，我以最特权的方式碰巧找到了一份工作。当《大西洋月刊》的新主人决定给他们在华盛顿的办公室增添人手时，他便跑到《绯红报》来招聘，因为，除了世界上最人才济济的大学，你还会到其他什么地方去寻找青年才俊呢……

从拉里·萨默斯的讲话里，你也能发现这种前"9·11"的心态，一旦"新官上任三把火"烧完了，他便安顿下来经营哈佛的业务。在那些日子里他总爱说，假如承认没有读过一部莎士比亚的剧作，哈佛的绝大多数学生都会感到羞愧；而假如承认不知道基因和染色体之间的区别，或指数增长的定义，很少有人会产生类似的羞愧感。这个观点不坏，很符合萨默斯的长远规划，即增加对科学和数学的要求，专注基因组学的研究，以及在查尔斯河对面的奥尔斯顿市建造新的科技校园（尼尔·鲁登斯坦多年来在那里购买了土地）。

然而，萨默斯的话也是大错特错。在哈佛，没有人被要求去读莎士比亚（很少有人读），而且，在科学领域里，并不存在教育使命受挫、缺乏严格要求、分数膨胀和总体的放任自流现象。广义上的科学主导着今日的哈佛。正是科学的征服和计算的精神将人文教育拖进了纯理论和后现代主义的阴影，使之变得无足轻重。像萨默斯那么聪明的人居然会得出与事实相反的认识，这恐怕充分表明了他所持的偏见，以及什么是他优先考虑的事项。

我想象，萨默斯至少会开始着手解决哈佛的一些表层的问题：分数膨胀，学生对教授的比例过大，"基础课"设置里的关于"求知方法"的无稽之谈，等等。事实上在我毕业之后，学校经过一年的课程审查，即提出了取消"基础课"的建议。

然而，该建议也做出了一个令人痛心的愚笨结论。它说，哈佛本科教育面对的主要挑战是，要确保每个学生都"受到具有同样深度和广度的科学知识教育，如同传统上在人文学科和社会科学领域所受到的那样"。这恐怕是萨默斯的展望，一名经济学家的展望。作为20世纪90年代的科技精英文化的一分子，他具有这个时代的共同偏见：倾向于市场法则，注重量化和盈利，以科学技术为主导。正是这些偏见使通识教育变成了跛子。

不过，要想真正发现哈佛人的前"9·11"心态的令人厌恶的本质，你得从毕业后人们发送的大量电子邮件中筛选。告别了舒适的大学生活，到广大的精英世界里去追求名利之后，人们发送的邮件皆有一定的程式，即毫不掩饰地炫耀和卖弄，显摆成就，表明大学虽然结束了但自己地位的上升刚刚开始。

嗨，大家好，那些邮件一般是这样开头，**我就是想告诉你们，在令人兴奋的暑期工作 X**（在国家宇航局工作；当服装设计师的助手；帮助整顿阿根廷的货币）**结束之后，我刚刚抵达了 Y**（通常是纽约或华盛顿，有时是洛杉矶或伦敦），**我将在这里待一年做 Z**（盖茨基金会的研究员；投资银行的工作；白宫演讲稿写作班子的小笔杆儿），**然后到 P**（伯利兹、欧洲、里约热内卢）**去短期度假——在我去 Q**（摩根·斯坦利、耶鲁法学院、斯坦福医学院）**之前。真是**

很疯狂，是吧？噢，请查看所附的照片！

其中最恶心的一封邮件，是在伊拉克战争开始两个月之后漂流到我邮箱里的。在华盛顿特区的酒吧里，我跟年轻的美国精英同伴一起，在电视上观看了战争的场面。当其他美国青年在遥远的纳西里耶、乌姆卡斯尔打仗、阵亡时，我们全都在大谈自己的工作、上司、夏天的计划和长远目标。那份邮件发自一个名叫艾丽森·利雷的女孩（《十五分钟》选出的另一名最有趣的四年级生），她当时在英国获得了一项奖学金。她说，"你们当中有些人是很久以来第一次收到我的消息"，她写信给我们是因为她参加了成就学院[①]举办的国际成就高峰会议（International Achievement Summit），迫切地感到要跟我们"分享那个不可思议的经历"。

该学院自称是"致力于教育和激励青年的一个非营利组织"，为了这一值得称颂的目标，它每年邀请像幸运的利雷小姐那样高成就的研究生们参加年会，祝贺他们的成功，盛情款待他们，并且给他们提供结交顶层社会精英的机会。根据利雷的记录，那个周末在华盛顿出席年会的名流和权贵如下[②]：

科林·鲍威尔（Colin Powell，*四星上将，第65届国务卿*）
桑德拉·戴伊·奥康纳（Sandra Day O'Connor，*联邦最高法院大法官*）
露丝·巴德尔·金斯堡（Ruth Bader Ginsburg，*联邦最高法院大法官*）

[①] Academy of Achievement，创立于1961年，总部在华盛顿。它每年颁发"金碟奖"，以往的获奖者包括美国总统奥巴马、美国前总统里根和卡特、图图主教、史蒂夫·乔布斯和比尔·盖茨等。
[②] 对下面所列的诸多人名，为避免逐一加脚注的烦琐，译者将注释用括号加在正文里了。

无与伦比的凯瑟琳·巴特尔（Kathleen Battle，歌剧女高音）

鲍勃·伍德沃德（Bob Woodward，记者、作家，《华盛顿邮报》副主编）

普利策奖获得者赫曼·沃克（Herman Wouk，作家）

乔治·克鲁尼（George Clooney，电影明星、导演和制片人）

史蒂文·索德伯格（Steven Söderbergh，电影制片人、编剧和导演）

另一名普利策奖获得者：托马斯·希恩(Thomas Sheehan，作家）

本·布拉德利（Ben Bradlee，《华盛顿邮报》副总裁）

希拉里·克林顿（Hillary Clinton，前第一夫人，参议员，第六十七届国务卿）

约翰·麦凯恩（John McCain，资深参议员）

特伦特·洛特（Trent Lott，前参议院多数派领袖）

比尔·福利斯特（Bill Frist，外科医生，参议员）

汤姆·达施勒（Tom Daschle，前参议院多数派领袖）

"最后的这五个人都在参议院会议厅里跟我们一起交谈。"还有：

拉尔夫·内德 (Ralph Nader，政治活动家、作家和律师）

阿利塞·弗兰克林 (Aretha Franklin，音乐家、歌唱家）

埃利·威塞尔 (Elie Wiesel)——"文学家、幸存者、和平斗士"

以及"著名的科学家们"。此外还有：

比尔·克林顿 (Bill Clinton，第四十二届美国总统），他抚摸了艾丽森的手；

西蒙·帕里斯（Shimon Peres，以色列总统），他亲吻了艾丽森的脸颊；

"其他人都在我的相册里，附在邮件上。"

该年会的精彩活动还包括在海军天文台的晚宴、林肯纪念堂和联邦最高法院的演讲，以及最后一夜的"金碟宴会"。这些激动人心的经历使艾丽森意识到："自从毕业典礼以来，我担心，哈佛一方面令我产生了太多的敬畏，另一方面也使我厌倦了成功和业绩。"但是，"这次活动令我再一次产生了敬畏心——对同辈们取得的成就的敬畏，对受奖人获得的荣誉的敬畏，对有什么人（即使世界上只有一个）相信我也可以取得同样成就的敬畏。在签署北大西洋公约的房间里，随着现场音乐跟那些非同寻常的人物跳舞，我的心中充满了自豪。我感到真正地活着，但愿这种感觉会伴随我一段时间……当我今年夏天在英国为议会工作……当我去诺曼底海滩凭吊二次大战的牺牲者……当我回到美国，搬到加州，开始在斯坦福的秋季课程……"（这封信也包括发件人最近生活和计划的简短信息！）

一目了然，全是令人作呕的哈佛文化——疯狂地罗列名人；通报近期动向，包括故作感伤地向二次大战及诺曼底登陆日的牺牲者致敬，都是略加掩饰的自我炫耀。当然，绝大多数人并不是如此地得意忘形，艾丽森的邮件在我的朋友当中激起了适当的愤懑。不过，我们的愤懑交织着不太隐讳的艳羡，我们既厌恶她发了这封不知廉耻的邮件，又鄙夷她被邀请去参加那个荒诞的盛会。我们感觉她的厚颜无耻击中了要害。哈佛是什么？说到底，不就是原创的成就学院吗？我们被挑选出来，不正是为了同样的目的——接近名流和注定的成功吗？在"签署北大西洋公约的房间里"跳舞时艾丽森深感自豪,某种程度上,我们难道不也跟她一样,确信世俗的成功(定义为出版书籍、发财致富和出人头地)是人类生存不可或缺的,是最值得"敬畏"的,是我们永远也不会感到"厌倦"的,是唯一应当令我们感到"真正地活着"的东西吗?

"特权"——我用这个词来概括这种心态和偏见。我指的不是那些古老的特权——"社会登记簿"①和纽波特的恢宏别墅②,或是更久远的爵位和家族纹章。我们的这种特权跟过去的不一样,它来源于我们所属的一个上流阶层:这个阶层增长得足够大,从而想象自己是多样化的;这个阶层具有足够的流动性和竞争力,从而相信自己是精英;这个阶层足够聪明,从而可以附庸风雅,但是却没有求知的好奇心。

这种特权绝妙地做到了自给自足。它带来恰到好处的学历、财富和成功,从而保证我们稳当地飘浮于家庭、信仰和爱国等"简单的"理想主义之上;而这些财富和成功又没有达到过分的程度,所以我们不至于走向极端,像过去的上层阶级那样公然的堕落或是达观的苦行。中世纪的宗教热忱、18世纪启蒙主义的激情或者维多利亚时代的帝国主义冒险,都不是我们想要的。那些狂热冒险、宗教战争、革命和非殖民化冲突引起的反弹,不是我们想要的。我们的方针政策是稳健,我们的宗教热忱是不存在的,我们的性生活混乱,但总是很安全。我们非常富裕但不是过分富裕,很有权力但不是权力过大,而且,在对竞争的信念如此坚定、对财富的渴望如此强烈的情况之下,我们肯定不会怠惰和无度。

---

① Social Register,美国显赫家族的姓名地址录,在历史上仅限于上流社会成员和继承世袭遗产的人。过去它由十几个大城市分别出版,现在由《福布斯》杂志每年统一出版。
② Newport cottages,罗得岛州大西洋岸边的一些豪华别墅,建于17至19世纪,是美国"镀金时代"(Gilded Age)遗迹的代表。

我们抛弃了旧的理念，但是我们仍然必须相信什么东西，于是我们就相信成功。上帝知道，已有的成功只会带来更多的成功。

*　*　*

大学的最后一天，六月典礼的暴雨消停之后，在骤现的阳光照耀下，空旷的校园热气蒸腾。尼克、内特、西达思和我一起，开着尼克的旅行车，前往新英格兰的六旗游乐场。我们从哈佛向西，沿着四年前将我带到学校的同一条路——马萨大道行驶，然后转上91号州际高速公路，朝南开往康涅狄格州的边界。我们计划当天晚上从游乐场返回校园，在赶早班火车和飞机离开波士顿、离开大学、步入成年人的生活之前，再享受最后一夜的畅饮和狂欢。

刚过了午时，在伍斯特西面的某个地方，旅行车开始咯咯发抖。我们撤出大路，发现前胎松动了，开起来在轮轴上发颤。我们半心半意地试着修了一会儿，便摇晃着开到了附近的吉夫·路伯修车店，它的经理建议我们到春田镇郊外的另一家修车店去。在那儿我们又被遣送到西尔斯去买一些必要的部件，途中还在麦当劳匆匆地填充了饥肠。我们在修车店等了很久，直到太阳落山、白昼将尽，才终于抵达了六旗，我们个个疲惫不堪，互相找碴儿挑刺。停车场看守人笑着解释说，还有三个小时游乐场就要关门了；可我们每人还得要付25美元，虽已打折却依然不划算。

"我们为何不索性去打保龄球呢？"某人建议。于是，尼克将车来了个一百八十度大转弯，无视单行道的标志、尖叫的轮胎和停车场看守人的抗议。我们大喊大叫着，好心情突然重现，对这天的希望又恢复了。

我们找到的第一个保龄球场坐落在俯瞰马萨大道的一块高地上。

一尊巨大的石膏像俯视着空寂的停车场。塑像高 6 米左右，是个身穿白礼服、头戴白礼帽、留着八字胡的男士。我们在他的脚下绕了一圈也没找到任何镌刻或说明牌。于是我们放弃了，进到楼内，里面弥漫着啤酒、香烟和不新鲜比萨的气味。店老板收了钱，递给我们球鞋，眼睛一秒钟也没离开画面粗糙的黑白电视上的篮球比赛；一帮飞扬跋扈的少年霸占着电子游戏机廊，不断地往"食豆小子"、"格斗之王"和其他我们童年时代的玩意儿里塞进 25 美分的硬币；在球道的尽头，几个穿着大汗衫的肥胖老头在抽雪茄。除此之外就是我们，站在一个天花板漏水、墙壁脏污、地毯老旧发黄的地方，既没有手机信号，也没有挂钟计时。我们喝了几大罐廉价啤酒，玩了很长时间的保龄球，几乎没有看手表。当我们玩够了，天色已晚，过了我们计划离开的时间。

即使这么晚了，其他人还想再多待一会儿。此时，电子游戏机廊已空无一人，他们就又要了一大罐啤酒，在那里玩游戏。可是我感到头痛，钞票也用光了，他们三个人还在玩，我就独自走到了外面的停车场上。开裂的地面、零星停放的汽车和赫然耸立的塑像都已被笼罩在夜幕之下。

那是六月里一个漆黑而又温暖的夜晚，沿着 90 号州际公路的路灯亮了，在湿润的空气中跳动；闪烁着红、黄色光带的车流冲下高速公路。我坐在尼克的旅行车的引擎盖上，等待着我的朋友们；蟋蟀鸣唱，蚊虫聚会，哈佛的最后一日悄然逝去。虽然好几个月以来，实际上从四年级开始，人们就一直带着嘲弄的满足说，**大学结束了**。它的结束仍然令人感到突然，意外，不公平。

尽管如此，大学**的确**结束了，因为，尼克、西达思和内特很快就要从保龄球房出来并且意识到（正如我已经明白了的），我们在这里滞留得太久，天色已晚，无法赶回剑桥去喝酒，或到校园里做

第九章　之后的日子

最后一次漫步了。相反，我们会去尼克父母的郊外房子里过夜，明天一大早他会开车送我们去波士顿，经过斯托若路时我们或许得以瞥上哈佛一眼——飞速闪过的砖墙和常春藤，在晨光下闪耀的蓝色和金色屋顶，但那些也就是全部了……下次驻足哈佛，我们就将成为校友、陌生人和打扰者，在那个曾经一度属于却永远不再属于我们的地方。

我的大学生涯就是这样结束的：马萨诸塞州的某个山坡上，在一尊戴着大礼帽的塑像的空洞凝视下，坐在一辆破旅行车的引擎盖上，等着我的朋友们。等着让哈佛离去，等着哈佛放我离去。

有时候我觉得，我依然在等，虽然已经过去了三年。我时而想象自己仍在那里，在马萨大道旁的高地上，在黑暗中徘徊，期盼着一个不会到来的结局，一块永不谢落的幕布。哈佛的教育是不容易被丢弃的。其结果是：特权的吸引力太强大，我想摆脱它的愿望太软弱，太半心半意。我不曾冒过风险，从未担忧过自己的性命；而其他人却在为我们的国家打仗。我的天主教信仰是真实的，我的尘世俗念也同样真切：我对世人认可的追求远远超过寻求上帝的关怀。我选择了带有浪漫色彩的新闻职业而不是商业生涯，但我对后者反正也没有任何领悟，我对财富和成功的渴望跟同学们的是同样强烈的。甚至写这本书的动机，既是出于理想主义，也是出于个人野心。

然而，我也想知道，我到底有多么强烈的愿望真的想要逃离我所受过的全部教育，蜕去我的哈佛皮，换上一件比较洁净的、较少被污染的外衣。这本书，用冷眼观察我们这一代的精英——关于我们的野心和瑕疵，以及我们在这个国家和世界中的位置，但是我希望，读者同时也能体会到我对哈佛是多么热爱，不仅是对我的同学和老师，而且是对这所学校本身——红砖和灰浆墙以及附着其中的传统，虽然可能已经晦暗。

我爱它，甚至至今还很怀念它——疯狂的时间表、不眠之夜、焦虑和抱负、抗议运动和打造履历。我怀念那寒冷的二月清晨，无精打采、闷闷不乐地赶去上课；我怀念在暖春的半夜三点，喝醉了，跌跌撞撞地走回宿舍。我怀念极少数的我从中学到了有价值的知识的课程，也怀念很多我从中未学到什么东西的课程。我怀念招人忌恨的终极俱乐部、拥挤肮脏的一年级宿舍、"基本生活工资运动"和"会饮"。我怀念我的朋友们，也怀念我的敌人们。

我更多的是怀念那个地方本身：哈佛广场的喧闹和多彩，川流不息的旅游者和成群结队的无业游民；哈佛"院子"的僻静角落里，在消退的维多利亚镌刻的阴影下，荡漾着沁人心脾的浓绿；查尔斯河在雪中的容貌，一条白色的高速公路向西蜿蜒进入新英格兰。还有剑桥迷人的夜晚：春天的黄昏时分，河边的红砖房子在斜阳残照下仿佛闪着微光；或是冬日暮光将尽，干枯的草地，瓦灰色的水面，天空的颜色渐渐地变成寒冷的深蓝。

最后，我希望，我热爱哈佛正如我们应当热爱这个世界：不是因为它十分美好（它并不是），而是因为它里面存在美好的、值得为之奋斗的东西。或许，其他一切终归都会化为乌有，直到在我和同学们的记忆中仅仅留下最美好的东西——这个所在的美丽和对伟大的许诺。这个许诺，在我的大学四年里没有实现但仍在坚持——仿佛在另一个角落里，穿过另一道爬满常春藤的门，那所我们想象中的大学、我们梦中的哈佛，在等着我们。

致　谢

首先和最重要的是向我的父母和妹妹致谢——感谢他们为我所付出的一切。

万分感谢乔希、亚力克斯、普拉维恩、艾伦、布莱因和塔特尔（为我们的所有探险）；布莱治（为友谊和理解）；苏吉（使此书得以问世）和萨拉·乔（令此书更为有趣），以及布朗文、波莱克、休、罗曼、维基（毕业论文！）；特丽萨、杰米、史蒂夫·M.、内罗沙和蒂芬妮，以及《大西洋月刊》的每一个人；还有迈克（你曾怀疑过本书吗？）。

深切地感谢我的非凡的代理人雷夫（Rafe），是他看到了此书的潜力；还有本（Ben）以及亥伯龙（Hyperion）出版社所有协助此书成功出版的人们。

最后，谢谢阿比，没有她，此书永远不会开头；没有她，此书也远不会有如此好的结尾。